ENSAIOS SOBRE O
CETICISMO

ENSAIOS SOBRE O CETICISMO

Plínio Junqueira Smith
Waldomiro José da Silva Filho
(organizadores)

Copyright © Plínio Junqueira Smith & Waldomiro José da Silva Filho

Edição: Alameda
Assistente editorial e capa: Clarissa Boraschi Maria
Projeto gráfico e diagramação: Guilherme Kroll Domingues
Revisão: Vivian Miwa Matsushita

Dados Internacionais de Catalogação na Publicação (CIP)
(Câmara Brasileira do Livro)
Ensaios sobre o ceticismo / Plínio Junqueira Smith, Waldomiro José da Silva Filho, (organizadores). –

Bibliografia.

1. Ceticismo 2. Filosofia I. Smith, Plínio Junqueira. II. Silva Filho, Waldomiro José da.

ISBN: 978-85-98325-50-7

07-3754   CDD-149.73

Índice para catálogo sistemático:
1. Ceticimo: Filosofia

[2007]
Todos os direitos reservados à
ALAMEDA CASA EDITORIAL
Rua Ministro Ferreira Alvez, 108 – Perdizes
CEP: 05009-060 São Paulo – SP
Tel. (11) 3862-0850
www.alamedaeditorial.com.br

Sumário

Introdução 7

1. Empirismo e Ceticismo 9
Oswaldo Porchat

2. Ceticismo e Empirismo 55
Roberto Bolzani Filho

3. Neopirronismo e Estruturalismo 91
Luiz A. A. Eva

4. Hesitações Filosóficas 107
Plínio Junqueira Smith

5. Ateísmo e Ceticismo no *Theophrastus redivivus* 127
Sébastien Charles

6. O primeiro ateu: a propósito do ateísmo e do ceticismo no *Theophrastus Redivivus* 141
Paulo Jonas de Lima Piva

7. A presença do ceticismo na filosofia do jovem Hegel 153
Luiz Fernando Martin

8. Marx e o Ceticismo 173
Mauro Castelo Branco de Moura

9. Wittgenstein e o Externalismo 195
Alexandre N. Machado

10. Externalismo, Autoconhecimento e Ceticismo 227
Waldomiro Silva Filho

11. O pensamento sem luz própria (paradoxo de Moore e anti luminosidade) 245
Hilan Bensusan

12. Prova, Ceticismo e Conhecimento 259
Eduardo Alejandro Barrio

13. Política e Ceticismo 271
Cicero Romão de Araújo

Introdução

Há cerca de duas décadas, na Unicamp, o professor Oswaldo Porchat organizou um colóquio sobre o ceticismo. De lá para cá, graças aos seus notáveis trabalhos (um dos quais está publicado aqui) e ao seu carisma pessoal, formou-se um grupo de filósofos dedicado às questões céticas, constituído não somente por alguns de seus alunos, mas, sobretudo, por pesquisadores de várias partes do Brasil. Seu amigo argentino Ezequiel de Olaso contribuiu para que o interesse de Porchat pelo ceticismo se aprofundasse, garantindo, desde o princípio, uma presença estrangeira no grupo. Trata-se, efetivamente, de um grupo de abrangência nacional, com muitos contatos internacionais, como atestam, nesta coletânea, os artigos de Eduardo Barrio (Argentina) e Sébastien Charles (Canadá). Porchat imprimiu-lhe a característica essencial de *jamais renunciar à reflexão crítica e ao posicionamento filosófico* diante das questões atuais, não limitando seus estudos à história do ceticismo.

Por essa razão, estes *Ensaios sobre ceticismo* mesclam textos sobre a história do ceticismo, como os de Roberto Bolzani Filho (USP), Luiz Antonio Alves Eva (UFPR), Paulo Jonas de Lima Piva (USJT) e Luiz Fernando Barrère Martin (Unicamp), e textos de reflexão pessoal sobre o ceticismo, como os de Plínio Junqueira Smith (USJT) e Waldomiro José da Silva Filho (UFBA). Este livro reflete ainda uma certa maneira de trabalhar que leva a marca de Porchat: *produzir filosofia por meio da constante discussão com os colegas, o que implica o diálogo sério e aberto, a pesquisa rigorosa e detalhada, a busca incansável da expressão clara e precisa*. A combinação dessas duas características atraiu filósofos que, ao menos num primeiro momento, não estavam especialmente interessados no ceticismo, mas que, em função da temática contemporânea e da abertura à discussão racional e crítica, acabaram se integrando ao grupo, como é o caso, por exemplo, de Hilan Bensussan (UnB), Mauro de Moura Castello Branco (UFBA) e Alexandre Machado (UFBA).

Nos últimos anos, esse grupo tem se reunido ao menos uma vez por ano para discutir o andamento de suas pesquisas e apresentar o resultado de suas reflexões. Boa parte dos artigos e livros escritos é fruto dessa prática de discussão entre seus membros e, não por acaso, várias obras coletivas do grupo já foram publicadas.[1] Esta coletânea não é exceção. A maioria dos textos que a integram foi apresentada e discutida no XI Encontro Nacional sobre Ceticismo, realizado entre 24 e 26 de maio de 2006, em Salvador, e promovido pelo GT-Ceticismo da ANPOF e pelo Mestrado de Filosofia da UFBA. O evento contou com o apoio financeiro da Capes, da Fapesb e da Fapesp. Espera-se que, na leitura dos textos aqui publicados, o leitor possa perceber o espírito que anima essa maneira de filosofar, bem como o atrativo filosófico do ceticismo, pois, no fundo, ambos não se distinguem.

Gostaríamos de agradecer ao empenho do Prof. Dr. Bolzani Filho, à Profa. Dra. Maria Lucia Cacciola e à revista *Discurso* por ter autorizado a publicação dos artigos "Ceticismo e Empirismo" de Roberto Bolzani Filho e "Empirismo e Ceticismo" de Porchat.[2] Por fim, é importante destacar que este livro não existiria sem o apoio financeiro da Capes.

Plínio Junqueira Smith
Waldomiro José da Silva Filho

---

[1] Entre essas obras destacamos *Ceticismo antigo, moderno e contemporâneo* (número especial de *O que nos faz pensar*, PUC-RJ, junho de 1997, n. 12), *Ceticismo: perspectivas históricas e filosóficas,* Florianópolis, NEL, 2000, *Hume* (número especial de *Kriterion*, UFMG, 2004, n. 108) e *O Ceticismo e a Possibilidade da Filosofia,* Ijuí, Unijuí, 2005.

[2] Bolzani Filho, R., "Ceticismo e Empirismo", em *Discurso*, n. 18, 1990, pp. 37-67; Porchat, O., "Empirismo e Ceticismo", em *Discurso*, n. 35, 2005, pp. 61-108.

Empirismo e Ceticismo[1]

Oswaldo Porchat

Introdução

Em 1887, V. Brochard publicava sua notável obra intitulada *Les Sceptiques Grecs*,[2] até hoje uma referência obrigatória para os estudiosos do ceticismo antigo, ainda que muitas de suas interpretações dos autores céticos tenham certamente de ser revistas, à luz dos estudos contemporâneos. Brochard dedicou a última parte de sua obra (Brochard, pp. 309 e ss.) ao que ele denominou "ceticismo empírico", o ceticismo dos médicos-filósofos, tais como Menódoto, Theodas e Sexto Empírico, representantes da última fase do ceticismo grego. No estudo de sua doutrina – e na de Sexto Empírico em particular –, Brochard distinguiu duas partes (Ibidem, p. 310), uma "negativa ou destrutiva", outra "positiva ou construtiva", e entendeu haver lugar, nesse "ceticismo empírico", para distinguir entre o ceticismo e o empirismo (cf. Ibidem, p. 331). Isso porque, enquanto, de um lado, a parte destrutiva teria representado tão-somente uma retomada do "ceticismo dialético" da fase anterior (cujas principais figuras foram Enesidemo e Agripa), por certo com alguma inovação e aprimoramento e com mais sistematicidade, desenvolvendo a polêmica secular dos céticos contra as filosofias "dogmáticas", por outro lado a parte "positiva" da doutri-

---

[1] Uma primeira versão deste texto foi apresentada, em abril de 2004, na conferência inaugural do Colóquio sobre Ceticismo realizado em Salvador, BA., e reapresentada numa palestra proferida em junho de 2004 no I Curso Abril de Filosofia, organizado em São Paulo pela Editora Abril. Uma versão mais desenvolvida foi submetida a discussão e debate no Seminário de Epistemologia da Universidade São Judas Tadeu, em setembro do mesmo ano. Também no 7º Encontro Internacional sobre o Pragmatismo, realizado na PUC-SP em novembro. Sou agradecido a Plinio Smith por sugestões e críticas que me levaram a reescrever várias passagens do texto.

[2] Uma edição da obra foi publicada em 1959 e é essa edição que tomo aqui como referência, cf. Brochard, V. (1959).

na, que endossou os ensinamentos e a prática do empirismo médico grego, estaria em franca contradição com aquele combate ao dogmatismo: formulando proposições gerais, introduzindo o vocabulário da causalidade, ela teria de algum modo conferido um caráter de universalidade e de necessidade aos fenômenos observados, indo além de sua simples constatação; teria introduzido um elemento racional no conhecimento, indo além do fenomenismo cético. O que teria configurado "uma espécie de dogmatismo". E Brochard julgou não haver como conciliar essas duas partes da doutrina (Ibidem, pp. 374-5).[3] O que não o impediu de valorizar sobremaneira os "céticos empíricos", em quem viu "ancestrais do positivismo" moderno, responsáveis por um progresso significativo e importante que antecipou o espírito moderno, ao terem tentado fundar "uma arte prática totalmente análoga ao que hoje chamamos "a ciência positiva" (Ibidem, p. 378).

Em 1941, R. Chisholm publicou, na revista *Philosophy of Science*, vol. 8, n. 3 (pp. 371-83), um artigo intitulado "Sextus Empiricus and Modern Empiricism". Ele principia o artigo, dizendo

> Ainda que seja difícil exagerar as similaridades entre as doutrinas filosóficas de empiristas científicos contemporâneos e aquelas que foram expostas por Sexto Empírico [...], Sexto parece ter sido negligenciado pela maioria dos historiadores do empirismo.

E aponta, a seguir, para o que teriam sido, em sua opinião, as três contribuições mais significativas da doutrina sextiana para o pensamento empirista: uma teoria "positivista e comportamentalista" dos signos, uma discussão do fenomenalismo e da relação entre este e as pretensões do senso comum ao conhecimento e, em terceiro lugar, uma exposição da controvérsia sobre o princípio da extensionalidade na lógica. A teoria sextiana dos signos teria sido "uma clara enunciação dos princípios essenciais do positivismo, pragmatismo e behaviorismo" (Ibidem, p. 373). O autor entende que "a discussão de Sexto sobre

---

[3] Segundo o autor, os "céticos empíricos" teriam deixado seu dogmatismo não-confessado "em segundo plano, sentindo bem que aí estava o ponto fraco do sistema" (Brochard, p. 359).

nosso conhecimento do mundo exterior sugeriria uma epistemologia puramente fenomenalista" (Ibidem, p. 376). Chisholm curiosamente omite qualquer discussão sobre a relação entre o empirismo que atribui a Sexto Empírico e a doutrina cética que o filósofo expõe e defende ao longo de suas obras, nas quais estão contidas todas as passagens em que se detectaria uma clara postura empirista.

Charlotte L. Stough publicou em 1969 seu *Greek Skepticism-A Study in Epistemology*. No capítulo 5, consagrado a Sexto Empírico, ela nos diz (Stough, p. 107) que "a filosofia de Sexto, como a de seus predecessores céticos, se distingue por sua ênfase na experiência como o fator mais importante em nosso conhecimento do mundo material" e "nos apresenta o que é, talvez, a enunciação mais consistente de uma teoria empirista do conhecimento na filosofia grega" (Ibidem, p. 106). Stough aborda rapidamente a doutrina sextiana do fenômeno e da representação para concluir que a filosofia de Sexto culmina numa "forma extrema de empirismo", para a qual "os dados da experiência são sensações (impressões), que são privadas para o sujeito e não fornecem nenhuma informação sobre o mundo externo", o percipiente tendo acesso somente a suas impressões (Ibidem, p. 125).

Uma contribuição decisiva para o estudo da dimensão empirista do ceticismo pirrônico foi dada por Michael Frede. Seu artigo "Des Skeptikers Meinungen" (título posteriormente traduzido por "The Skeptics's Beliefs")[4] de 1979 criticou a interpretação tradicional do ceticismo, segundo a qual não haveria nenhuma doutrina especificamente cética, o cético não teria nenhum tipo de crença e recusaria assentimento a qualquer proposição (Frede, 1987, p. 179). O autor defende no texto a posição contrária: o cético poderia ter crenças, mas estas não seriam dogmáticas; ele creria apenas nos fenômenos, no que lhe aparece; sua suspensão de juízo diria respeito tão-somente aos discursos que se propõem falar de uma realidade para além do que aparece, pretensamente revelada pela razão; o que distinguiria o cético do não-cético não se-

---

[4] O artigo faz parte da coletânea de seus trabalhos intitulada *Essays in Ancient Philosophy* (Frede, 1987). As citações dos artigos de Frede que faço neste texto têm por referência essa edição.

riam as crenças, mas sua atitude com relação a elas. Em total consonância com essa interpretação da filosofia pirrônica, Frede, a partir de 1983, consagrou à antiga medicina grega, sobretudo ao empirismo médico grego, uma série de valiosos artigos, nos quais estuda particularmente os vínculos estreitos entre o ceticismo pirrônico de médicos-filósofos como Menódoto e Sexto e, de outro lado, o empirismo médico. Sobretudo em "The Ancient Empiricists" (Ibidem, pp. 243-60), o autor desenvolveu suas teses sobre a existência de um empirismo pirrônico moldado sobre a postura teórica e prática do empirismo médico, sobre a total compatibilidade entre a filosofia pirrônica e a formulação de uma epistemologia empirista, também sobre a aceitabilidade, para o cético pirrônico, de uma noção de "conhecimento" construída a partir dos padrões "cognitivos" das pessoas comuns.

Curiosamente, toda essa "tradição" de estudos sobre o parentesco entre o ceticismo pirrônico da escola sextiana (e dos médicos e filósofos céticos que imediatamente a precederam) e o empirismo médico da antigüidade foi bastante desconsiderada pela abundante literatura historiográfica que, nas últimas décadas do século passado, se debruçou sobre o ceticismo antigo – e sem dúvida produziu notáveis resultados na elucidação de muitos de seus aspectos –, fazendo justiça à sua importância histórica e à sua extraordinária significação filosófica, por tantos séculos esquecidas. Estudaram-se questões relevantes como a distinção entre fenômeno e dogma, a relação entre fenômeno e representação, o significado e alcance da suspensão cética do juízo, a concepção cética da vida comum, a relação entre o pirronismo e a filosofia da Nova Academia (a de Arcésilas e Carnéades) e muitas outras. Mas, via de regra, não se preocuparam os autores em integrar suas interpretações desses pontos todos numa compreensão mais global da problemática pirrônica e sextiana que, ao mesmo tempo, desse também conta da afinidade proclamada pelo próprio Sexto Empírico entre o ceticismo e a medicina empirista ou Métodica (aliás corroborada de modo consistente pelas fontes antigas[5]) e das

---

[5] Cf., adiante, nossa seção 2.

numerosíssimas passagens de suas obras, nas quais inegavelmente se revela uma postura empirista.

Assim, a distinção brochardiana (por certo extremamente questionável, *nos termos em que o autor a desenhou*) entre um ceticismo negativo e propriamente cético e, de outro lado, um ceticismo construtivo, empirista e, segundo Brochard, algo dogmático não foi retomada nem discutida. O artigo (sem dúvida simplista e exagerado em suas teses) de Chisholm foi praticamente esquecido. A tese de Stough (que, em verdade, deu um tratamento insatisfatório à relação entre ceticismo e empirismo), embora muitas vezes citada, não foi, de fato, levada em muita consideração. E o notável trabalho pioneiro de Frede de modo nenhum teve a atenção e a repercussão merecida. É verdade que esse autor, via de regra, não recorreu a uma análise e comentário das numerosas passagens da obra de Sexto que poderia ter mobilizado para dar base textual e a necessária corroboração à sua leitura do pirronismo. Entretanto, a partir de sua cuidadosa investigação sobre os textos da medicina grega e de seu amplo domínio da filosofia sextiana, ele abriu certamente um caminho, mas um caminho que poucos, no entanto, têm seguido.

Esse estado de coisas na historiografia sobre o ceticismo grego exige, penso eu, uma reflexão sobre a questão da metodologia historiográfica. Porque me parece que uma exigência fundamental de um método rigoroso de investigação historiográfica é a de que, na tentativa de plenamente compreender uma doutrina que se estuda, se busque descobrir como as diferentes idéias e teses do autor se podem umas com as outras compatibilizar, que significados se lhes deve atribuir para que possam compor uma unidade doutrinária coerente, como se estrutura a ordem interna do discurso filosófico. Se se logra, inclusive recorrendo a indicações que o autor eventualmente forneça sobre o sentido e alcance de sua doutrina (a serem corroboradas pela análise exaustiva de sua obra), chegar a uma hipótese interpretativa que se afigure como plausível, cabe ler à sua luz passagens eventualmente mais problemáticas ou aparentemente ambíguas. E a coerência "sistemática" não é própria apenas aos grandes "sistemas" filosóficos, dogmáticos e especulativos. Ela, em verdade, caracteriza todo discurso racionalmente ordenado, que se define precisamente por ela. Ela se tem de postular em toda e qualquer orientação ou postura filosófica, também mesmo em uma doutrina cética, se uma filosofia é mais do que um conjunto de proposições entre si desconexas. Por isso mesmo, uma metodologia "estruturalista"[6] se tem de aplicar a toda e qualquer doutrina filosófica, uma certa unidade coerente da doutrina estudada se tem metodologicamente de buscar, assumindo-se algo como um "princípio metodológico de caridade" para com seu autor.[7]

No caso particular da filosofia sextiana, o bom método exige, então, que se persiga uma interpretação que dê conta de todos os aspectos e elementos doutrinais que ela encerra, que confira unidade coerente a toda a obra, que acomode e concilie entre si as mais variadas passagens e textos do autor, que revele, no discurso pirrônico, a "lógica interna" própria a todo discurso racional. Assim, partindo de uma tal perspectiva, o que Sexto nos diz, por exemplo, sobre dogmas e fenômenos, sobre suspensão de juízo ou sobre o uso cético da argumentação, deverá necessariamente ser lido e interpretado, se se usa de

---

[6] Que não se pode nem se deve confundir com uma *metafilosofia* estruturalista.

[7] Se de um tal esforço de interpretação resultar uma doutrina una e articulada e coerente, caberá provisoriamente aceitar tal resultado, na consciência necessária de que se trata tãosomente de uma *hipótese* interpretativa. Com freqüência poderá, no entanto, ocorrer que algumas passagens da obra filosófica estudada exibam alguma "resistência" à interpretação global que se terá proposto e aceito, e que, nesse sentido, sua inteligência permaneça problemática. Nesse caso, registrar-se-á o fato e se chamará a atenção para ele, sem que isso, no entanto, necessariamente represente um obstáculo maior para a interpretação proposta, sobretudo se tais passagens forem pouco numerosas. Num sentido aceitável do termo, a análise interpretativa das obras filosóficas pode dizer-se uma prática "teóricoempírica" e as reconstruções das teorias interpretadas se podem, *mutatis mutandis*, de algum modo assemelhar às teorias científicas que, nas diferentes ciências, se propõem e aceitam, a despeito de alguns fatos empíricos "recalcitrantes" que eventualmente não as corroborem. O valor de uma análise interpretativa na historiografia filosófica se medirá *também*, entre outras coisas, pela sua capacidade de explicar adequadamente as mais variadas passagens e textos da obra estudada (eventualmente até mesmo de "predizê-los"), os quais se entenderão, então, como instâncias corroboradoras da interpretação proposta.

um método rigoroso de leitura e interpretação, de maneira que essas passagens todas se conciliem com tudo quanto Sexto diz sobre a vida comum de que o cético participa, sobre a evidência (*enárgeia*), sobre a *empeiría* em geral, sobre como o cético se posiciona em relação às artes e disciplinas (*tékhnai*), sobre a afinidade que proclama entre o ceticismo e o empirismo médico. Ora, é preciso reconhecer que uma tal metodologia foi pouco adotada na literatura historiográfica sobre o ceticismo pirrônico, ainda que se tenham logrado excelentes resultados pontuais que iluminaram partes importantes da doutrina. Essa menor preocupação com a questão metodológica levou, com alguma freqüência, ao estudo privilegiado de alguns temas, em detrimento de outros. Por isso, também a dimensão empirista do ceticismo pirrônico foi, via de regra, menos trabalhada. Ou, em alguns casos, simplesmente desconsiderada.

Uma das poucas exceções foi o excelente artigo que Roberto Bolzani Filho, em 1990, publicou na revista *Discurso* (Bolzani Filho, 1990, pp. 37-67), sob o título "Ceticismo e Empirismo". Esse texto representou uma contribuição deveras importante para o estudo da relação entre empirismo e ceticismo pirrônico e constitui, por isso, um ponto obrigatório de referência para os que vierem a lidar com essa temática. Com base nos textos de Sexto Empírico, que lê e interpreta com rigor metodológico, Bolzani se propõe a "mostrar que o ceticismo pirrônico é detentor de uma dimensão positiva que sustenta estreitas afinidades com o modelo científico desenvolvido pelo empirismo inglês" (Ibidem, p. 37). Ele analisa, ao longo do artigo, a doutrina sextiana do fenômeno e da representação, aborda a problemática cética da vivência empírica e fenomênica da vida comum, mostra como nela se vem inscrever a atividade das *tékhnai*. E demora-se no estudo destas últimas, analisando seu modo de funcionamento, seu uso dos signos rememorativos e das generalizações empíricas, sua sistematização da observação e sua busca do que é útil para os homens. Em seu texto, Bolzani mostra como, no ceticismo pirrônico, o ideal teórico de conhecimento consubstanciado na concepção de *epistéme* é substituído pela valorização da *tékhne* e do conhecimento empírico. Explicando de modo pertinente por que é correto falar de um "empirismo cético", o autor se demora em realçar (Ibidem, pp. 51 e ss.) as estreitas semelhanças entre essa postura ao mesmo tempo cética e empirista dos pirrônicos e as concepções de conhecimento e ciência de Berkeley e Hume (Ibidem, p. 54), o que lhe permite concluir (cf. p. 60) que "em sua parte 'positiva', o pirronismo possui as condições necessárias para assumir-se como um programa empírico-fenomênico de investigação científica, num sentido moderno desse termo".

Em 1991, Plínio Smith concluiu seu importante e alentado estudo sobre a filosofia humeana, desenvolvido nos anos anteriores e publicado em 1995 sob o título *O Ceticismo de Hume*.[8] Embora o ceticismo pirrônico não seja o foco central de sua investigação, Smith passa em revista, na seção consagrada ao tema "Ceticismo Mitigado e Ceticismo Pirrônico" (Smith, 1995, pp. 267-88), diferentes tópicos da doutrina cética de Sexto Empírico (a valorização da "lógica" ou teoria do conhecimento, a relação entre a experiência sensível e o pensamento, a doutrina do signo comemorativo e a noção fenomenista da causalidade, a concepção sextiana da *tékhne*, o primado da utilidade para a vida), para mostrar como Hume retoma a filosofia de Sexto e a prolonga em suas análises positivas (Ibidem, p. 278), assim como a presença, na obra de Sexto, de uma doutrina empirista, que não é meramente dialética (Ibidem, pp. 269-70), também de uma concepção empírica da ciência, partilhada com Hume (Ibidem, p. 284). Tendo antes indicado (Ibidem, p. 276) que, nas quatro regras da conduta da vida do cético, se encontram tanto elementos "naturalistas" quanto elementos "empiristas", aspectos esses que "são da maior importância para a compreensão do pirronismo e de seu parentesco com o pensamento de Hume", Smith argumenta em favor da existência, não apenas de um empirismo, mas também de um naturalismo no ceticismo sextiano (Ibidem, p. 286). O ceticismo pirrônico já exibindo, assim, a íntima associação entre ceticismo, naturalismo e em-

---

[8] Cf. Smith, Plínio J. (1995). Esse trabalho foi a tese de doutoramento do autor, defendida no Departamento de Filosofia da USP em 1991.

pirismo, os mesmos três elementos que Hume intimamente associou em sua filosofia (Ibidem, p. 282).

Ao ocupar-me neste texto dos mesmos problemas, retomo e desenvolvo alguns dos resultados dos trabalhos de Bolzani e de Smith, acrescentando um ou outro item novo, introduzindo talvez um pouco mais de sistematicidade. Repetindo e endossando a maioria de suas teses, ao mesmo tempo avançando algumas outras. Não retomo, entretanto, a aproximação feita por esses autores entre a postura pirrônica e o empirismo clássico britânico, com que estou de inteiro acordo. Ouso propor uma formulação mais ambiciosa, como o leitor verá. Mas comecemos pelo começo.

1. Os termos "empirismo" e "ceticismo"

É muito difícil definir certos "ismos" filosóficos, tais como "realismo", "idealismo", "naturalismo", "pragmatismo" e outros termos dessa espécie. O mesmo se pode dizer do termo "empirismo". Uma razão para essa dificuldade é o fato de que os filósofos que se têm declarado empiristas ao longo da história da filosofia propuseram doutrinas bastante diferentes umas das outras, ainda que se possa vislumbrar certa afinidade entre elas. E os dicionários de termos filosóficos registram o caráter vago dos usos correntes desse termo. Por isso, procederei a uma necessária simplificação e, como fio condutor para este texto, usarei o termo "empirismo" para caracterizar toda doutrina filosófica ou teoria do conhecimento segundo a qual *todo conhecimento humano deriva, direta ou indiretamente, da experiência*, implicando também que todas as nossas idéias ou conceitos têm primordialmente sua origem na experiência. Lembro também que se costuma, na literatura filosófica, opor empirismo a racionalismo, aplicando-se esse último termo, de modo geral, a toda teoria filosófica que, privilegiando a razão entre as faculdades humanas, vê nela o fundamento de todo conhecimento possível. Ao falar-se da época clássica, é habitual opor-se o racionalismo de Descartes, Leibniz, Espinosa, por exemplo, ao chamado empirismo britânico, em que são incluídas as filosofias de Hobbes, Locke,

Berkeley, Hume. Lembremos que a tradição empirista britânica se viu continuada no século XX pelo assim chamado empirismo lógico, para o qual todo conhecimento de matéria de fato se deve conectar com a experiência de tal modo que se torne dele possível uma verificação ou confirmação, por via direta ou, pelo menos, indireta.

Também o termo "ceticismo" se usa no vocabulário filosófico em diferentes sentidos. Vou considerar o termo aqui somente com referência ao pirronismo grego, doutrina que se desenvolveu no século I antes de Cristo e nos primeiros séculos de nossa era. Nossa principal fonte para o estudo do pirronismo é a obra de Sexto Empírico,[9] que provavelmente viveu na última metade do século II. Os pirrônicos chamaram a si mesmos de céticos (*skeptikoí* em grego) e esse termo, aparentado ao verbo *sképtomai*, tão-somente significava "aqueles que observam", isto é, "aqueles que examinam, consideram com atenção". O nome "pirrônicos" lhes foi dado porque invocavam o nome do lendário filósofo Pirro, contemporâneo e companheiro das expedições de Alexandre, como inspirador de sua doutrina. O ceticismo pirrônico exibiu uma primeira face explicitamente polêmica com relação à maioria das filosofias precedentes, tanto pré-socráticas como clássicas (o platonismo, por exemplo) ou helenísticas, como o epicurismo e, sobretudo, o estoicismo.

O que nelas os céticos (doravante usarei esse termo para referir-me aos céticos pirrônicos) criticaram foi sua comum pretensão de conhecer as coisas em sua mesma natureza e essência, sua alegada capacidade de revelar-nos como as coisas realmente e em si mesmas são. Essas filosofias, pretendendo explicar os fenômenos com que lidamos na vida ordinária, postularam entidades não-evidentes (*ádela*), a que teríamos acesso unicamente por meio da reflexão. Ao assentimento dos filósofos a uma coisa não-evidente os céticos chamaram "dogma" (*dogma*), por

---

[9] Conforme a praxe, uso as siglas "HP" e "AM", respectivamente, para as *Hipotiposes Pirronianas* e os *Adversus Mathematicos* (*Pròs Mathematikoús*) de Sexto Empírico. Sirvo-me, como edição de referência, dos quatro volumes da Loeb Classical Library intitulados *Sextus Empiricus* (Londres, Cambridge, Harvard University Press, William Heinemann, 1976).

isso a esses filósofos chamaram de "dogmáticos" (*dogmatikoí*).[10] Essas filosofias se estruturavam conforme uma lógica argumentativa própria, seus *dógmata* resultavam de argumentos construídos com base em certas proposições primeiras tidas como verdades por si mesmas evidentes e que de si mesmas se imporiam à nossa aceitação.[11] Atentemos, pois, em que o uso do termo "dogmas" não tem aí a conotação hoje corrente do termo, a conotação de proposições aceitas sem fundamentação racional. Ao contrário, as filosofias chamadas de "dogmáticas" pelos céticos propunham para seus dogmas toda uma fundamentação logicamente ordenada e racionalmente construída. Mas os céticos argumentaram para mostrar que toda essa fundamentação e ordenação lógica eram incapazes de legitimar a pretensão dessas filosofias ao conhecimento e à verdade. Aos olhos dos céticos, seus dogmas, seu assentimento ao não-evidente, não eram suscetíveis de justificação.

E os céticos insistiram em que, quando filósofos dogmáticos propõem seus argumentos para sustentar doutrinas e dogmas, os outros dogmáticos não aceitam tais argumentos e não se deixam por eles persuadir. Impugnam a pretensa verdade das proposições que os adversários dizem impor-se de si mesmas à nossa aceitação, dispensando uma prova demonstrativa. E opõem-lhes suas próprias "verdades" pretensamente imediatas, que os adversários, por sua vez, também desqualificam e recusam. Rejeitam a pretensa força demonstrativa dos argumentos rivais e formulam, por sua vez, seus próprios argumentos em sentido contrário, também estes, aliás, condenados a receber dos outros idêntico tratamento. Em sua polêmica antidogmática, os céticos mostraram, retomando o ensinamento de Protágoras, que a todo

---

[10] Em HP I, 13, Sexto diz que os céticos entendem por "dogma" o "assentimento a uma das coisas não-evidentes investigadas pelas ciências". Pouco antes, em I, 2-3, ele definira como dogmáticos aqueles filósofos que pretendem ter descoberto a verdade. Cf. I, 14: "o que dogmatiza põe como real a coisa sobre a qual se diz que ele dogmatiza".

[11] Em HP II, 97-9, Sexto aborda a distinção feita pela filosofia dogmática entre coisas evidentes (*pródela*) e coisas não-evidentes (*ádela*). Os dogmáticos diziam "evidentes" "as coisas que de si mesmas vêm a nosso conhecimento" (cf. HP II, 97), "as coisas que caem imediatamente sob os nossos sentidos e intelecto" (cf. AM VIII, 141).

discurso se pode sempre opor um discurso igual, isto é, um discurso de igual força persuasiva. E elaboraram um método de estabelecer antinomias,[12] desenvolvendo, contra as argumentações desenvolvidas pelos filósofos para sustentar suas teses, argumentações igualmente fortes para sustentar outras teses, contradizendo aquelas. Muitas vezes, não precisavam dar-se ao trabalho de elaborar essa dialética de contradição, já que a própria literatura filosófica disponível lhes oferecia tais argumentações conflitantes. Diante do conflito infindável das filosofias,[13] da equipotência dos argumentos que as sustentavam, da impossibilidade de encontrar um critério de verdade aceito para decidir por uma qualquer dentre as teses propostas, por uma ou por outra doutrina, os céticos proclamaram e confessaram não ter como efetuar uma opção, não dispor de instrumentos para uma definição filosófica. A esse estado de impotência para uma definição e opção filosófica fundamentada chamaram de *epokhé*, conotando a retenção ou suspensão de juízo.[14]

No intuito de abalar as certezas dos dogmáticos e manifestar sua efetiva carência de justificação e a inaceitabilidade das postulações de entidades alegadamente transcendentes ao mundo empírico, os céticos organizaram todo um imenso arsenal de argumentos, cuja exposição ocupa as obras de Sexto Empírico. O ceticismo grego consagrou boa parte de sua energia à polêmica contra as doutrinas dogmáticas. Entre estas se incluíam também as teorias científicas do mundo antigo, solidárias das posições filosóficas e com estas indissociavelmente ligadas. Todas elas produziram seus *dógmata*, postulando entidades

---

[12] Em HP I, 8-11, Sexto caracteriza o ceticismo por sua *dýnamis antithetiké*, sua capacidade de construir antinomias. Em I, 10, refere-se ao igual poder de persuasão, à *isosthéneia* dos argumentos mobilizados nessa dialética de contradição.

[13] O argumento da *diaphonía* (discordância) entre as doutrinas filosóficas, utilizado com extrema freqüência na discussão das posições dogmáticas ao longo das obras de Sexto Empírico, foi tradicionalmente atribuído ao filósofo cético Agripa, sobre o qual pouco se sabe. Sexto inclui esse argumento entre os cinco tropos ou modos elaborados pelos "céticos mais recentes" (cf. HP I, 164 e ss.).

[14] Sobre a *epokhé* cética, definida como estado da mente conforme o qual nada se nega nem se "põe" (cf. HP I, 8).

transcendentes para além da prática empírica. Compreensivelmente, então, as baterias céticas foram assestadas também contra elas. Sexto Empírico dedicou à crítica das *epistêmai* onze livros *Pròs Mathematikoús* (*Adversus Mathematicos* na conhecida transcrição latina), isto é, *Contra os Homens do Saber*.

Esse forte questionamento da pretensão dos dogmáticos ao conhecimento absoluto, filosófico ou científico, constitui a face negativa do empreendimento filosófico do ceticismo grego (veremos adiante que ele comporta uma face complementar e positiva). Coerentemente com sua denúncia do pensamento especulativo, os céticos se abstiveram de proclamar quaisquer certezas, quaisquer verdades, quaisquer conhecimentos, acerca da assim chamada "realidade" das coisas, acerca de sua "essência" ou "natureza". Abstiveram-se, se quisermos usar o termo, de qualquer proferição de cunho "metafísico". Sua postura crítica com relação a qualquer dogmatismo também os impedia compreensivelmente de dar assentimento a qualquer doutrina ou proposição que, do lado oposto, proclamasse a inapreensibilidade dos objetos transcendentes, a qualquer teoria que se pretendesse capaz de demonstrar a impossibilidade do pensamento "metafísico", ou a impropriedade ou falta de significatividade do discurso especulativo. Porque uma tal postura se configurava aos olhos dos céticos tão-somente como um dogmatismo negativo, por assim dizer, um dogmatismo de sinal trocado, que incidia nos mesmos problemas e dificuldades das doutrinas dogmáticas positivas.[15] Os céticos (pirrônicos) se proclamaram, portanto, incapazes de refutar definitivamente as teses dogmáticas. Mas, já que seu percurso investigativo lhes descobria a impossibilidade de justificadamente assumi-las, a elas na prática renunciaram. Sua postura crítica e seus resultados, eles nô-los transmitiram num discurso de natureza confessional, tão-somente como um relato de uma experiência intelectual, suscetível de ser por todos nós

---

[15] Sexto atribuía essa postura aos filósofos da Nova Academia (cf. HP I, 2-3), que, a partir do primeiro quarto do século III e até o século I a.C., deram à velha escola de Platão a orientação que hoje estudamos sob o nome de "ceticismo acadêmico".

eventualmente refeita e revivida. O vocabulário absolutista da verdade e da realidade obviamente nele não podia ter lugar.

Se nos perguntamos, agora, se um filósofo cético, no sentido grego do termo, pode professar a doutrina empirista, parecer-nos-á que a resposta teria de ser negativa. O empirismo habitualmente sustenta que todo conhecimento humano deriva, direta ou indiretamente, da experiência e recusa enfaticamente a concepção racionalista da razão humana como fundamento de todo conhecimento possível. Poder-se-ia dizer que freqüentemente assume, de modo absoluto, como verdadeira, uma tese epistemológica que pretende exprimir de maneira adequada a natureza do conhecimento, ao mesmo tempo que proclama, não menos firmemente, a inapreensibilidade do real pela mera reflexão de uma razão especulativa. Isso parecer-nos-ia mais que suficiente para caracterizar o empirismo como doutrina filosófica dogmática, a respeito da qual não poderia o cético grego ter outra atitude que não a da suspensão de seu juízo, como sempre procede a respeito de todo dogmatismo. Na polêmica entre racionalismo e empirismo, o ceticismo não poderia tomar posição.

2. Racionalismo *versus* empirismo na medicina grega

As coisas não são, porém, assim tão simples. Comecemos por lembrar alguns fatos históricos. A medicina grega antiga conheceu, a partir do século III a.C. e ao longo dos cinco séculos seguintes, uma grande polêmica que opôs duas grandes escolas de médicos e autores de obras sobre medicina, a dos *logikoí* (racionalistas) e a dos *empeirikoí* (empiristas).[16] A medicina empirista emergiu no século III a.C. como uma reação contra a medicina anterior. A partir do século V, a medicina se

---

[16] Baseei-me, para redigir toda essa seção, no que diz respeito à história antiga da medicina grega e ao conflito que nela se desenhou entre racionalistas e empiristas, nos excelentes artigos que Michael Frede dedicou a essa temática. Quatro deles constam dos *Essays in Ancient Philosophy* (Frede, 1987). Também importantes são "The Empiricist Attitude Towards Reason and Theory" e "An empiricist view of knowledge: memorism" (Frede, 1988 e 1990, respectivamente).

tornara uma disciplina intelectualmente respeitável e, em lugar dos antigos praticantes incultos, surgiram médicos dotados de uma certa cultura e famliarizados também com os escritos dos filósofos, os quais, desde cedo no mundo grego e em função de sua preocupação com explicar, em geral, os fenômenos da natureza, tinham revelado grande interesse pelas questões médicas e pelo estudo fisiológico dos seres humanos. Essa medicina culta tendeu a assumir que se podia determinar pelo uso da razão a natureza de uma doença, conhecer suas causas e, a partir daí, encontrar o tratamento médico conveniente para seus pacientes. Já cedo, entretanto, alguns médicos formulavam objeções contra aqueles outros que se deixavam influenciar pelas teorias filosóficas. Os empiristas, que a si mesmos assim se chamaram, vieram a sustentar, contra a tendência até então dominante, que todo conhecimento médico, aliás, todo conhecimento em geral, era matéria de pura experiência e que essa experiência somente podia ser adquirida na prática efetiva da medicina. Negaram que se pudesse obter conhecimento do que não é observável, entenderam que a medicina deve ser apenas busca do que é útil para os pacientes, não do conhecimento. E, numa reação radical contra as tendências antigas, chegaram a condenar os estudos de fisiologia e, mesmo, de anatomia.

Com o desenvolvimento dessa polêmica, surge a divisão explícita entre racionalistas e empiristas e passa-se a falar de uma escola racionalista e de uma escola empirista de medicina. Os racionalistas entendiam que a medicina devia ir além da experiência e confiavam numa teoria médica construída pelo uso da razão, graças ao qual se podia passar do que era observável ao inobservável e atingir a realidade mesma das coisas, conhecendo causas e naturezas ocultas, inacessíveis à observação. Admitiam inferências e provas e a capacidade racional de capturar relações de compatibilidade e conseqüência, ou de incompatibilidade, entre estados de coisas. Os empiristas, ao contrário, afirmaram a impossibilidade de a reflexão racional capacitar-nos a conhecer a verdade das proposições teóricas e universais defendidas pelos seus adversários; afirmaram também, dada a grande profusão de teorias médicas racionalistas no mais das vezes incompatíveis entre si, que o método racionalista apenas levava a um conflito entre doutrinas, a respeito do qual a prática médica era totalmente incapaz de decidir. Ao invés da razão, muitos foram os empiristas que privilegiaram a percepção e a memória, entendendo como assunto de memória os casos de generalização empírica. E procuraram estudar, através da experiência, as relações mais ou menos sistemáticas e regulares entre eventos médicos observáveis, a partir daí construindo predições para a experiência futura. Como base importante para a sua atuação, recorreram à história (*historía*) da prática médica, aos relatos dos médicos anteriores sobre suas observações e os resultados conseguidos no tratamento dos pacientes. É preciso ressaltar que nem todos os empiristas foram assim radicais na condenação do uso da reflexão racional. Sobretudo a partir de Heráclides de Tarento, famoso médico empirista que atuou no primeiro quarto do século I a.C., os empiristas passaram a conferir um certo lugar à razão, como algo distinto da percepção e da memória.

No século I a.C., surge a escola dos Metódicos que, embora mais afins com o Empirismo médico (de que eram como uma dissidência), desafiaram empiristas e racionalistas. Entenderam que tudo que é de interesse para a medicina se passava no domínio do observável, tornando desnecessário qualquer recurso a teorias racionalistas. Mas criticaram os empiristas, porque estes afirmavam dogmaticamente que as entidades ocultas dos racionalistas eram inexistentes ou incognoscíveis. E aceitaram explicitamente um certo uso da razão, mas não como fonte de conhecimentos teóricos, não como propiciadora de uma pretensa passagem do observável ao inobservável que nos poria em condições de explicar os fenômenos observados. Reconheceram, por assim dizer, uma razão embutida na própria experiência. Entenderam a medicina como um conhecimento de "generalidades" manifestas, usando o termo "generalidade" (*koinótes*) para designar traços recorrentes dos fatos observáveis, cuja existência ou inexistência se poderia determinar empiricamente. Entenderam também que todas as artes se ocupam de "generalidades", a arte médica dizendo respeito àquelas que são importantes para a saúde. Para os Metódicos, as doenças são, por assim dizer, indicativas de seu próprio tratamento e eles afirmaram que todas as doenças (internas) são formas de contração ou dilatação, ou ambas, que exigem, para ser curadas, as formas correspondentes de dilatação, ou contração, ou ambas. Dada uma doença particular, ficaria, por assim dizer, imediatamente evidente para o médico experiente o que precisaria ser feito para curá-la. Tiveram da linguagem uma concepção bastante pragmática, sem pretender que ela fosse capaz de exprimir de modo totalmente adequado os fenômenos observáveis. Não se recusaram a falar em conhecimento (*gnôsis*) a respeito da relação entre sua doutrina e os eventos médicos.

Por que nos era importante lembrar esses fatos históricos da medicina grega? Em primeiro lugar, porque, numa passagem importante de suas *Hipotiposes Pirrônicas* (que são uma longa exposição, em três livros, da filosofia cética), Sexto Empírico afirma explicitamente a afinidade entre o ceticismo e a medicina dos Metódicos (HP I, 236-41). Por outro lado, sabemos, pelas fontes antigas, que, no século II d.C., os principais representantes do ceticismo pirrônico (Menódoto,[17] Theodas e o próprio Sexto) eram também os principais representantes da escola empirista de medicina; e também nos é dito que Menódoto e Sexto deram grande contribuição a essa escola. Um autor antigo, Agathias, apresenta Sexto como um expoente do "empirismo cético".[18] Os empiristas posteriores ao surgimento do pirronismo com freqüência nele basearam explicitamente suas doutrinas. O próprio Sexto menciona (AM I, 61) um livro seu, que não nos chegou às mãos, intitulado *Empeirikà Hypomnémata* (*Comentários Empiristas*)[19] e, em vários tratados médicos da época, seu nome aparece freqüente-

---

[17] Brochard conjectura que Menódoto, à de uma geração anterior a Sexto Empírico de, foi o primeiro a unir estreitamente o empirismo e o ceticismo, tendo "dado a esta última doutrina um sentido e um alcance totalmente novos" (Brochard, 1959, p. 313).

[18] Retiro as informações históricas contidas neste parágrafo do artigo de Michael Frede "The Ancient Empiricists" (Frede, p. 252), que faz parte dos *Essays in Ancient Philosophy* (Frede, 1987, p. 243-60).

[19] Em AM VII, 202, Sexto se refere também a um livro seu de comentários médicos (*Iatrikà Hypomnémata*), que poderia ser a mesma obra intitulada *Empeirikà Hypomnémata*.

mente nas listas dos empiristas importantes. Não é também sem importância lembrar que seu nome era *Séxtos Empeirikós* e que o termo *empeirikós* significava também "empirista". Natural é, então, que nos perguntemos sobre como conciliar todos esses fatos com a postura filosófica antidogmática dos céticos.

Voltemos nossa atenção para o texto das *Hipotiposes* que acima mencionei, o de HP I, 236-41, que vou agora resumir. Sexto principia por dizer-nos que, segundo alguns, o ceticismo se identifica ao empirismo médico, o que não é o caso, já que essa escola afirma, ao contrário dos céticos, a inapreensibilidade das coisas não-evidentes (*ádela*). Aos céticos conviria antes assumir a doutrina (*haíresis*) dos Metódicos, já que céticos e Metódicos têm em comum uma postura contrária à precipitação do julgamento sobre as coisas não-evidentes. Ambas as orientações seguem o fenômeno (*phainómenon*), aquilo que nos aparece e, a partir dele, buscam o que é tido como útil. Sexto relembra já ter dito anteriormente, na mesma obra (HP I, 23-4), que o cético se serve da vida comum (*ho bíos ho koinós*) em seus quatro aspectos: a orientação da natureza (*hyphégesis phýseos*), o caráter necessário das afecções (*páthe*), a tradição das leis e costumes e os ensinamentos das artes e disciplinas (*tékhnai*). Em particular, o ceticismo e a medicina Metódica são levados pela necessidade das afecções e impulsos a buscar seus correlatos naturais (por exemplo, a fome leva à busca do alimento e a prática médica busca a dilatação para curar uma contração); as coisas estranhas por natureza (*tà phýsei allótria*) compelem à busca de sua remoção, veja-se o caso do cão que remove o espinho que o espetou. Sexto pensa, aliás, que tudo que os Metódicos dizem se pode subsumir sob a necessidade das afecções, as naturais (*katà phýsin*) e as contrárias à natureza (*parà phýsin*). E acrescenta que é comum a ambas as orientações (*agogaí*) o uso não-dogmático (*adóxaston*) e indiferente (*adiáphoron*) das palavras: é de modo não-dogmático e indiferente que o cético diz, por exemplo, "nada determino" ou "nada apreendo", assim como a medicina Metódica usa termos como "generalidade" (*koinótes*) ou "indicação" (*éndeixis*), com esse último termo significando a orientação que, a partir das afecções aparentes naturais ou contrárias à natureza, aponta para as coisas que são tidas como seus correlatos. A partir desses fatos e de outros semelhantes, Sexto conclui que a orientação Metódica, mais que todas as outras doutrinas médicas, tem uma certa afinidade (*oikeiótes*) com o ceticismo. Um texto como esse merece uma consideração toda especial. Com efeito, ele nos oferece uma imagem do ceticismo que, certamente, nada tem a ver com o que fomos acostumados a pensar sobre ele a partir do que correntemente se diz a seu respeito.[20] Entretanto, todos os pontos que Sexto aí aborda estão em total consonância com o que ele, em todas as suas obras, descreve como a filosofia dos céticos. Advirtamos, também, que, embora Sexto explicitamente recuse a identificação entre o ceticismo e o empirismo médico, somente uma proximidade bastante grande entre ambas as orientações poderia ter levado alguns a propor, como propuseram, uma tal identificação. Identificando a filosofia cética com uma postura geral diante da teoria e da ação (na área médica), com um modo de pensar e agir no mundo, de lidar com problemas e buscar soluções para eles. Por outro lado, o texto deixa-nos manifesto que, de modo complementar à sua face negativa e polêmica contra o dogmatismo, a filosofia cética possuía toda uma dimensão positiva que claramente se manifesta naqueles vários pontos da passagem mencionada. Vamos agora considerá-los mais de perto, à luz de outras passagens da obra sextiana.

3. O *phainómenon* e a vida comum

Com o juízo suspenso sobre todas as doutrinas dogmáticas que examinou, confessando-se incapaz de pronunciar-se sobre a natureza das coisas e a chamada Realidade, não possuindo um critério de ver-

---

[20] Na literatura filosófica contemporânea, se de um lado se fala do ceticismo de um Gassendi ou de um Hume, em cujas filosofias se descobre uma razoável afinidade com o ceticismo antigo, por outro lado se usa habitualmente o termo "ceticismo" de modo bastante vago e confuso, conotando uma postura de recusa generalizada de qualquer forma de crença, conhecimento ou certeza.

dade, o cético dispõe, no entanto, de um outro critério, de um critério de ação, o fenômeno (HP I, 21-2), pois ele não pode não reconhecer todas aquelas coisas que o levam involuntariamente ao assentimento, conforme uma representação passiva; e tais coisas são os fenômenos (*phainómena*), diz-nos Sexto Empírico (HP I, 19). Os fenômenos são tudo quanto lhe aparece (*phaínetai*). E o que lhe aparece se lhe dá de modo irrecusável, numa afecção (*páthos*) que ele pode apenas relatar (HP I, 13, 15, 19, 22, 197). O cético segue os fenômenos, ele se orienta por sua experiência deles, ele age, tomando-os por critério.[21]

A noção cética de "fenômeno" diz respeito tanto à esfera sensível como à inteligível (no que diz respeito ao fenômeno inteligível, AM VIII 362-3; VII, 336; HP I, 4, 15, 190-1, 197 etc.). E o que aparece, seja sensível ou inteligível, se associa, de um modo geral, a um conteúdo proposicional, exprime-se numa proposição cuja aceitação se nos impõe. Aparece-me que o mel é doce, que o fogo queima, aparece-me que é noite agora, aparece-me que ceticismo e dogmatismo são posturas filosóficas distintas, que faz bastante tempo que Sócrates bebeu a cicuta etc. E a cada um de nós aparece que muito do que nos aparece também aparece em comum a outros homens. Aparece-nos que o mundo de que fazemos parte se dá a nós e a nossos semelhantes numa experiência comum, isto é, aparece-nos que nossa experiência-de-mundo e as experiências-de-mundo de outros seres a nós muito semelhantes, os humanos, se interseccionam em larga escala e têm muito de comum. Em AM VIII, 8, Sexto nos relata ter Enesidemo (filósofo cético provavelmente do século I a.C., a quem se deve a revivescência da tradição pirrônica) dito que certas coisas aparecem de modo comum (*koinôs*) a todos, outras aparecem particularmen-

---

[21] Não vou deter-me aqui na complexa questão da relação entre os fenômenos e as representações ou impressões (*phantasíai*). De qualquer modo, quero esclarecer que discordo dos autores que, como já o fazia Stough em seu *Greek Skepticism* (Stough, 1969, pp. 115-25), identificam fenômenos e representações na doutrina de Sexto. Stough entende que, para o filósofo, os dados da experiência são suas sensações (impressões) privadas, o que teria levado a filosofia sextiana a culminar numa "forma extrema de empirismo" (Stough, 1969, p. 125).

te a alguém. Passagens inúmeras em toda a obra de Sexto assumem esse caráter freqüentemente comum dos fenômenos. Por isso, o cético passa espontaneamente do "aparece-me *que*" ao "aparece-*nos* que". Podemos dizer que a experiência do "nós" é imediatamente vivida na experiência do fenômeno. A experiência do mundo se nos dá, em bem grande medida, como inter-subjetiva. O ceticismo grego nunca enveredou pelos caminhos do solipsismo, nem mesmo metodológico. Quando o cético descreve o que lhe aparece, o que lhe é fenômeno, ele diz estar descrevendo um *páthos* humano (HP I, 203; DL IX, 102-3[22]), uma experiência que se nos dá de modo irrecusável.

Uma coisa é o fenômeno, outra o que se diz do fenômeno, no sentido de interpretá-lo filosofica ou especulativamente (HP I, 19-20). Se os fenômenos são ou não reais, isso é um objeto da investigação dogmática (AM VIII, 357). "Mas querer estabelecer que os fenômenos não apenas aparecem, mas são também reais, é próprio de homens que não se contentam com o que é necessário para o uso da vida, mas se esforçam por arrebatar também o possível" (AM VIII, 368). O cético tem o juízo suspenso sobre a realidade dos fenômenos, ele não afirma que o que lhe aparece é real, no sentido forte e filosófico desse termo, ele não afirma que o discurso que descreve sua experiência fenomênica diz a verdade sobre o Mundo.

Costumo servir-me de uma comparação que me parece ilustrar bem a posição em que o cético se encontra, ao ter suspenso seu juízo sobre as questões especulativas que considerou. Suponhamos um estudante de filosofia que entrou em contato com diferentes doutrinas filosóficas e suas correspondentes versões da Realidade. Buscando embora a Verdade, nosso estudante não se definiu ainda por nenhuma doutrina, não se julga ainda capaz de uma opção filosófica. Por outro lado, seu contato com as filosofias lhe permitiu abandonar os traços dogmáticos que muitas vezes exibem as crenças das pessoas ordiná-

---

[22] Sirvo-me, como de praxe, da sigla DL para referir-me ao *Vitae Philosophorum* de Diógenes Laércio, historiador grego do século III d.c., uma das mais importantes fontes da doxografia antiga, cf. Diógenes Laércio (1964).

rias, mormente na esfera religiosa e moral. Sua postura é, ao menos no momento, não-dogmática, não-comprometida com especulações filosóficas. Ele vive sua vida cotidiana, como qualquer um, ele a vive sem dogmas. Tal é a postura do cético pirrônico.

Essas poucas indicações parecem-me deixar claro que essa fenomenicidade que o cético diz ser irrecusável e que ninguém, de fato, recusa se pode efetivamente chamar, numa linguagem conforme aos usos contemporâneos, de *experiência-de-mundo*. Se deixamos de lado as controvérsias da razão absolutista, resta-nos sempre – e isso ninguém virá negar – que o que a nós nos aparece e se impõe são coisas e eventos que nos envolvem e nos quais estamos totalmente mergulhados. Isso é o *mundo*. O que o cético nos diz, portanto, é que, recusada embora nossa adesão aos discursos filosóficos especulativos e a seu vocabulário, descartadas as controversas noções de Verdade absoluta e de Realidade absoluta, reconhecemo-nos como fazendo parte de um mundo físico e humano, de que nos vemos como habitantes; reconhecemo-nos em meio às coisas e eventos que nos cercam, integrados também numa sociedade humana, numa experiência que se constitui e se prolonga ao longo dos anos de nossas vidas. E essa nossa experiência-de-mundo se acompanha de uma *visão-de-mundo*, que se exprime em nossa linguagem comum e serve de pano de fundo e de referencial constante para todo o nosso discurso e para nossa comunicação com nossos semelhantes.

Sobre esse tema, cabe ainda uma observação, de caráter historiográfico. A filosofia dogmática grega distinguira entre o Ser e o Aparecer, entre o que, em si mesmo, *é* (*estí*) e que o pensamento especulativo toma por objeto de conhecimento e, de outro lado, o que nos aparece (*phaínetai*) e é o objeto de nossa experiência. Os filósofos trataram de diferentes maneiras a relação entre o Ser e o Aparecer. Para alguns, o que nos aparece manifesta o Ser, mesmo se apenas parcialmente, para outros ele o oculta; para uns, o que aparece é realmente verdadeiro, enquanto, para outros o que nos aparece é mera ilusão; para alguns, o que aparece é nosso ponto de partida para o conhecimento do Real, para outros deve a Razão ocupar-se diretamente deste último, removendo, isto é, desconsiderando o que não passa de mera aparência e pode apenas servir de impedimento e obstáculo para o conhecimento do verdadeiro real. Os filósofos não questionaram o Aparecer, eles o reconheceram todos, mas se posicionaram de múltiplas maneiras com relação a ele; de um modo geral buscando explicá-lo, mas pretendendo, sempre ou quase sempre, transcendê-lo. O cético foi aquele filósofo que se confessou incapaz de trilhar o caminho dessa transcendência.

Atendo-se aos fenômenos, os céticos seguem a *vida comum* (*ho bíos ho koinós*), como eles nos dizem (HP I, 237). Porque é preciso reconhecer que, antes, durante e depois do filosofar, estamos sempre experienciando nossa vida. Nossa experiência-de-mundo é a experiência de nossa vida cotidiana. Uma experiência que os humanos todos compartilham. Seguir os fenômenos é seguir a vida. Como diz Sexto (AM XI, 165), o cético não conduz sua vida conforme o discurso filosófico, mas pratica a-dogmaticamente a observância não-filosófica da vida comum. Os filósofos freqüentemente desconsideram a vida comum em suas filosofias, desprezam os conceitos comuns presentes no pensamento e na linguagem ordinária; o cético, ao contrário, não se posiciona contra a vida comum, mas dá a-dogmaticamente seu assentimento àquilo em que ela confia, enquanto se opõe às ficções "privadas" dos dogmáticos (HP II, 102). Longe de conflitar com as noções comuns dos homens, ele se faz um advogado da vida ordinária, combate a seu lado (AM VIII, 157-8). Quando a dialética dogmática busca estabelecer com raciocínios engenhosos proposições que afirmam a impossibilidade do movimento ou da geração, se de um lado o cético suspende seu juízo sobre a verdade ou falsidade, em sentido absoluto, de tais doutrinas, diante da equipotência dos argumentos que se podem aduzir tanto a seu favor como contra elas, por outro lado ele confessa toda a sua simpatia pelo procedimento das pessoas comuns que, sem prestar qualquer atenção a tais sutilezas, continuam tranquilamente a mover-se e a fazer seus filhos (HP II, 244-5).

Sexto, como vimos acima, destaca quatro aspectos importantes da vida comum (HP I, 23-4; 237-8). Segui-la é, em primeiro lugar, seguir a "orientação da natureza" (*hyphégesis phýseos*), isto é, orientar-nos pela sensibilidade e razão de que a natureza nos dotou; em segundo lugar, é orientar-nos também pelas afecções, paixões, instintos e impulsos naturais, que nos conduzem à ação em vista de satisfazê-los: assim, a fome nos leva a buscar o alimento, a sede nos impele a beber para saciá-la; por outro lado, integrados que estamos no corpo social, educados e formados no quadro de suas instituições, pertence à prática comum da vida nossa integração nas práticas e nos comportamentos por elas moldados; finalmente, porque nossa vida civilizada é amplamente afetada pelas técnicas e disciplinas que nossa cultura criou e desenvolveu, faz parte natural da observância da vida comum a adoção e, eventualmente, a prática dos ensinamentos que delas nos advêm e dos procedimentos a elas conformes. Tal é a vida comum dos homens. Como diz Sexto (HP II, 246): "É, com efeito, suficiente, penso, viver empiricamente (*empeíros*) e a-dogmaticamente conforme as observâncias e as prenoções comuns, suspendendo o juízo sobre as coisas que se dizem a partir da sutileza dogmática e que estão muitíssimo afastadas do uso da vida". E vimos acima que Sexto louva a escola Metódica de medicina por seguir de perto os fenômenos e a vida comum, como fazem os céticos.

4. O domínio da "evidência"

A filosofia dogmática introduziu a distinção entre o evidente (*enargés, pródelon*) e o não-evidente (*ádelon*). Os dogmáticos disseram (HP II, 97-9; AM VIII, 141, 145-8, 316-9 etc.) evidentes as coisas que vêm de si mesmas ao nosso conhecimento e de si mesmas se apreendem, que de modo involuntário percebemos a partir de nossas representações e afecções (por exemplo, que é noite – ou dia – agora, ou que aqui temos um ser humano); quanto às coisas não-evidentes, distinguiram entre as que o são de modo absoluto (por exemplo, que as estrelas são em número par –ou ímpar), as ocasionalmente não-evidentes, que são tais devido a circunstâncias externas (por exemplo, a cidade de Atenas, neste momento, para nós), e as naturalmente não-evidentes, que não são por natureza capazes de dar-se à nossa percepção (por exemplo, os poros ou a existência da alma). No que concerne às coisas ocasionalmente não-evidentes, disseram que elas podem ser apreendidas através de signos rememorativos (*hypomnestikà semeîa*): se duas coisas se deram freqüentes vezes conjuntamente à nossa observação (por exemplo, a fumaça e o fogo), a presença eventual, devido a circunstâncias quaisquer, de apenas uma delas, nos traz a outra à lembrança e inferimos, então, sua presença, mesmo se não temos no momento experiência perceptiva dela, como quando vemos a fumaça e inferimos o fogo. Quanto às coisas naturalmente não-evidentes, é sua doutrina que elas são significadas por coisas evidentes, a partir da natureza e constituição destas últimas, as quais servem, assim, de signos indicativos (*endeiktikà semeîa*) com relação àquelas, às quais desse modo temos acesso por via da razão (HP II, 99-101; AM VIII, 143-55). Nesse sentido, as coisas evidentes, as coisas que nos aparecem, os *phainómena*, operam como uma espécie de visão (*ópsis*) das coisas não-evidentes (HP I, 138; AM VII, 374).

O cético, compreensivelmente, tem seu juízo suspenso sobre a realidade das coisas chamadas pelos dogmáticos de "naturalmente não-evidentes": trata-se de entidades ocultas e não-observáveis e a pretensa inferência racional que a elas supostamente conduziria inclui-se no rol dos procedimentos especulativos cuja validade, por todas as razões que acima lembramos, o cético não tem por que aceitar. De fato, ele vê os chamados signos indicativos como uma outra invenção forjada pelos dogmáticos (HP II, 102). Mas diferente é sua posição com relação aos signos rememorativos. As pessoas comuns diuturnamente deles se servem, costumeiramente inferem, com base na experiência passada, a presença do fogo ao perceberem fumaça, a existência de uma ferida anterior, ao depararem com uma cicatriz. O cético, aqui como sempre, está do lado da vida comum, dando seu assentimento àquilo em que ela confia, orientando sua experiência de agora pela experiência passada e pelos signos rememorativos (HP II, 102; AM VIII, 157-8).[23]

---

[23] Por não ter apreendido o exato significado e alcance da doutrina sextiana da experiência fenomênica e o papel que nela representa a temática da vida comum em que o cético plenamente se insere, Brochard viu, erroneamente, na adoção dos signos rememorativos pelos céticos e por Sexto, em particular, não apenas a base para uma "teoria" da *tékhne*, mas também o ponto de partida "de uma espécie de dogmatismo" (Brochard, V., 1959, p. 343).

Os filósofos dogmáticos com freqüência utilizaram o termo *phainómenon* para designar o que é observável, o que diziam "evidente". Há pouco lembramos que diziam operarem os *phainómena* como uma "visão das coisas não-evidentes". A noção cética de "fenômeno" dizia respeito, já o vimos, tanto a coisas sensíveis como a coisas inteligíveis, a tudo quanto se impõe imediatamente à nossa aceitação e, nesse sentido, nos aparece. Mas, com freqüência, no vocabulário sextiano, o termo *phainómenon* é usado também num sentido mais restrito, dizendo antes respeito à esfera da percepção (HP I, 8-9; AM VIII, 215-22 etc.). Esfera esta na qual é bem mais conspícua a ocorrência dos fenômenos comuns, aqueles que aparecem de modo muito semelhante a muitas pessoas. E o cético não hesitará em adotar o vocabulário da evidência (*enárgeia*). Lemos assim, em AM XI, 76, que "tudo que se experiencia através da evidência (*di'enargeías*) é naturalmente percebido de modo comum e concorde pelos que têm as percepções não-impedidas, como se pode ver no caso de quase todos os fenômenos". E, em HP II, 10, lemos que o cético não está excluído de uma concepção que se produz em sua razão "a partir dos fenômenos que o afetam passivamente de modo evidente (*kat'enárgeian*)".

Evidentemente, a postura cética com relação à "evidência" é diferente da postura dogmática. Os dogmáticos entendem que a evidência nos apresenta a realidade mesma das coisas evidentes, à qual teríamos acesso imediato, as proposições que a exprimem (por exemplo, "agora é noite – ou dia") sendo verdadeiras, em sentido absoluto.[24] O cético, porém, tem o cuidado de distinguir entre a evidência, de um lado, e, de outro, os argumentos dogmáticos que nela se apóiam para afirmar a realidade e a verdade das coisas evidentes; sobre esses argumentos e essa pretensão a um conhecimento absoluto o cético suspende seu juízo, assim como o suspende sobre proposições e argumentos contrários que negam a verdade e a realidade do evidente. Como todas as pessoas comuns, o cético

---

[24] Contra a doutrina dogmática da evidência, Sexto dirá que "nada é evidente, (...) pois não é possível apreender a verdade nos objetos" (AM VII, 364). Atente-se, porém, em que não se trata da proposição de uma tese cética, mas do desenvolvimento da parte negativa de uma argumentação dialética de contradição própria ao método cético das antinomias.

contenta-se em reconhecer a evidência enquanto, por assim dizer, um traço constitutivo de sua experiência imediata, sem dela oferecer, entretanto, uma interpretação filosófica; ele apenas reconhece que o evidente aparece como tal numa experiência que é comum a ele e a outros seres humanos. Assim, lemos em HP III, 65, que o cético descobre a existência de um conflito equipotente entre o que é sustentado pelos que afirmam, apoiados nos *phainómena*, a realidade do movimento e os que a negam, apoiados numa argumentação filosófica; como conseqüência, ele tem seu juízo suspenso sobre uma e outra tese, *no quanto concerne às coisas que se dizem* (*epì toîs legoménois*); sob esse prisma, ele dirá o movimento "não mais" real que irreal. Muitos outros textos de Sexto se podem invocar que vão nessa mesma direção (HP III, 81, 135 etc.).

Reconhecendo a-dogmaticamente a experiência comum, o cético se permite, então, dizer, por exemplo, que a proposição que afirma a ocorrência de aparências contrárias a partir das mesmas coisas[25] não configura um dogma, mas apenas relata fato "que se dá à experiência (*hypopípton*),[26] não apenas dos céticos, mas também dos outros filósofos e de todos os homens; pois ninguém ousaria dizer que o mel não é sentido como doce pelos sãos ou como amargo pelos que têm icterícia": trata-se de uma "prenoção" comum aos seres humanos, de uma "matéria comum" (*koinè hýle*) que todos experienciam (HP I, 210-1). Ninguém contestará que o fogo derrete a cera, endurece a argila, queima a madeira (AM VIII, 194-5). Um acordo unânime se configura a respeito dos fenômenos observáveis e ele se exprime em sentenças que poderíamos permitir-nos chamar, assim penso, "senten-

---

[25] Que as mesmas coisas oferecem aparências diferentes e contrárias, o que nos permite apenas descrever os fenômenos sem poder discernir a realidade do que aparece, é um ingrediente comum da argumentação cética nos dez tropos (ou modos) de Enesidemo, que Sexto Empírico longamente expõe em HP I, 31-163.

[26] Literalmente o verbo *hypopíptein* significa "cair sob" e, em usos como este, aliás comuns na linguagem de Sexto, o verbo se aplica aos fenômenos que "caem sob" nós, que se nos apresentam (cf., por exemplo, HP II, 10 etc.). Atentemos em que a linguagem sextiana não dispõe de um termo cuja conotação corresponda a "experiência", no(s) sentido(s) em que estou aqui usando esse vocábulo, uma vez que o termo *empeiría* tem significado bem mais restrito. Sobre este último e seu uso no contexto do discurso sobre as *tékhnai*, ver a seção 5, a seguir.

ças de evidência", mesmo se uma tal terminologia não faz certamente parte do vocabulário sextiano. Lembremos sempre, porém, que tais sentenças não se tomarão como indicadoras da Realidade ou da Verdade, mas tão-somente como relatos da experiência fenomênica.

5. A observação da natureza e as *tékhnai*

Vimos que, entre os aspectos da vida comum destacados por Sexto, figura a "orientação da natureza", que age através de nossa sensibilidade e razão, e a necessidade natural de impulsos e afecções cuja satisfação naturalmente buscamos, num comportamento que a medicina Metódica observa e imita, em sua prática de tratamento das doenças. Isso não significa, por certo, que o cético assuma uma perspectiva especulativa sobre o que se chama de "natureza". Ao expor a argumentação cética acerca das diferentes e, por vezes, conflitante impressões que os sentidos em nós produzem,[27] Sexto se refere à teoria dogmática dos que conferem às nossas percepções sensoriais a capacidade de apreenderem adequadamente a realidade de seus objetos, postulando a comensurabilidade entre os sentidos e esses objetos engendrada pela Natureza (HP I, 98). Mas o cético pergunta: de que natureza se trata? E lembra o conflito indecidível entre os dogmáticos acerca da realidade de uma tal Natureza. Entretanto, sua coerente suspensão de juízo sobre mais essa especulação filosófica não tem por que impedi-lo de reconhecer um comportamento regular e "espontâneo" – que ele, seguindo a vida comum, dirá "natural" – das coisas e dos seres vivos, dos humanos também, que habitam sua experiência fenomênica. Por isso, vimos o filósofo, ao atestar a afinidade entre o ceticismo e a medicina Metódica, endossar a distinção que ela efetua entre afecções conforme a natureza (*katà phýsin*) e afecções contrárias à natureza (*parà physin*) (HP I, 240). E, atentando no comportamento humano diante das regularidades naturais, pode o cético detectar (AM VIII, 288-9), no ser humano, a presença de algo como um senso de ordenação da observação

---

[27] Trata-se do terceiro tropo de Enesidemo, baseado nas diferenças entre os sentidos, exposto em HP I, 91-9.

(*teretikè akolouthía*), graças ao qual, tendo observado uma conjunção constante entre fenômenos, o homem tem a expectativa natural da repetição dessa conjunção, o que lhe permite espontaneamente inferir, ao perceber uma fumaça, a presença do fogo que eventualmente não está observando, ou a predizer, ao perceber um ferimento no coração, a iminência da morte (AM VIII, 153-4). Temos, aqui, como vimos, a idéia de signo rememorativo. E a de um comportamento racional próprio ao homem (AM VIII, 288), que difere dos outros animais por agir conforme uma representação transitiva (*phantasía metabatiké*) e uma concepção de seqüência (*énnoia akolouthías*).

O caráter natural do uso de tais signos na prática da vida comum explica-nos por que mesmo pessoas sem maior instrução, mas familiarizados com a experiência, tais como pilotos de barcos e agricultores iletrados, prevêem a ocorrência, uns de ventos, tempestades e calmarias no mar, os outros de boas ou más colheitas, secas e chuvas no campo (AM VIII, 270-1). O que parece aprimorar um comportamento que já em alguns animais se detecta, se lembramos que o cão segue as pegadas de alguma fera e o cavalo se põe a correr, ao ouvir o estalo de um chicote. Esse comportamento natural de observação e de predição da experiência futura que o homem comum exibe é continuado e aperfeiçoado pelas chamadas *tékhnai*, tais como a arte da navegação, a agricultura, a astronomia empírica, a medicina empirista. Lidando com os fenômenos, sistematizando as observações e tornando-as intencionalmente mais freqüentes, registrando-as e historiando-as – e, isto sim, não é um procedimento comum –, as artes e disciplinas, isto é, as *tékhnai*, constroem seus *theorémata,* suas regras ou princípios (AM VIII, 291).[28]

---

[28] Toda a doutrina sextiana da *tékhne* nos mostra claramente que Sexto usa o termo *theórema* para falar das generalizações empíricas formuladas pelas *tékhnai* a partir da observação, que não aspiram a um caráter de universalidade. Citando o *De Sectis* de Galeno, Brochard nos diz que o termo *theórema* foi empregado pela medicina empirista para conotar um conjunto de casos semelhantes detectados empiricamente (Brochard, V., 1959, p. 365). Não vejo, pois, qualquer fundamento para entender os *theorémata*, como o faz Brochard, como *leis gerais* que confeririam "um caráter de universalidade e de necessidade aos fenômenos observados", introduzindo assim na doutrina cética "uma espécie de dogmatismo" (p. 375). A esse respeito, Bolzani, muito adequadamente, fala da presença, nas *tékhnai*, de "enunciados gerais", de uma generalização sem pretensões de universalidade (Bolzani Filho, 1990, pp. 50-1).

Elas dominam, cada uma em seu campo, a seqüência (*parakoloúthesis*) natural dos eventos (HP II, 236), elas utilizam os signos rememorativos e exercitam uma capacidade de predição (*dýnamis prorretiké*) de eventos futuros (AM V, 1-2), tendo como confiáveis somente as predições que se baseiam em conexões regulares entre eventos, observadas e registradas em experiências anteriores (AM V, 103-4). Eventuamente, como no caso da medicina Metódica, a observação do comportamento natural dos organismos, lembre-se o exemplo da compulsão natural que leva os seres vivos à busca de alimentos e bebidas para satisfazer sua fome e sede, induz à utilização dos próprios movimentos naturais na prática da *tékhne*, à busca, por exemplo, da dilatação para curar um processo orgânico de contração (HP I, 238). Pondo em prática o ensinamento aristotélico (*Fís.* II, 2, 194 a21-2), "a *tékhne* imita a natureza".

A sistematização da observação permite constatar a regularidade e concordância das percepções sensoriais, na ausência de impedimento: "Pois todo objeto sensível é naturalmente experienciado e percebido de modo idêntico por todos que estão numa disposição semelhante. Por exemplo, não apreendem a cor branca de um modo os gregos, de outro os bárbaros, e de um modo particular os que praticam as *tékhnai*, de modo diferente os leigos, mas a apreendem do mesmo modo os que têm seus sentidos não-impedidos." (AM VIII, 187-8). Com base na observação e na experiência, as *tékhnai* estabelecem a distinção entre o normal e o patológico e explicam a diversidade na percepção dos fenômenos. A arte médica, por exemplo, nos pode ensinar que "a cor branca, por exemplo, não é experienciada do mesmo modo por quem tem icterícia, por quem tem os olhos injetados de sangue e por quem tem uma condição natural (pois suas disposições são dessemelhantes e por essa causa (*par' hèn aitían*) a um o branco aparece amarelo, a outro avermelhado, a outro branco); mas aos que estão numa mesma condição, isto é, aos sãos, somente aparece branco" (AM VIII, 221-2).

Esta última passagem permite-nos constatar que as *tékhnai*, que o ceticismo endossa e de que faz a apologia, não rejeitam o vocabulário da causalidade. Aponta-se a dessemelhança entre as disposições dos sujeitos como causa de serem dessemelhantes as aparências que eles experienciam a partir dos mesmos objetos. Também na utilização pelas *tékhnai* dos signos rememorativos,[29] se falará eventualmente de um processo causal: a medicina dirá ser o ferimento do coração a causa da morte, que costumeiramente o segue (AM V, 104). O que não significa qualquer condescendência com as teorias dogmáticas da causalidade, que Sexto considera demoradamente (HP III, 13-29; AM IX, 195 e ss.): porque os argumentos da filosofia especulativa sobre a realidade absoluta das causas são contraditados por argumentos de igual força que a negam, também aqui o cético suspende seu juízo e não diz a causa mais existente que não-existente (HP III, 29; AM IX, 105). Mas isso não o impede de assumir a perspectiva fenomênica da vida comum e das *tékhnai* sobre a seqüência regular e ordenada dos eventos que o vocabulário da causalidade conota.[30]

A observação e análise sistemática dos eventos próprios ao "psiquismo" humano permite também à *tékhne* mostrar a origem empírica de nosso pensamentos e idéias: "Todo pensamento, com efeito, se produz a partir da sensação ou não de modo separado com relação a ela; e ou a partir da experiência ou não sem experiência (*kaì è apò periptóseos è ouk áneu periptóseos*)", mesmo no caso de representações falsas como as do sonho ou da loucura (AM VIII, 56-7). "E, de um modo geral, nada é possível encontrar na concepção que não se possua e tenha conhecido pela experiência" (VIII, 58), já que tudo que é concebido é concebido seja pela apresentação das coisas evidentes seja por uma transposição (*metábasis*) a partir delas, por recurso à semelhança, ou à composição, ou à analogia (aumento ou diminuição) com as coisas que se manifestam na experiência

---

[29] Não examinarei aqui o problema, por certo importante, da relação entre a aceitação pelo filósofo cético do uso dos signos rememorativos e sua crítica da indução em HP II, 204. Stough discute o problema na p. 137-9 de seu *Greek Skepticism*. E Bolzani nos oferece uma discussão sucinta, mas muito pertinente, da questão em seu artigo (Bolzani Filho, 1990, p. 49-50).

[30] Atente-se na grande proximidade entre o que os céticos dizem da causalidade na esfera fenomênica, associando-a aos signos rememorativos, e a doutrina humeana da causalidade e da conjunção constante; aliás, até mesmo alguns exemplos são idênticos em ambas as doutrinas.

(AM VII, 393-6; VIII, 58-60).³¹ Criticando Demócrito e Platão por apenas reconhecerem a realidade dos objetos inteligíveis e, nesse sentido, rejeitarem os sentidos e o sensíveis, Sexto afirma que eles "subvertem as coisas e não apenas abalam a verdade dos seres, mas também a concepção deles" (VIII, 56), "pois toda concepção deve ser precedida pela experiência através da sensação (*dià tês aisthéseos períptosin*) e, por esse motivo, se os sentidos são abolidos, necessariamente, é conjuntamente abolido todo pensamento" (VIII, 60-1).³²

As *tékhnai* não visam o conhecimento da Realidade, mas a utilidade, o que pode satisfazer as necessidades dos seres humanos, tal é o móvel de sua exploração do mundo fenomênico: "Com efeito, é manifesto que o fim de toda *tékhne* é muito útil para a vida", algumas artes tendo sido introduzidas com a finalidade de evitar coisas prejudiciais, como é o caso da medicina, uma *tékhne* que busca curar e livrar-nos das dores; outras, para descobrir-nos coisas benéficas, como é o caso da arte da navegação, já que os homens necessitam do relacionamento com outras nações (AM I, 50-2). Em HP I, 237, vimos acima Sexto elogiar a medicina Metódica por seguir os fenômenos e deles retirar o que é tido como útil, conforme a prática dos céticos.

O cético rejeita a ciência (*epistéme*) dos dogmáticos e Sexto investe, nos seus livros *Contra os Homens do Saber*, contra os gramáticos, retóricos, geômetras, aritméticos, astrônomos, teóricos da música, lógicos e teóricos do conhecimento, físicos e teóricos da moral. A tônica de

---

³¹ Citando o *De subfiguratione empirica* de Galeno, Brochard lembra que Menódoto propôs o nome de epilogismo (*epilogismós*) para o raciocínio que permite passar do semelhante ao semelhante (*he toû homoíou metábasis*), mas sem pressupor "nem que o semelhante deva produzir o semelhante, nem que o semelhante reclame o semelhante, nem que os semelhantes se comportem de modo semelhante" (Brochard, V., 1959, p. 366-8). E o mesmo autor também nos informa (p. 374), ainda citando Galeno, que "Menódoto considerava o *epilogismo* como um excelente meio de refutar os sofismas".

³² No início de seu comentário sobre essa parte importante da doutrina sextiana, Stough escreve: "O 'axioma empirista' de que o conhecimento tem sua origem na experiência sensorial recebe sua enunciação mais explícita nos escritos de Sexto..." (Stough, 1969, p. 107). E ela sustenta que o empirismo sextiano envolve, mesmo, "fortes sugestões de uma teoria empirista do significado" (Stough, 1969, p. 114).

todas essas investidas é a mesma, trata-se de denunciar a pretensão, por parte dessas ciências, de conhecer, de modo absoluto, a realidade mesma de seus objetos, de formular princípios e proposições absolutamente verdadeiras que alegadamente exprimiriam a natureza mesma das coisas. O cético propõe que se substitua o sonho dessas doutrinas especulativas pela atuação concreta das *tékhnai*,[33] que exploram empírica e pragmaticamente o mundo dos fenômenos, que sistematizam e aperfeiçoam os procedimentos ordinários de observação e predição, que introduzem uma prática teórica que não se quer dissociar dessa mesma experiência que é seu ponto de partida.

Sexto observa (AM I, 61-2) que, na linguagem comum, se usa o termo *empeiria* (prática empírica, familiaridade empírica com o objeto) com respeito às *tékhnai*, e se chamam, indiferentemente, as mesmas pessoas de *tekhnîtai* (profissionais da *tékhne*) e de *émpeiroi* (práticos empíricos); o termo *émpeiros* "é especialmente aplicado ao conhecimento (*epì tês gnóseos*) de muitas e variadas coisas, nesse sentido também dizemos experienciados na vida (*empeírous toû bíou*) os velhos que muitas coisas viram, muitas coisas ouviram". Em HP II, 236 e seguintes, Sexto nos diz que, enquanto é inútil tentar resolver os sofismas com os quais lida a dialética dos filósofos, entretanto, com respeito àqueles cuja solução é útil, uma solução poderá ser dada, somente porém pelos que "em cada *tékhne* detêm a seqüência das coisas". E acrescenta, em HP II, 258, que somente a prática empírica do que é útil em cada área de atividade (*he en hekástois empeiría toû khresímou*) permite resolver as ambiguidades da linguagem, a dialética especulativa sendo inútil mesmo com respeito àquelas outras ambiguidades próprias às opiniões dogmáticas e que não dizem respeito às práticas empíricas da

---

[33] Como diz Bolzani, com o pirronismo sextiano "a *tékhne* deixa de ser a parente menos nobre da *epistéme*" (Bolzani Filho, 1990, p. 58). Ler-se-á, com proveito, a excelente exposição que aí faz o autor sobre a concepção cética de *tékhne* (Ibidem, p. 46 e seg.). Bolzani mostra que ela "retoma o essencial da concepção aristotélica", numa "recriação que elimina, desse aspecto do aristotelismo, seus elementos "dogmáticos"" (Ibidem, p. 55). A reformulação cética do sentido de *tékhne* tendo significado "uma pré-edição (...) daquela mesma concepção empírico-experimental de ciência que conta Berkeley e Hume entre seus principais reformuladores" (Ibidem, p. 58).

vida (*biotikaì empeiríai*).[34] Lembremos que o filósofo usa, por vezes, o termo *empeiría* para designar o empirismo, isto é, a prática empírica da doutrina empirista da medicina (HP I, 236; AM VIII, 191). E o advérbio *empeíros* (empiricamente, segundo a *empeiría*), a propósito do viver a-dogmaticamente seguindo os fenômenos, conforme as observâncias e prenoções comuns (HP II, 246).

Na passagem de AM I, 61-2 que há pouco citei, vimos que Sexto se permite usar do termo "conhecimento" (*gnôsis*) a propósito dessa, por assim dizer, "familiaridade" empírica que se tem com os fenômenos e as coisas da vida cotidiana. Não se trata, por certo de um conhecer (*eidénai, epístasthai*), no sentido dogmático. Mas não há por que não falar de *conhecimento*, se nos guardamos das interpretações especulativas. Enesidemo, relata-nos Sexto (AM VIII, 8), falava de "conhecimento comum" (*koinè gnóme*) acerca dos fenômenos que aparecem em comum a todos. Diógenes Laércio põe também o vocabulário do conhecimento na boca dos céticos e, ao expor como os céticos pirrônicos se defendem da acusação de também eles dogmatizarem, ele os faz responder: "Com respeito às coisas que como homens experienciamos, estamos de acordo [subentende-se: com o modo de falar de que se servem também os dogmáticos], pois reconhecemos (*diaginóskomen*) que é dia e que estamos vivos e muitas outras das coisas que se dão como fenômeno na vida cotidiana; mas, no que concerne às coisas que os dogmáticos afirmam positivamente em seu discurso, dizendo tê-las apreendido, sobre estas suspendemos o nosso juízo como sendo não-evidentes, somente conhecemos (*ginóskomen*) nossas afecções. Pois concordamos que vemos e conhecemos (*ginóskomen*) que pensamos tal e tal coisa..." (DL IX, 103). Ainda que talvez hesitantemente, o ceticismo introduziu, em contraposição à linguagem da ciência dogmática, a noção de "conhecimento empírico". Mas não ousou servir-se do velho termo *epistéme*, introduzindo para ele um novo sentido conforme à promoção filosófica da *tékhne* que

---

[34] Como se pode ver, o termo grego *empeiría* tem significação bem mais restrita que o nosso termo "experiência", conotando, antes, a familiaridade, adquirida na prática, com o mundo dos fenômenos.

empreendeu: o velho termo lhe terá aparecido por demais carregado de conotações dogmáticas.[35]

6. O lógos cético

Sexto Empírico dedica uma pequena seção de suas *Hipotiposes Pirronianas* (HP I, 16-7) à questão sobre se o ceticismo tem uma doutrina (*haíresis*). Ele nos diz que, se por "doutrina" se entende a adesão a um certo número de dogmas conjugados uns com os outros e com os fenômenos, não se pode obviamente falar de uma doutrina cética. No entanto, pode-se e é correto falar de uma doutrina cética, se se entende por "doutrina" "a orientação que, de acordo com o fenômeno, segue um certo procedimento racional (*lógos*), um procedimento racional que indica como viver de uma maneira que se aceita como correta (...) e tende a nos capacitar para a suspensão do juízo. Pois seguimos um certo procedimento racional de acordo com o fenômeno, que nos mostra uma vida conforme aos costumes do país, às leis, às instituições e às nossas próprias afecções". Assim, o discurso racional aparece ao cético, seja como instrumento de neutralização das doutrinas dogmáticas, seja como instrumento de organização e direcionamento de sua vida cotidiana.

Um outro uso ainda se pode referir: aquele que o cético faz do discurso para contar, "anunciar" o que lhe aparece, suas afecções (*páthe*) e experiências (HP I, 4, 197, 200). Precisamente porque não pode o cético, em suspensão de juízo sobre as doutrinas dogmáticas, pretender que seu discurso exprima a realidade, porque ele o vê necessariamente confinado ao domínio de sua experiência fenomênica, tem ele de apresentá-lo como um discurso, por assim dizer, *confessional*. Suas proposições não exibem a pretensão a uma significatividade absoluta, sua significação é necessariamente relativa, relativa a ele, cético (HP I, 207). Todo o discurso cético sobre o mundo, sobre as coisas e

---

[35] Sobre essa relutância dos pirrônicos "em pensar a *tékhne* como *epistéme*" cf. Bolzani Filho (1990, p. 60).

pessoas, sobre as instituições e as *tékhnai*, sobre a própria doutrina e orientação cética, não pode o cético vê-lo de outra maneira que não como o relato de uma experiência fenomênica.

E, precisamente por isso também, o cético nos adverte de que ele usa suas proposições de modo indiferente (*adiaphóros*) e "frouxo" (*katakhrestikôs*) (cf. HP I, 191, 195, 207 etc.), já que ele não assume – nem pode assumir – que elas possam exibir qualquer adequação ou correspondência, natural ou construída, com a natureza mesma das coisas, isto é, que sejam verdadeiras, conforme o habitual uso dogmático desse termo. Daí naturalmente se segue a indiferença do cético (HP I, 191: *adiaphoroûmen*) quanto ao uso desta ou daquela expressão para indicar o que lhe aparece, o *phainómenon*. Por isso mesmo, não convém ao cético *phonomakheín*, brigar por palavras (HP I, 194-5, 207). A busca da exatidão (*akríbeia*) absoluta no uso da linguagem é própria das investigações dogmáticas que buscam alcançar a natureza mesma das coisas, enquanto a linguagem "frouxa" tem naturalmente lugar na vida e na prática comum da conversação (AM VIII, 129; HP I, 195). Mas o discurso fenomênico dos céticos não tem a pretensão de ser superior ao discurso comum da vida. E vimos, em HP I, 240, que, entre os pontos que revelam a afinidade entre o ceticismo e a medicina Metódica, Sexto incluía o uso adogmático e "indiferente" da linguagem.

É esse uso "catacréstico" e adogmático que permite ao cético recorrer a termos que a linguagem da filosofia especulativa tornou carregados de conotações dogmáticas, com as quais, no entanto, o cético não se compromete. Assim, ele pode falar em "doutrina" cética, em "critério" cético, em "conhecimento" das relações entre eventos fenomênicos, em "causas"; cuidando sempre, porém, de recordar que o emprego desses temos se está fazendo num outro registro, não no registro "tético" do discurso dogmático, mas no registro fenomênico do discurso cético.

É nessa linha de comportamento discursivo que o cético faz uso, no sentido 'frouxo" e indiferente, até mesmo dos termos "verdade" e "verdadeiro", a despeito de sua continuada rejeição da pretensão das filosofias dogmáticas a apreender a Verdade sobre as coisas e sua Realidade.

Assim, Sexto nos relata (AM VIII, 8) que Enesidemo disse verdadeiros os fenômenos que aparecem em comum a todos, chamando adequadamente de "verdadeiro" o que não está oculto ao conhecimento comum. E, comentando o acordo generalizado que costumeiramente se constrói a respeito do que é evidente e manifesto (*tò pródelon kaì enargés*), enquanto o não-evidente (*tò ádelon*) é naturalmente objeto de desacordo e disputa, Sexto diz (AM VIII, 322-6) ser razoável que assim se passem as coisas, já que verdade e falsidade se dizem conforme a referência do discurso ao objeto acerca do qual ele foi introduzido (*katà tèn epì tô prágmati tô perì hoû kekómistai anaphorán*): aceita-se que o discurso é verdadeiro se se descobre concordante com o objeto (*sýmphonos tô prágmati*), mas que é falso, se discordante (*diáphonos*). Assim, se alguém declara que é dia, "então, referindo o que é dito ao objeto e conhecendo sua realidade que confirma o discurso (*oukoûn anapémpsantes tò legómenon epì tò prâgma, kaì gnóntes tèn toútou hýparxin synepimartyroûsan tô lógo*)", nós o dizemos verdadeiro. Donde, no caso dos objetos evidentes e manifestos, ser fácil dizer se um determinado discurso a seu respeito é verdadeiro ou falso. O que certamente não é o caso com as coisas não-evidentes. E o filósofo não hesita também em dizer (AM VII, 391), contra quem pretenda que toda representação (*phantasía*) é verdadeira, que isso é contrário aos fenômenos e à evidência (*enárgeia*), "já que muitas são inteiramente falsas (*pseudê*)": com efeito, num momento em que é dia, a proposição "é noite" aparece como dizendo algo irreal (*anýparkton*); o caso é o mesmo para uma propósição como "Sócrates está vivo".[36] Essas duas últimas passagens nos mostram que Sexto não apenas se permite, ainda que rara e ocasionalmente, usar os termos "verdadeiro" e "falso", mas também as mesmas noções de "realidade" e "irrealidade", num registro feno-

---

[36] Muitas outras passagens em Sexto se podem citar em que os termos "verdadeiro" e "falso" parecem estar sendo tranquilamente usados num registro fenomênico e não-dogmático, ver, por exemplo, AM VIII, 222, 251 etc. Em HP II, 250 , Sexto diz que, assim como não assentimos, como se fossem verdadeiros, com os truques dos prestidigitadores, sabendo que eles nos enganam, ainda que não conheçamos de que modo nos enganam, assim também não acreditamos em argumentos falsos que nos parecem persuasivos, ainda que não conheçamos de que modo eles cometem falácia.

mênico. A distinção entre o registro tético (e dogmático) e o registro fenomênico da linguagem é absolutamente fundamental para a compreensão adequada do discurso cético. Um texto como o de AM VIII, 2-3 se deve sempre ter em mente, no que diz respeito à problemática cética da verdade: ele nos diz que, se a controvérsia (*diaphonía*) entre os filósofos sobre a verdade leva o cético a afirmar dialeticamente contra eles que nada há de verdadeiro ou falso, ele o afirma apenas "no quanto concerne aos discursos dos dogmáticos" (*hóson epì toîs tôn dogmatikôn lógois*). É "no quanto concerne às coisas ditas pelos dogmáticos" (*hóson epì toîs legoménois hypò tôn dogmatikôn*) que os céticos dizem que "é irreal a verdade, insubsistente o verdadeiro" (HP II, 80-1).[37]

A pretensa ciência dogmática da gramática se tinha pronunciado, ora em favor de uma tese naturalista do significado das palavras, entendendo que os nomes têm um significado particular por natureza (*phýsei*), ora em favor de uma tese convencionalista, entendendo que os nomes têm um significado posto pelos homens (*thései*) e que foi a eles, assim, convencionalmente atribuído, ora postulando que o significado dos nomes tem origem natural para alguns nomes, convencional para outros. A equipotência dos argumentos que se podem aduzir tanto a favor de cada uma dessas teses dogmáticas como contra cada uma delas (AM I, 144-5) leva, por certo, o cético, a uma coerente suspensão de

---

[37] Stough, erroneamente a meu ver, entende que Sexto rejeita de modo absoluto a posição de Enesidemo quanto ao uso do termo "verdadeiro" e, tendo seguido a tradição filosófica de assimilar o verdadeiro ao real, assume uma posição conservadora e proíbe qualquer nova aplicação da noção de verdade, o que teria sido, em parte, responsável por seu ceticismo (Stough, 1969, pp. 140-6). Em "Verdade, Realismo, Ceticismo" (artigo publicado em *Discurso*, n. 25, pp. 7-67), argumentei em favor de uma noção cética de verdade fenomênica, que eu disse ser totalmente coerente com a postura pirrônica. Entretanto, parecia-me na ocasião que passagens de Sexto como as há pouco citadas (AM VIII, 322-6 e VII, 391), que contemplam o uso comum e não-filosófico da noção de verdade, talvez devessem ser entendidas como avançadas pelo filósofo num contexto puramente dialético de discussão da filosofia dogmática e, por isso, não as utilizei. Cheguei mesmo a dizer (pp. 42-3 do artigo há pouco citado) que Sexto, embora tivesse expressamente restringido o questionamento cético da noção de verdade ao seu uso dogmático, não tinha chegado a propor um uso cético e fenomênico para a noção, como poderia consistentemente tê-lo feito. Hoje, penso e ouso afirmar que Sexto ousou dar esse passo.

juízo quanto à sua pretensa verdade absoluta. No que concerne, porém, à esfera fenomênica, a sistemática das observações próprias às *tekhnai* permite ao cético assumir, na prática, uma postura convencionalista. Ele dirá que a significação foi posta pelos homens, que as expressões da linguagem são significativas *thései* (HP II, 214, 256-7; AM I, 37-8). A compreensão do que significam as palavras está basicamente referida à "renovação", na mente, de uma experiência anterior que associou palavras a fatos experienciados (AM, I, 38); desse modo, a relação semântica entre palavras e coisas configura apenas um caso particular da associação fenomênica entre eventos, a doutrina convencionalista assim articulando-se com a noção de signo rememorativo. E está sempre em nosso poder indicar e significar os objetos por outros nomes que queiramos (HP II, 214). A capacidade dos profissionais de uma *tékhne*, como a medicina, de dissolver certas falácias lingüísticas e sofismas que envolvem assuntos de sua área provém precisamente de eles terem a experiência do uso convencional dos termos – por eles criado – para denotar as coisas significadas (HP II, 256).[38]

Todas essas considerações sobre a postura cética diante da linguagem permitem-nos compreender como não pode o filósofo cético, mesmo confessando não ter como refutar o discurso dogmático, mesmo tendo o juízo suspenso sobre as teses da filosofia especulativa, impedir que tais especulações de algum modo lhe apareçam como crenças míticas, como ídolos (*eídola*) e simulacros, produções oníricas ou mágicas forjadas pela imaginação fértil dos pensadores dogmáticos (HP II, 70, 222; III, 156; AM VIII, 156-7). São construções verbais engenhosas (*euresilogíai*) (HP II, 9, 84) que "se dizem a partir da sutileza (*periergía*) dogmática e são maximamente estranhas ao uso da vida" (HP II, 246). Ao cético aparece que elas resultam de uma distorção do discurso (*parà tèn toû lógou diastrophèn*) (AM XI, 148-9).[39]

---

[38] Cito o texto grego: *tèn empeirían ékhontes autoì tês hyp' autôn pepoieménes tethikês khréseos tôn onomáton katà tôn semainoménon.*

[39] A respeito desse caráter aparentemente mítico do discurso dogmático, cf. "O Ceticismo Pirrônico e os Problemas Filosóficos" (Porchat, 1997, pp. 62-65).

7. O empirismo cético

Passemos rapidamente em revista alguns dos pontos acima tratados. Em primeiro lugar, lembremos a proximidade historicamente documentada entre o ceticismo pirrônico e o empirismo médico e a afinidade proclamada pelos próprios céticos entre sua orientação filosófica e a medicina Metódica (que, sob um certo prisma, se pode, aliás, considerar como uma dissidência reformista no interior do movimento médico empirista). Por outro lado, vimos a rejeição cética do pensamento dogmático, sua denúncia da filosofia especulativa, a desconfiança permanente do cético com relação às construções verbais e sutis dessa filosofia, que lhes aparecem como míticas e fabuladoras. O ceticismo valoriza a *empiria*, o mundo fenomênico, insiste na relatividade dos conteúdos fenomênicos à nossa experiência humana deles. Confere um sentido puramente empírico à noção de "evidência", valoriza a concordância inter-subjetiva. Usa adogmaticamente o termo "natureza" com referência, sobretudo, à relativa regularidade aparente dos fenômenos que se nos oferecem. Faz a apologia das *tékhnai* e entende sua postura "científica" como uma continuação e aprimoramento dos procedimentos "cognitivos" naturais das pessoas comuns. Preconiza o primado da observação e do esforço por registrá-la, historiá-la, sistematizá-la, por organizar as predições com base na experiência passada. Propõe uma doutrina "causal" empirista e acena com a noção de "conhecimento" empírico. Desenvolve um pragmatismo empírico e põe ênfase na busca, pelas *tékhnai*, do que é útil e benéfico para os seres humanos. Atribui à experiência a origem de nossos conceitos e idéias, oferece uma explicação empírica da significatividade das palavras, endossa um ponto de vista convencionalista sobre a linguagem. Recusando o *lógos* especulativo, confere à linguagem um caráter instrumental e compreende seu uso a partir de uma confrontação humana com o entorno, entende a linguagem como um artefato humano. Insiste na sua necessária precariedade, na sua permanente corrigibilidade.

Temos aí um pequeno inventário, sucinto mas impressionante, de diferentes pontos que atestam, de um modo que me aparece claramente como irrecusável, a natureza empirista da postura epistemológica do ceticismo antigo. É importante aqui acentuar que essa postura empirista não é pensada como uma recusa dogmática da especulação racional, uma afirmação dogmática de teses empiristas, mas como uma constatação, também ela empírica, da incapacidade de a especulação assegurar-nos resultados aceitos pela comunidade dos que se propõem a investigar as coisas e eventos do mundo. Como uma constatação, ela também empírica, de que não dispomos de outra base de apoio para o estudo dessas coisas e eventos, senão a experiência dos fenômenos, por precária e relativa que esta seja. Empiricamente se construirá, assim, toda a nossa postura epistemológica.[40] Ao perder a confiança na razão dogmática, não nos resta outra alternativa. Mas se pode certamente dizer que temos aqui um *empirismo sem dogmas*.

E creio ser válido também dizer que o ceticismo da "escola sextiana" foi o resultado histórico do feliz casamento entre duas tradições do pensamento grego: de um lado, uma tradição pirrônica revivida e desenvolvida por Enesidemo, que reuniu a dialética argumentativa e antinômica da Nova Academia de Arcésilas e Carnéades a uma postura de valorização antidogmática do fenômeno, remontando ao lendário Pirro, reverenciado pelos pirrônicos como um patrono de sua orientação filosófica; de outro lado, a teoria e prática anti-racionalista das escolas Empirista e Metódica de medicina, que desenvolveram toda uma teoria empirista do conhecimento médico e estimularam, entre seus membros, uma considerável reflexão e produção filosófica, inclusive sobre temas epistemológicos mais gerais. A associação com a velha tradição pirrônica forneceu ao empirismo, não somente uma armação filosófica mais ampla, mas também uma postura cautelosamente a-dogmática que lhe permitiu não incidir nos pronunciamentos dogmáticos que caracterizaram parte, ao menos, das doutrinas médicas empiristas anteriores. A associação com o empirismo e o

---

[40] Cf. Frede, M. (1987), "The Ancient Empiricists", p. 255: "Given the dogmatism of early Empiricism and the *a priori* character of certain modern Empiricist doctrines, it might deserve emphasis that the Pyrrhonean Empiricist's conception of knowledge and of how we attain knowledge is itself supposed to be merely a matter of experience".

Metodismo médico ensejou ao velho pirronismo a assunção de uma postura epistemológica consistente com sua orientação fenomenista originária e tornou-o capaz de integrar no universo filosófico as práticas "cognitivas" das *tékhnai* gregas. E arrisco-me a dizer que o nascimento do empirismo como orientação filosófica teve lugar, não na modernidade, mas na filosofia helenística grega, no pirronismo dos médicos-filósofos dessa época.

Esse empirismo antigo foi, reconheçamos, formulado de modo incipiente e pouco sofisticado;[41] nem se poderia esperar algo diferente de uma postura filosófica em sua primeira gestação, tanto mais quanto lhe faltou o concurso de grandes pensadores; seus maiores representantes certamente não possuíam a envergadura intelectual dos grandes nomes da filosofia grega. Por outro lado, as ciências gregas, de um modo geral, tanto as *epistêmai* dogmáticas quanto as *tékhnai* empíricas, não conheceram, como é sabido, o método experimental que viria a tornar-se, muitíssimo tempo depois, a mola propulsora do extraordinário desenvolvimento científico da idade moderna. Elas não praticaram o método hipotético, de um modo geral desconheceram o valor heurístico das hipóteses teóricas, não buscaram produzi-las para submetê-las, através de predições metódicas e sistemáticas, ao confronto com uma experimentação que pudesse corroborá-las ou infirmá-las. É certo que as fontes históricas à nossa disposição sobre a história do empirismo médico grego parecem mostrar que, aqui e ali, se terá formulado a idéia de que a razão pode propiciar conjecturas e sugestões destinadas a serem submetidas à experiência médica e eventualmente por ela confirmadas.[42] De qualquer modo, uma tal idéia não foi integrada numa postura epistemológica consistente, nem dela resultou a proposta de uma metodologia com ela coerente. Foi necessário o

---

[41] Para Bolzani, por obra do próprio ceticismo pirrônico, sobretudo empenhado na crítica das doutrinas dogmáticas, sua "positividade latente, embora explicitamente declarada às vezes, permaneceu em segundo plano em face da necessidade contínua de enfrentar um sempre renovado dogmatismo" (Bolzani Filho, 1990, p. 61).

[42] Nos vários artigos que Michael Frede consagrou ao estudo das escolas médicas gregas se encontram, *passim,* interessantes indicações acerca desse ponto.

advento do método experimental na ciência moderna para a incorporação da prática sistemática de hipóteses e conjecturas, tematizado e reconhecido como tal, à investigação científica entendida como plenamente empírica, independentemente de qualquer crença metafísica. Tematização e reconhecimento que se tornaram característicos da epistemologia empirista contemporânea.

Entretanto, não me parece haver, na postura empirista do pirronismo, qualquer obstáculo doutrinário à eventual aceitação da utilidade de considerações e investigações "teóricas" por parte de uma *tékhne*, da medicina por exemplo, para a formulação de hipóteses e sugestões a serem confirmadas ou desconfirmadas pela experiência. Pois, sem qualquer comprometimento com uma postura dogmática, o cético pirrônico poderia reconhecer a função *pragmática* das "teorias" e invocar a experiência eventualmente bem-sucedida de suas conseqüências práticas para defender a sua utilização. Um neopirrônico contemporâneo parece-me poder tranqüilamente caminhar nessa direção, sem trair sua fidelidade à matriz doutrinária do pirronismo antigo. Mas sempre reconhecendo que, em seu tempo, ela não comportou tais desdobramentos.[43] Ao contrário, os textos de Sexto parecem-me evidenciar uma cautela talvez excessiva no tratamento da contribuição da reflexão racional para a prática empírica das *tékhnai*, originada presumivelmente do temor algo exagerado de uma recaída na postura dogmática.

O advento da barbárie, que pôs fim ao mundo greco-romano da idade antiga, evidentemente também pôs fim ao seu florescimento filosófico. A civilização da cristandade vai recuperar, à sua maneira e conforme os seus interesses, o pensamento filosófico grego, sobretudo o platonismo e o neo-platonismo, mais tarde o aristotelismo. Os grandes sistemas da filosofia especulativa serão devidamente "batizados" e "cristianizados", por esse viés a razão dogmática grega será parcialmente recuperada. Quanto ao ceticismo, ele somente voltará

---

[43] Frede parece-me ir um pouco longe, ao dizer que, para os pirrônicos, a experiência mostrara ser a razão capaz de prover os médicos de conjecturas razoavelmente confiáveis que se deveriam confirmar pelos resultados dos tratamentos, Frede, "The Ancient Empiricists", 1987, p. 256.

efetivamente à tona por ocasião da "crise pirrônica" do Renascimento.[44] Mas não é aqui o lugar para discorrermos sobre a aventura moderna do ceticismo que então se inicia.

No mundo filosófico contemporâneo, o empirismo ocupa reconhecidamente um lugar eminente e exerce decisiva influência no campo da epistemologia. Ele se sofisticou sobremaneira e gerou, sob a forma de livros e artigos, uma literatura extraordinariamente vasta. Ele ecoa, por certo, sob muitos aspectos, o empirismo cético de Hume. Mas o empirismo de hoje ignora inteiramente o ceticismo e o empirismo grego e, de fato, desconsidera a dimensão cética do empirismo humeano. Repetidamente, os autores empiristas rejeitam de forma explicita algo que definem como "ceticismo", embora muito freqüentemente nenhuma doutrina se possa encontrar, na história do pensamento filosófico, que corresponda ao sentido que conferem ao termo.

Estou convencido de que seria do maior interesse que se procedesse a um exame aprofundado da epistemologia empirista contemporânea à luz de uma postura cética pirrônica (ou neopirrônica). Não apenas porque se poderia mostrar – parece-me que facilmente – serem em sua totalidade compatíveis com o ceticismo as linhas gerais mais básicas da orientação empirista que parte importante da epistemologia contemporânea tem assumido, mas também porque isso permitiria libertar o empirismo de formulações dogmáticas que estão freqüentemente presentes em seu discurso e, de forma desnecessaria, o tornam vulnerável diante de argumentações adversárias. Porque o empirismo pode facilmente prescindir de tais acréscimos dogmáticos que sua "lógica interna" não exige. E descobriríamos que o pensamento de muitos autores empiristas (um Quine, por exemplo) é bem mais "cético" do que eles estão dispostos a admitir. Por outro lado, a própria investigação filosófica cética teria muito a ganhar. Isso porque o aprofundamento notável das questões epistemológicas le-

---

[44] A revivescência do pirronismo na época do Renascimento e o papel crucial que ela desempenhou na criação da atmosfera intelectual de que emergiu a filosofia moderna foram amplamente tematizados na bela obra de Popkin que revolucionou os estudos historiográficos sobre o ceticismo (Popkin, 1979).

vado a cabo pela filosofia empirista em nossos dias propiciou análises e resultados que a epistemologia cética pode coerentemente utilizar e incorporar, com eles adquirindo maior consistência e riqueza. É manifesta a necessidade de o pensamento neopirrônico trabalhar sobre a problemática do empirismo contemporâneo, não menor que a necessidade de os teóricos do empirismo refletirem a respeito da contribuição que a visão pirrônica do mundo pode oferecer-lhes.

Relendo este texto, dou-me conta de quão ambicioso ele é em sua proposta geral. Aconteceu, porém, que somente me propus a dizer aqui o que me aparecia. E me (a)pareceu que dispunha de alguns bons argumentos para afirmar que o pirronismo grego, ao incorporar ao ceticismo uma postura empirista, foi diretamente responsável pelo nascimento histórico do empirismo filosófico, de um empirismo que nasceu, como convinha, nu e despido de qualquer roupagem dogmática.

Referências bibliográficas

ARISTÓTELES. *Aristotle's Physics-a revised text with introduction and commentary by W. D. Ross*, Oxford, Clarendon Press, 1936.

BOLZANI FILHO, Roberto. "Ceticismo e Empirismo", *Discurso* n. 18, São Paulo, 1990.

BROCHARD, V. *Les Sceptiques Grecs*, Paris, Librairie Philosophique J. Vrin, 1959.

CHISHOLM, R. M. "Sextus Empiricus and Modern Empiricism", *Philosophy of Science*, vol. 8, n. 3, 1941.

DIÓGENES LAÉRCIO. *Diogenis Laertii Vitae Philosophorum* (ed. H. S. Long), Oxonii, E. Typographeo Clarendoniano, 1964.

FREDE, Michael. *Essays in Ancient Philosophy*, Oxford, Clarendon Press, 1987.

FREDE, Michael. "The Empiricist Attitude Towards Reason and Theory", em Hankinson, R. J. (ed.), *Method, Medicine and Metaphysics*, Edmonton/Alberta, Academic Printing and Publishing, 1988.

FREDE, Michael. "An empiricist view of knowledge: memorism", em Everson, Stephen (ed.), *Epistemology, Companions to Ancient Thought* 1, Cambridge, Cambridge University Press, 1990.

POPKIN, R. H. *The History of Scepticism from Erasmus to Spinoza*, Berkeley/Los Angeles/Londres, The University of California Press, 1979.

PORCHAT PEREIRA, Oswaldo. "O Ceticismo Pirrônico e os Problemas Filosóficos", *Principia* I, 1, Florianópolis, junho 1997.

PORCHAT PEREIRA, Oswaldo. "Verdade, Realismo, Ceticismo", *Discurso* n. 25, São Paulo, 1995.

SEXTO EMPÍRICO. *Sextus Empiricus*, em quatro volumes (ed. R. G. Bury), The Loeb Classical Library, Cambridge/Londres, Harvard University Press/William Heinemann Ltd., 1976.

SMITH, Plínio J. *O Ceticismo de Hume*, São Paulo, Edições Loyola, 1995.

STOUGH, Ch. L. *Greek Skepticism*, Berkeley/Los Angeles, University of California Press, 1960.

Ceticismo e Empirismo[1]

Roberto Bolzani Filho

Tentar relacionar ceticismo e outro "ismo" qualquer poderá, à primeira vista, parecer injustificável; dir-se-á que o ceticismo paga, proporcionalmente ao resultado que entende alcançar – denunciar como altamente problemática a idéia de conhecimento objetivo –, um inevitável tributo: o do nada que se seguirá a seu intento. É de fato notória, entre outras, a objeção feita ao cético de que a conseqüência de sua postura filosófica é o silêncio, a inação e uma radical apatia. Se assim é, prosseguirá o crítico, com que direito esse pretenso modo de filosofar se aproximaria de outra forma qualquer de pensamento? Contudo, ainda que coerente, esse raciocínio não nos coloca um empecilho *real*. É que uma leitura mais atenta das principais fontes – Sexto Empírico e Cícero, em particular – mostra-nos o que há de precipitado na objeção que o fundamenta e que às vezes se sustentou na história da filosofia. Tal leitura nos esclarece que o ceticismo, tanto em sua versão pirrônica como em sua versão acadêmica, encerra um conteúdo que vai além de um simples arsenal argumentativo "destruidor", que foi base para que se delineasse, por parte importante da filosofia moderna, aquele limitado perfil do ceticismo e da própria figura do cético. Não é preciso avançar muito na análise das *Hipotiposes Pirronianas*, por exemplo, para constatar que aquela crítica ao ceticismo como sinônimo de inércia total é de forma devida considerada e que há, explicitamente proposta, uma resposta que se pretende coerente com os princípios básicos do pirronismo – resposta que nos cabe, então, avaliar.

A relação entre ceticismo e empirismo, particularmente no caso do ceticismo chamado pirrônico, pode ser pensada desde pontos de vista

---

[1] Texto anteriormente publicado em *Discurso – Revista do Departamento de Filosofia da USP*, n. 18, 1990.

diversos e, não obstante, válidos. Um desses enfoques, o qual não se adotará aqui, consistiria em denominar "empirista" uma teoria do conhecimento onde o conteúdo desta tenha sua origem na "experiência sensível", para em seguida mostrar até que ponto essa idéia seria relevante ou mesmo indispensável na elaboração da posição cética, bem como em sua crítica ao dogmatismo. Esse parece ser, em linhas gerais, o sentido das análises de C. Stough sobre Sexto Empírico[2] e, desse modo, poderíamos falar num empirismo "antecedente" ao ceticismo. O que se tentará aqui, por outro lado, é bem diferente, pois não se tomará *a priori* aquele sentido tradicional de empirismo, mas se buscará uma *noção cética de empiria* que os textos pirrônicos sugerem como significativa; e é no estabelecimento de seu sentido, bem como em seus desdobramentos e enriquecimentos, que se poderá configurar um "empirismo cético". Empirismo que será mais adequado, como se verá, chamar de *conseqüente*.

* * *

Que há uma noção de *empiria* a operar no ceticismo pirrônico, mostram-no de modo claro alguns textos de Sexto Empírico – escassos, mas importantes para que se compreenda completamente a proposta pirrônica. No final do segundo livro das *Hipotiposes Pirronianas*, ao investigar a chamada "parte lógica" da filosofia dogmática, Sexto tematiza a pretensão dos filósofos de reivindicar, para sua "dialética", um papel necessário na solução de sofismas (HP II, 229).[3] Após a exposição das diferentes formas de sofisma distinguidas pelos filósofos e de suas respectivas tentativas de solução, a crítica de Sexto pode

---

[2] Cf. C. Stough, *Greek Skepticism*, University of California Press, 1969, pp. 106-46, em especial pp. 106-25 e pp. 137-45. O mesmo pode ser dito do artigo de R. Chisholm: "Sextus Empiricus and Modern Empiricism", *Philosophy of Science*, vol.8, jul. 1941, n. 3, pp. 371-83. Cf. pp. 372 e 374.

[3] As citações dos textos de Sexto Empírico – *Hipotiposes Pirronianas* (HP) e *Contra os Matemáticos* (AM) – serão feitas a partir da edição *Sextus Empiricus*, em quatro volumes (ed. R. G. Bury), The Loeb Classical Library, Cambridge/Londres, Harvard University Press/William Heinemann Ltd., 1976.

elaborar-se com base apenas na concepção que esses filósofos têm de dialética e sofisma: a primeira seria, para eles, capaz de discernir argumentos verdadeiros e falsos, sendo o segundo definido como um falso argumento (Ibidem); mas se a investigação cética já mostrou, por vários modos de argumentar, que não se podem apreender verdadeiro e falso, torna-se vão todo esforço filosófico para refutar sofismas (HP II, 235).[4] Embora esse ataque seja decisivo, Sexto desenvolverá uma outra linha de argumentação, que ocupará algumas das páginas restantes desse segundo livro. Agora, em linhas gerais, trata-se de argumentar que, mesmo se os dialéticos fossem capazes de resolver certos sofismas, tais soluções de nada nos serviriam, já que se trata de meras sutilezas especiosas. Enquanto, no que concerne àqueles sofismas e ambigüidades cuja solução se faz de fato necessária, não será o dialético quem deverá ser considerado capacitado para sua solução, mas sim "aqueles que detêm, em cada arte, a seqüência das coisas" (HP II, 236) e que possuem, em cada arte em particular, a experiência (*empeiría*) de como se utilizam convencionalmente as palavras, visto que lhes coube, de fato, estabelecer tal convenção (HP II, 256-7).

Nesse momento, semelhante noção de *empeiría* não é invocada apenas como elemento de mais um argumento crítico, instrumento puramente dialético dirigido ao dogmatismo que o cético ataca. É verdade que os argumentos céticos são assumidos sempre de maneira provisória, tal como quando se sobe em uma escada que, chegando-se ao local desejado, é lançada fora por não mais ser necessária (AM VIII, 481). Neste caso, porém, parece haver algo mais: essa *empeiría* detecta e seleciona um certo tipo de ambigüidade que merece ser resolvida; um outro tipo, onde estão envolvidas coisas não-evidentes, inapreensíveis ou mesmo inexistentes, é destinado à simples suspensão de juízo, pois, não ocorrendo as ambigüidades desse último tipo "em qualquer das experiências da vida comum" (*én tini tôn biotikôn empeiríon*), é provavelmente inútil resolvê-las (HP II, 258).

Uma *dimensão positiva* da empiria torna-se mais clara se observamos, nesse mesmo contexto, a crítica à tentativa dos filósofos de, na

---
[4] Para os argumentos sobre a noção de verdade, HP II, 80-96, em especial 94.

busca da refutação de sofismas, provar por meio de silogismos a existência, por exemplo, do movimento e do devir. Ora, dirá o cético, para contrabalançar a argumentação sofística que nega tal existência, basta exibir o "testemunho de igual força dos fenômenos". E Sexto recorda o exemplo de Diógenes que, ao ser-lhe proposto o argumento contra o movimento, em silêncio se levantou e se pôs a andar; e lembra as pessoas que, em suas vidas, viajam e geram filhos sem dar atenção àqueles argumentos negativos (HP II, 244). Ao posicionar-se dessa maneira, dispensando aquela elaboração de argumentos em prol do comportamento humano corriqueiro, o cético não está advogando a real existência do movimento e do devir e não pensa estar, portanto, incorrendo em dogmatismo, mas sim denunciando o supérfluo, nesses casos, de qualquer tentativa sofisticada e "dialética" de refutar sofismas. Tal denúncia alude, ainda que indiretamente, a um *critério de ação*, que o cético adota para viver a vida comum sem "dogmas" (HP I, 22, 231; AM VII, 30). Esse critério fundamenta e esclarece o tipo de crítica que se elabora nessas páginas finais do segundo livro das *Hipotiposes*. Por isso, naquele momento Sexto relembra o modo de vida cético, que fora já enunciado e explicado no início do primeiro livro – e essa retomada é de grande interesse para a análise da noção de empiria. Na seqüência da mencionada crítica, Sexto afirma: "pois basta, eu julgo, viver empiricamente e sem opinar (*empeíros te kaì adoxástos*) de acordo com as regras e preconcepções comuns" (HP II, 246). Esclarecimento que torna todo o contexto, que lança mão da noção de empiria, algo que transcende a provisoriedade característica do estilo cético de argumentar, remetendo-nos ao quadro mais amplo do modo cético de conduta. Este se instaura, como se sabe, na seqüência da constatação de uma situação cada vez mais freqüente de suspensão de juízo. Então, viver "empiricamente", adquirir uma certa "experiência" e por ela orientar-se, será, ao mesmo tempo, viver à maneira cética.

Mas esse texto não faz apenas garantir aquela dimensão positiva para a *empeiría*: indica, também, muito do sentido que se deve conferir a nossa expressão. Para isso, comparêmo-lo com uma das passagens onde se explicara, no início das *Hipotiposes*, o critério cético de conduta. Afirmado o fenômeno (*phainómenon*) como tal critério, lemos: "seguindo, pois, os fenômenos, vivemos sem opinar (*adoxástos*) segundo a observância da vida comum, visto que não podemos ser totalmente inativos" (HP I , 23). A forte coordenação em HP II, 246, entre "empiricamente" e "sem opinar" pode ser aproximada da relação, aqui quase que "causal", entre seguir os fenômenos e viver sem opinar. A comparação entre os dois textos parece suficiente para revelar uma estreita ligação entre as expressões, a partir da qual é possível concluir que, para Sexto, *viver empiricamente nada mais é que viver segundo os fenômenos*. Aquela "seqüência das coisas" que possui o detentor da *empeiría* será, em verdade, *seqüência de fenômenos*. Se ser "experiente" for, de alguma forma, possuir uma certa "vivência" a respeito dessa seqüência, ela dirá respeito a tudo que puder ser dito *phainómenon*.

Torna-se necessário, então, entender o sentido e a extensão da noção de fenômeno no ceticismo pirrônico, para a melhor compreensão da empiria na acepção em que o cético a concebe.

★ ★ ★

Ao contrário de *empeiría*, *phainómenon* é um termo que ocorre com certa freqüência na obra de Sexto Empírico, quer em contextos puramente críticos, quer na exposição a respeito da própria "conduta"[5] cética, tanto no início das *Hipotiposes*, onde essa exposição se dá, como em esporádicas observações espalhadas pelos textos de cunho antitético. O fenômeno é adotado como critério de ação porque não é possível ao cético ser totalmente inativo, mas o que realmente explica sua escolha como critério é o fato de ser inquestionável (*azétetos*) – assim o é porque repousa, afinal, sobre uma representação que, originada num assentimento e numa afecção involuntária, não pode ser objeto de dúvida e investigação (HP I, 22). Os fenômenos são "aquilo que nos conduz a um assentimento, involuntariamente, segundo uma representação passiva" (HP I, 19; cf. também 13 e 193). Assim, o cético não contesta que o mel lhe *aparece* doce, pois esse é um dado ao qual

---
[5] Para o sentido dessa expressão, cf. HP I, 16–7.

é forçado, queira ou não, a assentir; mas investiga, isso sim, se o mel *é realmente* doce. É a diferença, fundamental para a compreensão do objeto da investida cética, entre o fenômeno, inquestionável e aceito, e *o que se diz dele*, quando se opina sobre se algo *é tal como aparece* (HP I, 19-20) e, nessa medida, se assente a algo não-evidente (*ádelon*). Esta é a própria definição de *dogma* da qual o cético faz questão de afastar-se: "assentimento a algo não-evidente" (HP I, 16).

O cético não assente ao não-evidente (HP I, 13), e essa recusa de assentimento significa justamente aquilo que, para o pirrônico, determina o caráter filosófico do ceticismo: a *suspensão de juízo* (*epokhê*),[6] apresentada logo no início das *Hipotiposes*: "um estado do intelecto (*stásis dianoías*) devido ao qual nem afirmamos algo, nem negamos" (HP I, 10), o que significa dizer: ao suspender o juízo, o cético nada dirá dogmaticamente.[7] Tal estado se entende como um "equilíbrio" (*arrepsía*) (AM VIII, 159) que, numa investigação, exprime o fato de não assentir a nenhuma das possibilidades conflitantes em questão (HP I, 190). Esse *páthos* mental sobrévem à investigação, naquele que investiga (HP I, 7). Com isso, remontamos à gênese mesma do ceticismo: o cético era um filósofo que, perturbado de início com a irregularidade (*anomalía*) nas coisas, saiu a investigar, pretendendo, por meio de um julgamento (*epíkrisis*) das diversas representações, apreender quais são verdadeiras e quais são falsas, a fim de obter sua finalidade: a ausência de perturbação (*ataraxía*). Contudo, nessa busca deparou com uma "discordância de igual força" (*isosthenès diaphonía*) que não pôde resolver e que o levou a suspender o juízo. Ocorreu então que, casual e inesperadamente, à *epokhé* se seguiu a *ataraxía*, que antes se esperava

---

[6] Cf. AM VII, 157: "não dar assentimento (*tò asygkatatheteín*) nada mais é que suspender o juízo (*tò epékhein*)". Embora essa definição se encontre no relato de Sexto a respeito da crítica de Arcesilau ao estoicismo, parece-me que seu sentido geral se coloca acima da distinção entre acadêmicos e pirrônicos – o que não quer dizer, contudo, que não se poderiam cogitar significativas diferenças na concepção de *epokhé* em ambos.

[7] É importante observar que "afirmar", aqui, traduz o verbo *tithénai*, cujo sentido, em certos textos de Sexto, é claramente indicador de uma postura tipicamente dogmática; não se trata apenas de afirmar, mas sim, literalmente, de "pôr como existente" (HP I, 14 e 15). A *epokhé* expressa então a abstenção de um discurso *tético*. Cf. também HP I, 196.

alcançar através da posse da verdade (HP I, 12 e 26). É a partir dessa experiência originária que se define a "capacidade" (*dýnamis*) cética: um poder de opor, em cujo exercício se descobre a igualdade de força (*isosthéneia*) persuasiva das coisas que se opõem, que leva à suspensão de juízo e em seguida à almejada tranqüilidade (HP I, 8-10). E é com base nesse itinerário que se afirmará o "principal princípio" do ceticismo: "a todo argumento opor um argumento igual" (HP I, 12).

Às noções fundamentais para a compreensão da essência do pirronismo liga-se, portanto, a de fenômeno. Pois, se a investigação (*zétesis*) cética se efetiva com vistas à *epokhé* como via para a *ataraxía* e os fenômenos são justamente o que escapa a essa investigação, deduzimos que estes permanecem fora do alcance da *epokhé*. De fato, a idéia de que, após a suspensão de juízo, somos limitados a dizer "o que aparece" – tradução literal do particípio *phainómenon* –, está insistentemente presente nos dez modos de suspensão de juízo atribuídos a Enesidemo (HP I, 36-163). Esses modos não dizem respeito a esta ou aquela questão ou conceito filosófico em particular, mas consideram as próprias condições que caracterizam certos processos que se pretendem cognitivos. Ao serem comparados, surgem certamente diferenças estruturais relevantes; não se trata de um modelo argumentativo que se repita sempre com a mesma exatidão. Mas é possível, sem dúvida, extrair uma base geral dialética, um trajeto que com muita freqüência se nos apresenta. Partindo de uma análise de representações (*phantasíai*), observando que "diferentes representações surgem dos mesmos objetos" (HP I, 106; cf. também 40 e 80) – dito de outro modo, "os mesmos objetos aparecem diferentes" (HP I, 118; cf. também 59, 87, 101 e 107) –, os modos constatam um "conflito" (*mákhe*) (HP I, 144), uma discordância (*anomalía*) (HP I, 112, 114 e 132)[8] que não pode ser decidida – não se podem escolher ou preferir certas representações em detrimento de outras (HP I, 59, 78, 112, 114 e 121). Quem poderá apontar com segurança, por exemplo, a representação que retrata corretamente uma torre, se esta, vista de perto, aparece quadrada, mas de longe, redonda (HP I, 118)? Quem poderá dizer, com absoluta certeza, que as impressões que se

---

[8] Usa-se também o termo *diaphonía*, cf. HP I, 90 e 113.

têm quando se está com boa saúde são mais dignas de crédito que as que se têm em doença (HP I, 102-3)? Nesses casos como em tantos outros apresentados nos modos, vemo-nos em *epokhé*, deixamos suspensa a eleição da "boa" representação, da *verdadeira*, o que se traduz na afirmação de que podemos falar do objeto "como aparece" mas não "como é por natureza" (expresso de formas variadas em HP I, 78, 87, 93, 112, 123, 128, 134, 140, 144 e 163).

Esse resultado dos modos, mesmo que posterior no texto das *Hipotiposes*, parece justificar uma afirmação anterior de Sexto, onde se lê que o fenômeno é "sua representação em potência *(dynámei tèn phantasían autoû)*" (HP I, 22). Podemos interpretar essa ambígua afirmação como uma tentativa de "assimilação" de ambas as noções, a segunda incorporando-se à primeira, que seria inteligível e exprimível de duas formas: ou diremos que nossas representações são de fenômenos, isto é, que temos representações apenas do que aparece, ou o que nos aparece são apenas representações. De qualquer forma que se anuncie, tal relação se explica melhor justamente quando lembramos as conclusões obtidas pelos modos de Enesidemo e que nestes, contraposta a essas noções, está a de *objeto exterior (tò ektòs hypokeímenon)*. É tendo em vista a relação entre essas três expressões: *phainómenon, phantasía* e *hypokeímenon*, que o texto acima deve ser lido. A "assimilação" entre fenômeno e representação terá nos modos de Enesidemo sua justificativa, visto que estes, a partir de um exame das *phantasíai* e constatando a impossibilidade de decidir o conflito que entre elas se estabelece na tentativa de determiná-las verdadeiras ou falsas, desembocam na *epokhé* sobre a real natureza do objeto exterior, do *hypokeímenon*, e na simples e única possibilidade de dizer o que aparece – de *anunciar o fenômeno*. Daí, não cabe senão dizer que aquelas *phantasíai*, de início pretendidas como retratos eventualmente eficazes da exterioridade real, *são apenas phainómena*. Mas que não se pense, aqui, apenas numa mera reformulação terminológica. Se doravante o cético chamará esse domínio inquestionável de *phainómenon* e não de *phantasía*, é que deixa de lado, em sua conduta, a pergunta pela possível *referência objetiva* do que lhe é dado: se a representação é, por definição, *de algo*, o fenômeno entender-se-á simplesmente como "o que aparece". Nessa revisão, fecha-se um espaço para o que caracterizaria uma atitude dogmática, pois essas aparições, que nortearão a conduta diária após a *epokhé*, não mais demandam, para serem seguidas, uma indagação sobre algo que as ultrapasse – elimina-se, em suma, todo discurso "sobre o que se diz do fenômeno".[9]

Os motivos dessa possível assimilação e conseqüente corte com o objeto real, bem como o quadro terminológico em que se dá, devem ser pensados tendo como ponto de referência uma relação imediata com o *estoicismo*, com o qual o ceticismo polemiza em primeiro plano. O estoicismo falara já em representações; indo mais adiante, contudo, elaborou a noção de "representação apreensiva" (*kataleptikè phantasía*), da qual alguns textos de sexto Empírico nos informam: ela "surge a partir do existente" (HP III, 242) e "é impressa segundo o próprio existente, tal que não poderia surgir de um inexistente" (HP II, 4; AM VII, 248, 402 e 426). Além disso, "é inteiramente perceptiva dos existentes, configurando todas as suas características artisticamente" (AM VII, 248). A expressão "o existente" (*tò hypárkhon*) não parece deixar dúvida de que tratamos, aqui, com objetos reais. O estoicismo entende assim que certas representações podem dar-nos acesso a um reconhecimento do real, e a afirmação de HP I, 22, onde, afinal, *phantasía* não se pensa mais senão como *phainómenon*, parece ter, como os modos de Enesidemo, um alvo especial: o realismo veiculado pela teoria estóica da representação.[10]

O fenômeno será visto, desse modo, como o que "resta" após a suspensão de juízo. Se esta constitui o acontecimento de início inesperado, mas tornado decisivo no surgimento do próprio modo cético de filosofar, que modifica o sentido mesmo da *zétesis* filosófica, a lei-

---

[9] O essencial dessa interpretação de HP I, 22, onde se ligam intimamente *phantasía* e *phainómenon* pelos motivos expostos, se deve a Oswaldo Porchat Pereira. Um esboço de sua interpretação encontra-se no artigo intitulado "Ceticismo e Mundo Exterior", *Discurso*, n. 16, 1987, pp. 33-68; ver especialmente p. 57.

[10] O que não significa que a crítica contida nos modos de Enesidemo valha apenas para o estoicismo. Como à sua maneira afirma C. Stough, os modos incidirão de forma eficiente sobre toda teoria que faça das representações o modo correto de acesso à realidade das coisas. Cf. Stough, *Greek Skepticism*, op. cit., p. 93.

tura do mundo após tal suspensão se dará sob um registro que é apenas fenomênico. Mas a esfera do aparecer, tida agora como conjunto de manifestações simplesmente fenomênicas e não-representativas, em si mesma inquestionável, abre uma perspectiva positiva à postura cética. É o fenômeno, como sabemos, o que permite ao cético um modo de agir ordenado e coerente; é ele também que confere a possibilidade de, em *epokhé*, produzir um discurso não-tético, onde o que é dito o é "segundo o que nos aparece agora" (*katà tò nûn phainómenon hemîn*) (HP I, 4; cf. também 15, 191, 196, 197, 198, 203 e 208), dando conta de dois problemas que parte da história da filosofia, desconhecedora no mais das vezes da totalidade dos textos céticos, se comprazeu amiúde em recolocar: o da inação (*anenergesía*) e o do silêncio (*aphasía*), como pretensos corolários do ceticismo. Esse universo fenomênico, onde se faz e se diz, adquire forma como um conjunto de "experiências", como domínio de uma *empeiría* que, enquanto tal e nessa medida, deve ser entendida como diretamente associada ao núcleo essencial do ceticismo pirrônico: sua constatação da *epokhé*. Uma certa noção de empiria tem, assim, lugar importante e inquestionável na economia do pirronismo, porque significa, enquanto modo de operar com os fenômenos, o campo legítimo da ação e discurso céticos após a suspensão de juízo.

Para melhor entender o sentido dessa empiria, é preciso observar que os modos de Enesidemo não expressam de modo suficientemente evidente todo o alcance pretendido pela dúvida cética. Os modos, como vimos, partem da variedade discordante de representações a partir de um "mesmo objeto", cuja hipotética realidade e identidade numérica são indispensáveis para seu bom funcionamento e eficiência dialética. Com eles, podemos colocar em dúvida um possível poder especular de nossas representações em relação a seus objetos de origem, mas por isso mesmo não podemos, ao menos de forma clara, explícita e categórica, deles extrair a dúvida sobre a *existência* desses objetos. Mas essa dúvida emerge com força em outros textos de Sexto Empírico que é preciso levar em conta. O critério de verdade, sobre o qual o cético suspende o juízo (HP II, 14-79), suspensão que é absolutamente decisiva para o destino de todo o resto da filosofia dogmática (HP II, 13; e sobretudo AM VII, 24-6), entende-se como o que é tomado para o julgamento e a crença na "existência" (*hýparxis*) ou "inexistência" (*anyparxía*) (HP I, 21 e II, 14; AM VII, 29 e 31).[11] É, além disso, objeto de indecidível investigação se os sentidos apreendem verdadeiramente, ou apenas "têm afecções vazias" (*kenopatheín*) – nesse último caso, diz-nos Sexto, "nenhuma das coisas que parecem ser apreendidas subsiste (hypokheîsthai)" (HP II, 49-50).[12] Isso mostra que a *epokhé* cética diz respeito à existência mesma dos objetos exteriores.[13] E essa problematicidade do dado "representativo", quanto a seu alcance ontológico, manter-se-á para os fenômenos, visto que nada mais parecem ser que as próprias representações, destituídas de sua pretensão especular. Considerem-se, com efeito, outros textos de Sexto, agora referentes aos fenômenos: é matéria de investigação, em primeiro lugar, quais fenômenos seriam verdadeiros, quais seriam falsos (HP II, 89 e 92), havendo entre eles grande conflito (AM VIII, 18). Isso não é tudo: é matéria de investigação mesmo se os fenômenos existem (AM VIII, 357). Em síntese, Sexto nos diz: "(...) os fenômenos, estabelecendo o simples fato de que aparecem, mas não tendo ainda o poder de ensinar o fato de que também existem (*hypókeitai*)" (AM VIII, 368). Se assim é, ao fluxo fenomênico deve ser conferida, por assim dizer, uma "neutralidade ontológica", expressão da abstenção cética de fazer afirmações sobre existências reais. Com isso a empiria, ao ter nesse fluxo fenomênico seu domínio, deverá ser dita também "ontologicamente neutra". Essa "neutralização ontológica" dos fenômenos e, portanto, da empiria é, então, devida aos resultados da *epokhé*, e a expressão é útil também enquanto remete às conseqüências dessa

---

[11] Note-se que os termos são cognatos a *tò hypárkhon*, que, para os estóicos, denota a referência e origem de toda representação apreensiva do real.
[12] Note-se agora a relação desse verbo com a expressão *tò hypokeímenon*, utilizada nos modos de Enesidemo para referir o objeto exterior. Embora o objetivo de Sexto, aí, seja apenas o de mostrar que os sentidos não são guias confiáveis para o conhecimento, me parece possível e correto extrair a conclusão aqui afirmada. Cf. também AM VIII, 354.
[13] Para outros argumentos, cf. O. Porchat Pereira, "Ceticismo e Mundo Exterior", op. cit., pp. 41-3.

suspensão para o cético, as quais deverá, ao lidar com os fenômenos, ter em mente: todo o conjunto de experiências que obtém em sua vida comum e diária diz respeito a algo que não pode, por ele, ser categoricamente dito que seja real, seja irreal.

Se é correto dizer que, para o cético, a empiria se entenderá como vivência a partir de ocorrências fenomênicas, sua completa definição implica responder a outra questão, tradicional e inevitável em qualquer análise sobre o ceticismo pirrônico: *o que é fenômeno* – dito de outro modo, *que dados devem receber essa denominação*? Uma resposta possível consistiria em identificar os fenômenos às "coisas sensíveis" (*tà aisthetá*), invocando, para isso, o mesmo texto onde se explicara a *dýnamis* cética. Aí, Sexto distingue e opõe *phainómena* e *nooúmena*, justificando essa separação ao igualar os primeiros a *tà aisthetá*. Mas é preciso atentar nas exatas palavras do texto: "tomamos como fenômenos *agora* as coisas sensíveis" (HP I, 9, grifo nosso), o que significa uma definição provisória e, possivelmente, *incompleta* de fenômeno. Isso permite cogitar que, no ceticismo pirrônico, os fenômenos abarquem, além dos dados sensíveis, os chamados "inteligíveis" (*tà noetá*). Ora, há nos textos de Sexto Empírico claros indícios nesse sentido: o termo não é utilizado apenas para os conteúdos de afecções ditas experimentadas de forma involuntária através dos órgãos sensíveis. Fala-se também de *phainómenon* – com a tradução eventualmente adjetivada: "evidente" –, por exemplo, a respeito de uma *prova* (HP I, 60), de uma *igual força persuasiva de argumentos* (HP II, 79 e 103), de um *julgamento* (HP III, 71). Se no primeiro caso temos apenas a utilização dialética e não assumida do conteúdo da afirmação, nos outros o cético está, de fato, explicitamente declarando o que a ele se manifesta. Mas o importante é que em nenhum deles se poderá traduzir completamente tal "evidência", de modo a reduzi-la à sensibilidade e seus objetos. Esse fato sugere que a noção de fenômeno deve ser estendida a um domínio mais amplo – vale dizer, considerando não só as representações "figuradas" que poderíamos obter, além de pelos sentidos, por um poder como a memória, mas incluindo também simples *proposições*. O que não soará tão estranho se considerarmos certos relatos de Sexto sobre o estoicismo, onde a noção de representação, básica para o sentido de nossa expressão, se entende de modo semelhante. Nesses textos, fala-se em representações de "afirmações" (*lógoi*) (AM VII, 243; cf. também 242), como por exemplo a afirmação "isto é branco" ou "isto é doce" (AM VII, 344),[14] ou um dito como "cinqüenta é pouco" (AM VII, 418). O próprio estoicismo concedera a seu conceito de representação um campo de referência mais amplo, que inclui certamente o objeto imediato da sensibilidade, mas no qual proposições estão também compreendidas. Sexto nos informa, com efeito, da concepção estóica de "representação discursiva" (*logikè phantasía*), segundo a qual "é possível estabelecer o representado por um discurso (*lógos*)" (AM VII, 70).[15] A manutenção dessa extensão na noção cética de fenômeno explica-se, pois, como uma preservação, em certos pontos repensada, do estoicismo.

Além disso, se o cético vive a vida comum "fenomenicamente", segundo suas quatro "divisões": "necessidade das afecções", "orientação da natureza", "tradição de leis e costumes" e "aprendizado das artes" (HP I, 23-4), como entender que *costumes, tradições, leis, ensinamento de artes*, todos itens participantes do fluxo fenomênico, não produzam afinal, para serem seguidos, concepções "inteligíveis" que os fixem como parâmetros? Como adotar esta ou aquela lei ou costume sem que se traduzam mentalmente como proposições? Como aprender uma atividade técnica qualquer sem conceber um conjunto de preceitos, de proposições que permitirão esse aprendizado, bem como uma crescente familiarização? Finalmente, sem admitir que *phainómenon* inclua todas as manifestações, inclusive as discursivas, como entender que Sexto possa afirmar: "cada um dos outros filósofos diz o que aparece a ele próprio (*tò phainómenon hautôi*)" (AM VII, 336)? Isso permite inferir, em outras palavras, que as próprias *teorias filosóficas* enunciadas por cada filósofo comunicam o que a eles "aparece" – afirmação cabalmente

---

[14] Texto ilustrativo, pois aqui uma proposição é *objeto* (*prâgma*) de representação.

[15] A tradução de *lógos* por "discurso" em vez de "razão" pareceu-me mais adequada, em vista da argumentação acima. Por isso optou-se também por "representação discursiva", contra a tradicional "representação racional".

ilustrativa do vasto campo de referência do conceito. O fenômeno – e portanto a empiria – diz respeito tanto aos dados da sensibilidade como a todo tipo de concepção mental (*nóesis*).[16]

★ ★ ★

Além da relação entre *empeiría* e *phainómenon*, é necessário observar que os textos aqui citados de início, referentes à primeira expressão, sugerem-na num sentido um pouco mais elaborado quando deixam entrever que possuir uma determinada *empeiría* significa e ao mesmo tempo pressupõe estar exercitado em determinada arte ou técnica (*tékhne*) (HP II, 265). O entendimento dessa última expressão esclarece-nos o modo, para o cético, de lidar com o fluxo fenomênico de uma forma mais sofisticada. Que as *tékhnai* fazem parte do modo cético de vida, não esqueçamos que o confirmam sua presença entre as distintas dimensões da vida comum, como vimos, e o fato de, nesta, os mesmos homens serem chamados indiferentemente "experientes" (*émpeiroi*) e "técnicos" (*tekhnîtai*) (AM I, 61).

As *tékhnai* parecem versar sobre um certo tipo de experiência cujo detentor possuiria "em cada arte, a seqüência das coisas" (HP II, 236). Isso significa que, ao menos aí, *empeiría* remete a um certo acúmulo observado de dados e vivências que vêm exibindo uma certa seqüência, uma certa "coerência", por assim dizer, que permite a seu observador condições para operar com os fenômenos de forma especial. As diversas esferas técnicas, enquanto diferentes recortes seletivos de manifestações fenomênicas e de experiências que a estas dizem respeito, implicam, afinal, um domínio dessa seqüência revelada por seus respectivos objetos.

---

[16] Sobre o correto sentido de "fenômeno" em Sexto Empírico, considerações importantes são feitas por M. F. Burnyeat: "Can the Skeptic Live His Skepticism?", em M. F. Burnyeat (ed.) *The Skeptical Tradition*, Berkeley/Los Angeles, University of California Press, 1983, pp. 117-48. Entre outras observações, Burnyeat nota a importância do termo "agora" em HP I, 9 e argumenta, com M. Frede – citando a resenha deste presente no livro aqui citado de Stough – que dificilmente se poderiam pensar as *fórmulas céticas* como anúncios fenomênicos se o fenômeno fosse entendido somente como impressão sensível. Cf. Burnyeat: "Can the Skeptic Live His Skepticism?", pp. 127-8.

A concepção de uma seqüência de fenômenos como básica para entender os fundamentos da *tékhne* necessita ser desenvolvida. Para isso, veja-se como se entende a idéia de uma arte "que se aplica aos fenômenos": diferente de uma arte "que especula sobre outras coisas" e cujo valor e existência serão questionados pelo cético, aquela "faz as composições das proposições através das coisas observadas e examinadas freqüentemente; e as coisas que foram observadas e examinadas freqüentemente são próprias dos que observaram o maior número de vezes, mas não são comuns a todos" (AM VIII, 291). Além de distinguir o técnico, esse texto deixa claro seu procedimento de observação, que deve ter em vista a *freqüência* da aparição dos objetos que dizem respeito a sua atividade. As ocorrências freqüentes destacam-se como alvo das *tékhnai* e, disso, a atividade "técnica" do próprio Sexto Empírico, a medicina, dá-nos um ilustrativo exemplo: "(...) e da mesma forma que na medicina observamos que o ataque do coração é causa de morte, não tendo observado juntamente com ele a morte de Díon somente, mas também a de Théon, a de Sócrates e a de muitos outros (...)" (AM V, 104). Se existem várias *tékhnai* distintas a operar diferentes partes do campo fenomênico – se o cético fala, por exemplo, em agricultura, astronomia, medicina, gramática –, se a empiria se organiza e sistematiza nessas diversas formas, isso não se dá, portanto, apenas pela constatação de uma seqüência de eventos: é uma seqüência *freqüente* que necessita ser detectada.

A compreensão do modo de efetivação dessa estratégia observacional, que deve nortear a ação do técnico, remete-nos àquilo que o cético denomina *signo comemorativo* (*hypomnestikòn semeîon*). Ao contrário do *signo indicativo*, invenção dogmática que pretende fazer do "evidente" sinal do "não-evidente", provando, por exemplo, a existência de poros a partir da percepção do suor, ou da alma através do movimento do corpo (HP II, 98 e 101; AM VIII, 155), o signo comemorativo não é objeto de questionamento pelo cético, pois é aceito na vida comum, da qual este compartilha (HP II, 102; AM VIII, 156-8). Sexto toma e adota a própria definição estóica: "eles chamam signo comemorativo aquele que, tendo sido observado junto com a coisa significada com clareza no momento da percepção, quando aquela é não-evidente nos conduz à lembrança do que com ele foi observado e não ocorre agora claramente, como se dá no caso da fumaça e do fogo" (HP II, 100; AM VIII, 152). Nesse caso, a fumaça passa por signo comemorativo do fogo. Ora, também aqui se trata de uma seqüência freqüente: "pois depois de observarmos esses (fumaça e fogo) muitas vezes (*pollákis*) associados entre si, ao mesmo tempo que vemos um deles, isto é, a fumaça, lembramos o restante, isto é, o fogo, que não é visto" (AM VIII, 152). O característico do signo comemorativo é permitir a lembrança do que foi observado junto com ele (AM VIII, 143), mas que agora é momentaneamente não-evidente (AM VIII, 151 e 156). Lembrança que é possibilitada e garantida pelo fato de os fenômenos permitirem à observação humana extrair uma "seqüência observável" (*teretikè akolouthía*), segundo a qual recordamos "o que foi observado com o quê, o que antes do quê e o que depois do quê" (AM VIII, 288). Para divisar a importância do signo comemorativo na conduta cética, observe-se que Sexto afirma que a memória, na qual, como se pode ver, se fundamenta sua operação, é "a mais necessária atividade" (AM I, 52). O signo comemorativo constitui-se no instrumento básico e elemento indispensável no estabelecimento, pelo cético, de um modo coerente e mais complexo de ação após a *epokhé*.[17]

Analisar a ação desse instrumento é indispensável para que se perceba toda a potencialidade presente na empiria e nas *tékhnai*, tal como as conceberá e utilizará o cético. Sabemos que é a observação das ocorrências freqüentes o que o fundamenta e confere um modo de leitura das manifestações fenomênicas. Mas não temos aí apenas uma forma de codificar e traduzir um conjunto passado de aparições: semelhantes modos de leitura são, por exemplo, a astronomia, a agricultura e a navegação, e o cético, num certo sentido, não as questionará, mas

---

[17] Esse mecanismo de pensamento possui utilidade também como resposta a certas objeções feitas ao cético. Assim, Sexto responde a quem diz que argumentar contra o signo indicativo é significante e que portanto há signo indicativo, dizendo que seus argumentos são significantes no mero sentido do signo comemorativo: lembranças de memória suscitadas pela questão (AM VIII, 289).

sim, por exemplo, a astrologia (AM V, 1-2); é que a astronomia, como as duas outras, é "observação (*téresis*) sobre fenômenos" e, a partir dela, "é possível predizer (*prothespízein*) secas, inundações, pestes, terremotos e outras mudanças de ambiente como essas" (AM V, 2). A interpretação por meio de signos comemorativos confere-nos um "poder de predição" (*prorretikè dýnamis*) (AM V, 1) de ocorrências fenomênicas passadas. Após várias observações da presença do fogo seguida à aparição da fumaça, não apenas o teremos claro na memória quando novamente virmos a fumaça: dele faremos também, no tempo mesmo dessa visão, uma predição, uma *previsão* (cf. também AM VIII, 153).

As previsões da astronomia são aceitáveis aqui, para o cético, não apenas por referirem-se a simples fenômenos e nessa medida manterem-se à margem de qualquer pretensão ou atitude tética, mas também por basearem-se naquela seqüência fenomênica freqüente e inclusive completamente observável, que cabe ao signo comemorativo evidenciar.[18] A astronomia será capaz, como a medicina, de uma "predição segura" (*bébaios prórresis*), cujo sentido se esclarece na própria crítica à astrologia: esta pretende observar diversos tipos de vidas humanas e caracterizá-las como ligadas às diferentes posições dos astros. Ao que Sexto Empírico responde: "se deve haver predição segura, é preciso que a mesma posição dos astros tenha sido observada junto à vida de alguém não uma única vez, mas uma segunda vez junto à vida de uma segunda pessoa e uma terceira vez à vida de uma terceira pessoa, para que aprendamos, a partir do fato de os resultados dos efeitos serem os mesmos em todos os casos, que, assumindo os astros determinada configuração, certamente haverá determinado resultado" (AM V, 103).[19] Mas a repetição de uma mesma configuração para os astros ocorre,

---

[18] A respeito dessa importante condição, cf. Stough, *Greek Skepticism*, op. cit., pp. 133-7.

[19] Segue-se, como exemplo de situação adequada para uma predição segura, o exemplo da medicina acima citado (AM V, 104). Parece-me que a inserção desse exemplo médico como ponto de referência deixa claro que não estamos, aí, perante um texto meramente *dialético*. Seu caráter "metodológico" se afigura mais aceitável uma vez que lembramos, com base em AM I, 61, que Sexto terá escrito "Comentários Empíricos" (*empeirikà hypomnémata*), onde considerações de mesma espécie provavelmente foram feitas. Em AM VII, 202, mencionam-se "Comentários Médicos" (*iatrikà hypomnémata*), talvez tratando-se da mesma obra.

segundo os próprios astrólogos, num intervalo de tempo tão grande que não é, diz-nos Sexto, alcançável pela observação humana (AM V, 105); de modo que a astrologia não preenche o requisito básico para uma predição segura: "(...) se é crível que determinada configuração dos astros é reveladora de determinado tipo de vida, certamente não foi observada uma única vez em um único caso, mas muitas vezes (*pollákis*) em muitos casos" (AM V, 104).

Mas se o signo comemorativo confere às *tékhnai* semelhante poder de predição, é preciso estar atento para os limites a que essas predições devem permanecer sujeitas: não lhes cabe aspirar a universalidade e necessidade. Isso nos remete à crítica que o cético empreende da *indução*. Esta, filosófica e dogmaticamente entendida, pretende, com base nos casos particulares, estabelecer o "universal" (*tò kathólou*); e será por aí que a crítica cética se fará, observando uma dificuldade inerente a esse processo: a obtenção do universal a partir dos casos particulares, por indução, ocorrerá ou por uma inspeção de alguns casos – e então ela será "insegura" –, ou de todos – o que é impossível, sendo os casos particulares "infinitos' e "indefinidos" (HP II, 204). Semelhante crítica, dirigida ao dogmatismo e a suas intenções realistas, permanece válida no domínio fenomênico em que opera o cético. Se ela deve denunciar, ao dogmático, quão problemática é sua pretensão de erigir um sistema de eventos portador de uma impecável necessidade e universalidade, indicando que, também a esse respeito, cabe apenas constatar uma situação aporética e de suspensão de juízo, o mesmo se impõe quando do tratamento que o técnico dispensa ao fluxo fenomênico. Aqui, nossas previsões se efetuam conforme a uma experiência passada que muitas vezes, é verdade, se revela dotada de grande regularidade. Mas em nenhum momento o técnico poderá esquecer que, se "fumaça" tem sido acompanhada de "fogo", isso não significará senão a presença de uma seqüência freqüente cuja natureza, do ponto de vista de sua possível necessidade ou contingência, até então não lhe é dado determinar – serão as limitações inerentes a todo processo indutivo o que tolherá qualquer disposição de cunho dogmático, mantendo esse técnico nos limites da simples operação com os fenômenos e evitando que a estes se confiram qualidades impróprias. Em outros termos, tanto a afirmação de uma "conexão necessária" para os eventos fenomênicos, como a de sua ausência total, mantêm-se na esfera dos "não-evidentes" a que o cético não se vê capaz de assentir.

Essa situação faz com que o cético, inclusive, não tenha maiores problemas em aceitar que, em certos casos, a utilização de signos comemorativos se faça de um modo "subjetivo" e que, portanto, um mesmo fenômeno possa levar a predições diferentes, como quando um archote levantado, visto ao longe, significa a uns a aproximação dos inimigos, a outros a chegada dos amigos, ou quando o som de um sino é, para uns, sinal de venda de alimentos, mas, para outros, da necessidade de irrigar os caminhos (AM VIII, 193, 200). Tais eventos podem ser significativos de variadas formas, pois esse tipo de significação é convencional e temos o poder de atribuir a um evento mais de um significado (AM VIII, 200). Enquanto o signo indicativo teria de ser significante, por natureza e necessidade, de um único significado, o signo comemorativo "é capaz de ser revelador de muitas coisas e de significar como e quando estabelecermos" (AM VIII, 202).

Tais limitações, contudo, não impedem que as proposições a fazer parte das *tékhnai* sejam algo mais que registros de rememoração de relações de significação entre dados singulares. Ao contrário, a concepção mesma de uma técnica entendida como "composição de proposições" deixa bastante sugerida a presença de enunciados gerais, como que "abstraídos" do fluxo fenomênico. Apesar de o cético fazer a crítica da indução, a idéia de uma generalização, repensada, parece poder sustentar-se e inclusive encontrar-se aplicada em alguns parcos momentos dos textos de Sexto Empírico, embora sempre se trate de contra-argumentar frente a teses dogmáticas. A expressão *kathólou*, que na citada crítica à indução fora substantivada, aparece, em outros contextos, com sentido distinto, puramente adverbial. Nas *Hipotiposes*, por exemplo, no sétimo modo de Enesidemo, Sexto argumenta que as diferentes quantidades e composições dos objetos que nos aparecem devem levar-nos a suspender o juízo quanto a sua natureza. Mas, no final desse curto modo, é feita uma afirmação referente às diferentes quantidades, que se inicia com aquela expressão:"em geral (*kathólou*), com efeito, parece (*dokeî*) que tanto as coisas úteis se tornam penosas devido a sua utilização segundo uma quantidade desmedida, como as coisas que parecem ser nocivas ao serem adotadas em excesso não são penosas em pequena quantidade; e dá testemunho (*martyreî*) da afirmação (*lógos*) o que é observável (*tò theoroúmenon*) na medicina", seguindo-se um exemplo de emprego de remédios (HP I, 133). Temos aqui uma proposição que busca confirmar-se no "observado" – o mesmo "observado" que, fenomenicamente entendido, é objeto do "método técnico" efetivado por meio de signos comemorativos. E o texto não é absolutamente afirmativo – lemos a expressão "parece que", embora não se utilize o verbo *phaínein*, de onde se origina o termo *phainómenon*. Em síntese, esse texto veicula um uso puramente corriqueiro e indiferente do termo *kathólou*, pelo qual parece pensar-se a simples idéia de uma generalização sem pretensões de "universalidade".[20] Tal postura, que afinal significa uma reavaliação não-dogmatizante do processo indutivo, torna-se cabível em virtude da possibilidade válida, para o cético, do uso de signos comemorativos.[21]

Na medicina, da qual Sexto Empírico é representante, como nas demais atividades técnicas, proposições de cunho geral são possíveis e mesmo necessárias. E no interior de uma esfera de observação onde, como sabemos, a noção de fenômeno tem um alcance muito maior que a simples percepção e reprodução do dado sensível, há espaço para a produção de afirmações como a acima citada, sempre ainda com base na ocorrência freqüente de eventos. Isso mostra que, numa "visão cética" de *tékhne*, não estamos limitados à operação primária de relacionar fenômenos no momento de suas ocorrências e que é

---

[20] Lembre-se que a expressão *kathólou* inicia outras passagens nas quais afirmações mais pretensiosas parecem ser feitas por Sexto: em AM III, 40, AM VIII, 58 e AM IX, 393, onde se fala de modos de concepção; em AM V, 103-4, na qual, como vimos, se afirma um tipo de predição segura, utilizando-se inclusive um tom mais afirmativo (*phemì hóti*...). Essas afirmações podem perfeitamente ser pensadas como portadoras de um conteúdo extraído e elaborado a partir da observação das diversas manifestações fenomênicas.

[21] Para a questão da indução, observem-se as considerações de Stough, *Greek Skepticism*, op. cit., pp. 138-9.

possível elaborar, legitimamente porque sob um registro meramente fenomênico – "ontologicamente neutro" –, proposições complexas e de extensão mais ampla. Elaboram-se assim, pelo cético, técnicas que, ao que parece, em nenhum momento poderiam ser acusadas de retornar a alguma forma de dogmatismo.[22]

---

[22] Contrariamente ao que pensa V. Brochard. Referindo-se diretamente à medicina, Brochard considera que Sexto deixa de satisfazer à exigência que poderia manter sua arte médica isenta de dogmatismo: não ultrapassar os fenômenos. Diz Brochard: "En est-il ainsi chez Sextus? Il ne le semble pas. L'art de la médecine, en effet, pour ne parler que de celui-là, tel qu'il l'entend et le pratique, ne s'arrête pas scrupuleusement à la constatation des phénomènes; il s'élève, les textes cités en sont la preuve, jusqu'à des propositions générales (*theoremáton systáseis*). Il arrive même que Sextus, oubliant tous les arguments qu'il a répetés à la suite d'Aenésidéme, se laisse aller à parler de la découverte de la cause (*aítion*) d'une maladie. Et ce n'est pas ici une chicane de mots que nous lui cherchons. Ce n'est pas seulement le mot qui est employé par lui, il a l'idée que ce mot exprime. Y a-t-il d'ailleurs une médecine possible, si on renonce à connaître des lois générales, des régles qui permettent de profiter de l'expérience passée et d'en appliquer les résultats au présent et à l'avenir? Mais, dès qu'on s'élève à la connaissance des lois, qu'on veuille ou non, on dépasse l'expérience proprement dite; on prête un caractère d'universalité et de nécessité aux phénomènes: on renonce au phénoménisme sceptique. C'est, bon gré, mal gré, une sorte de dogmatisme. On est, si l'on veut, dogmatiste autrement que ceux qui affirment des réalités intelligibles et absolues: on n'est plus tout à fait sceptique" (Brochard, *Les Sceptiques Grecs*, Paris, Vrin, 1969, p. 375; cf. também p. 374). Mas se "fenômeno" se entende numa extensão mais ampla, como se buscou mostrar aqui, a presença de proposições gerais não se invalida e proíbe nas *tékhnai*, mesmo que entendidas como "leis", pois isso não significa necessariamente, como vimos, uma adesão a qualquer "universalidade" ou "necessidade". Quanto ao uso do termo *causa*, o contexto em que se dá – AM V, 104 – parece deixar claro que resulta de uma observação de fenômenos através da aplicação de signos comemorativos – o que, apesar da força da palavra, sugere que não devemos entendê-la como expressão de uma realidade (retomaremos essa questão a seguir). Em suma, parece-me que um correto entendimento da noção de *phainómenon* no pirronismo, bem como de seus conseqüentes desdobramentos, permite validar, para o ceticismo, os aspectos que, segundo Brochard, são motivos de crítica. Na verdade, essa crítica só se constrói a partir da convicção de que o ceticismo coerente deve conduzir à indiferença, ao silêncio e à inércia. E Brochard pode chamar tal prática fenomênica de dogmatismo porque entendem serem esses os únicos resultados possíveis para o ceticismo, o que somente Pirro teria ousado confessar (Ibidem, pp. 359-60). Ora, de onde vem essa noção de ceticismo? Não dos textos de Sexto Empírico, mas sim de uma visão a respeito de Pirro talvez demasiadamente escorada nas referências de Cícero (Ibidem, pp. 51-76, em especial, pp. 59-61).

***

Na tentativa de compreender toda a amplitude da noção de *empeiría* no ceticismo pirrônico, buscou-se aqui, junto à clarificação de sentido do termo *phainómenon*, extrair de alguns textos uma concepção geral de *tékhne*, observando seus elementos constitutivos, quer como instrumentos – o signo comemorativo, em todas as conseqüências de sua utilização –, quer como objetos – os próprios fenômenos. Ora, os resultados obtidos impõem, imediata e inevitavelmente a meu ver, que certas aproximações sejam feitas com uma visão posterior a respeito do que seria o mais adequado procedimento científico.

De início, como não pensar, quando da explicação que Sexto nos dá do signo comemorativo, na análise *humeana* da idéia de *causalidade*? Se em Sexto é uma *seqüência observável* o que fundamenta e torna possível o mecanismo do signo comemorativo, permitindo, a partir da memória, que se interpretem os eventos como significantes e significados, em Hume as relações de *contigüidade* e *sucessão* são essenciais e indispensáveis à idéia de relação causal.[23] Será, além disso, à lembrança de que dois objetos quaisquer se têm mostrado numa ordem regular de contigüidade e sucessão que nos virá à mente, num processo de rememoração, sua relação de *conjunção constante*. Essa conjunção, que nos leva a inferir a existência de um a partir da existência de outro, nos faz também denominar a um causa, ao outro efeito. E Hume observa: "em todos esses exemplos a partir dos quais aprendemos a conjunção de causas e efeitos particulares, tanto as causas como os efeitos foram percebidos pelos sentidos e rememorados: mas em todos os casos em que sobre eles raciocinamos, há somente um percebido ou lembrado, e outro é suprido em conformidade com nossa experiência passada" (*Treatise*, p. 87). Tal inferência não se dá pela razão mas sim pelo hábito ou costume (*Treatise*, pp. 102 e 108), que produz em nós uma propensão para passar de um objeto à idéia daquele que comumente o acompanha, somente assim podendo entender-se a idéia de *conexão*

---

[23] Cf. D. Hume *A Treatise of Human Nature*, Oxford, ed. Selby-Bigge, 1958, pp. 75-6, 170. Para Sexto, lembremos AM VIII, 288.

necessária presente nas noções de causa e efeito (*Treatise*, pp. 165-6; cf. também pp. 156 e 171). Não se faz claro, mesmo por esse rápido esboço, que a leitura humeana da causalidade e da idéia de necessidade causal tem importantes pontos de semelhança com a noção de signo comemorativo? Além de afirmar aquela seqüência observável, certas passagens de Sexto Empírico, já citadas aqui, fazem mais que simplesmente sugerir características essenciais dessa leitura: a conjunção constante dos eventos, a limitação a dados observados da experiência e o papel da memória.[24] Note-se ainda que, em ambos os casos, é a apreensão das seqüências freqüentes dos eventos, bem como o estabelecimento de "inferências" dela decorrentes, o que deve constituir a atividade daquele que lida com tais eventos.[25] Processo que parece incluir a feitura contínua de generalizações, onde a busca de "causas" acaba por definir o conhecimento.[26] Em suma, o que para Sexto se entende como "significante" e "significado", em Hume passa por *causa* e *efeito*, em muito assemelhando-se as explicações e conseqüências extraídas. E, se é verdade que, no pirronismo, o conceito de causa é objeto de longas análises cujo resultado é uma suspensão de juízo a seu respeito (HP III, 2-29; AM IX, 13-330), ao menos em um momento, em que utiliza, como vimos, os termos "causa" (*aítion*) e "efeito" (*apotélesma*), Sexto parece estar consciente de que se encontra, com a noção de signo

---

[24] Lembrem-se os textos citados acima: HP II, 100; AM VIII, 143, 151, 152 e 156. É verdade que os textos de Sexto não parecem distinguir a rememoração do objeto significado daquilo que Hume chama "inferência" e que a memória, em Hume, parece dizer respeito mais propriamente à conjunção constante, não ao objeto inferido. Mas isso não elimina as semelhanças mencionadas.

[25] Cf. D. Hume, *Enquiry concerning Human Understanding*, Oxford, ed. Selby-Bigge, 1957, p. 36: "em realidade, todos os argumentos a partir da experiência são baseados na semelhança que descobrimos entre os objetos naturais, e pela qual somos induzidos a esperar efeitos similares àqueles que constatamos se seguirem de tais objetos (...) A partir de causas que parecem *similares* esperamos efeitos similares. Isso é a suma de todas as conclusões experimentais". A esse respeito em Sexto, lembrem-se os textos citados: AM VII, 153; AM V, 2, 103-4.

[26] Cf. Hume, *Enquiry concerning Human Understanding*, op. cit., p. 30: "é confesso que o esforço máximo da razão humana é por reduzir os princípios produtivos dos fenômenos naturais a uma maior simplicidade e por reduzir os efeitos muito particulares a algumas causas gerais, por meio de raciocínios por analogia, experiência e observação".

comemorativo, perante um novo sentido de causa que, por ser apenas fenomênico, não se confunde com a concepção dogmática que questiona. Nesse texto, podemos dizer que Sexto prenuncia, explicitamente, os conceitos humeanos de causa e efeito (AM V, 103-4).

No mesmo sentido das afirmações tornadas notórias pela análise humeana, vinham já algumas das posições de Berkeley. Para este, de fato, conhecer a natureza das coisas equivale a conhecer a conexão das idéias;[27] explicar os fenômenos é "mostrar como chegamos a ser afetados com idéias, naquela maneira e ordem em que são impressas sob nossos sentidos" (*Dialogues*, 3º Dial., p. 460), o que não difere de "mostrar por quê, em determinadas ocasiões, somos afetados por determinadas idéias".[28] É que as idéias sensíveis são portadoras de regularidade, ordem e coerência (*Principles*, #30), e, observando e raciocinando sobre sua conexão, os filósofos "descobrem as leis e métodos da natureza, o que é uma parcela tanto útil como interessante do conhecimento" (*Dialogues*, 3º Dial., p. 461).[29] A extração de tais leis gerais da natureza, com base na regularidade de que esta é possuidora, levará a que se façam "deduções" a partir dessas mesmas leis (*Principles*, #105). Dever-se-ão, assim, "formar leis gerais a partir dos fenômenos e depois disso derivar os fenômenos a partir dessas leis" (*Principles*, #108). Ora, essa dedução será a explicação mesma dos fenômenos – "explicação que consiste apenas em mostrar a conformidade que qualquer fenômeno particular tem com as leis gerais da natureza, ou, o que é a mesma coisa, em descobrir a *uniformidade* que há na produção dos efeitos naturais" (*Principles*, #62). O conhecimento dessas leis permite-nos, também nesse caso, fazer predições seguras e bem fundadas que nos serão úteis na vida (*Principles*, ##31, 59 e 105).

Parece então que, como em Hume, também em Berkeley encontramos, guardadas as devidas especificações de ambos e as diferenças e dis-

---

[27] Cf. Berkeley, *Three Dialogues between Hylas and Philonous*, Oxford, ed. Frazer, 1901, vol.1, 3º Dial., p. 464.

[28] Cf. Berkeley, *A Treatise concerning the Principles of Human Knowledge*, Oxford, ed. Frazer, vol.1, 50.

[29] Cf. *Principles*, #30: "e essas (as leis da natureza) nós aprendemos por experiência, que nos ensina que determinadas idéias são acompanhadas por determinadas outras idéias, no curso ordinário das coisas".

cordâncias certamente existentes, um núcleo de idéias que da mesma forma se apresenta na concepção de *tékhne* que Sexto Empírico nos expõe. As artes de que o cético se servirá em seu modo de vida não-dogmático contêm, assim, elementos e características caros a uma certa concepção de ciência onde conhecer é, *grosso modo*, interpretar e predizer ocorrências a partir da experiência de sua seqüência constante e regular, processo no qual, afinal, se constroem e utilizam proposições gerais.[30]

---

[30] O paralelismo acima sugere que certos aspectos da concepção humeana de causa germinam já na filosofia de Berkeley, o que exige alguns esclarecimentos. É certo que a noção de causa aplicada em parágrafos fundamentais dos *Principles* para a dedução da doutrina (##25 a 33) é "substancial" – para usar o termo de M. Malherbe, é "aristotélica", "selon laquelle la cause du mouvement est dans les corps eux-mêmes, selon laquelle la cause contient la raison de ses effets et les détermine dans tous leurs caractères (on peut nier la causalité corporelle et y substituer, comme le fait Berkeley, une causalité divine: cela ne change rien au concept de la cause)" (M. Malherbe, *La Philosophie Empiriste de David Hume*, Paris, 1984, p. 35; apud G. Lebrun em "Berkeley ou le Sceptique Malgré Lui", *Manuscrito*, volume XI, n. 2, p. 40, nota 7). A aproximação de ambos não poderá, então, chegar ao ponto de atribuir-lhes um mesmo sentido para o conceito? Antes de tirarmos essa conclusão, lembremos as linhas finais do *De Motu*: "that the Mind which moves and contains this universal, bodily mass, and is the true efficient cause of motion, is the same, properly and strictly speaking, of the communication thereof I would not deny. In physical philosophy, however, we must seek the causes and solutions of phenomena among mechanical principles. Physically, therefore, a thing is explained not by assigning its truly active and incorporeal cause, but by showing its connection with mechanical principles" (#69). A partir dessa distinção, leia-se #71: "In first philosophy or metaphysics we are concerned with incorporeal things, with causes, truth, and the existence of things. The physicist studies the series or successions of sensible things, noting by what laws they are connected, and in what order, what precedes as cause, and what follows as effect. And on this method we say that the body in motion is the cause of motion in the other, and impresses motion on it, draws it also or impels it. In this sense second corporeal causes ought to be understood, no account being taken of the actual seat of the forces or of the active powers or of the real cause in which they are". Há, assim, *um segundo sentido de causa* em Berkeley, "físico" e "não verdadeiro", é verdade, mas válido, que se assemelha inclusive à definição de Malherbe para o sentido humeano: "l'autre, nouvelle, selon laquelle la causalité est la liaison des phénomènes constatés, géneralisée et représentée dans une loi, mais dont on ignore l'opération réelle" (M. Malherbe apud G. Lebrun). Esse novo sentido de causa parece adequar-se aos textos "metodológicos" dos *Principles*, aqui citados. E, embora nessa obra as "causas segundas" fossem ainda concebidas e consideradas negativamente (#32 e 66), no *De Motu* é um novo juízo de valor que norteia a análise berkeleyana. Não me parece excessivo, portanto, afirmar uma semelhança entre o signo comemorativo pirrônico e uma concepção humeana *e berkeleyana* de causa.

É verdade que é preciso cuidado ao fazer essas aproximações. Se a noção humeana de causalidade pode ser vista como compatível com o ceticismo – inclusive na medida em que desmistifica a suposta origem estritamente racional da idéia de conexão necessária –, não é menos certo que a *Investigação* faz alusão a alguma forma de "harmonia preestabelecida", onde se encontraria uma correspondência entre nossos pensamentos e o curso da natureza. Caberá a esta proporcionar-nos o instinto do hábito, que permitirá essa forma de harmonia (*Enquiry*, pp. 54-5). Ainda que essas linhas de Hume estejam entre as suas mais controversas e comportem distintas interpretações, a simples disposição para pensar a idéia de uma tal harmonia preestabelecida parece afastar-nos do cético pirrônico, para quem as *tékhnai*, elaboradas sob uma suspensão de juízo cujo alcance e efeitos já observamos, podem e devem passar indiferentes a essa questão. E no caso de Berkeley, mesmo que nos *Princípios* haja preferência pelos termos "signo" e "coisa significada" em vez de "causa" e "efeito" para pensar os eventos em suas relações (*Principles*, #65), é manifesto o estatuto ontológico desses eventos: em Berkeley, não o esqueçamos, as idéias sensíveis são realidades que têm em Deus sua causa imediata (*Principles*, #33), enquanto em Sexto uma definitiva determinação ontológica dos conteúdos fenomênicos permanece sujeita à *epokhé*. Em Berkeley, as "leis da natureza" não são princípios gerais extraídos de um agregado de fenômenos cuja origem não nos cabe mais investigar com insistência, mas sim de um conjunto sistemático e harmônico cuja ordem e regularidade se explicam pela sabedoria e poder divinos (*Principles*, #30 e *Dialogues*, 2° Dial., p. 434). Aqui, a generalização não está à mercê de vivências que, embora freqüentes, permanecem indecididas quanto a sua possível necessidade ou contingência; redunda, ao contrário, na obtenção de um modo de comunicação de Deus com suas criaturas, visto que a conexão das idéias, para nós os objetos reais, não deixa de ser sua "linguagem" para conosco, a qual cabe ao filósofo natural decifrar (*Principles*, ##65-6). Mas essas diferenças, embora importantes, não nos impedem de constatar que as considerações metodológicas esboçadas por Sexto Empírico a propósito das *tékhnai* prenunciam, manifestamente, importantes aspectos de uma concepção de conhecimento e ciência da qual Berkeley e Hume foram teóricos importantes e cuja repercussão e influência ainda se fazem sentir na filosofia da ciência e na prática científica contemporâneas. Tais semelhanças contribuem para revelar em que medida o ceticismo pirrônico pode entender-se como uma forma de empirismo, agora inclusive à luz da significação que esse termo recebe, quando aplicado à filosofia britânica clássica.[31]

★ ★ ★

Se o ceticismo parece propor, para as *tékhnai*, um método que pode ser dito "empírico", também de um outro ponto de vista uma aproximação com o empirismo moderno pode ser feita. Comecemos por recordar a concepção aristotélica de *tékhne*, que já se descobre, por exemplo, nas primeiras linhas da *Metafísica*. Elas nos dizem que é a "experiência" (*empeiría*) o que faz a "arte" (*tékhne*) (981a4), que a primeira surge de muitas recordações de uma mesma coisa (980b29) e

---

[31] Os leitores de Berkeley e Hume poderão considerar que, por ser demasiado sucinta, essa exposição da filosofia de ambos acabe por ignorar ou omitir certas diferenças importantes, que talvez comprometessem uma comparação em bloco com Sexto Empírico. Penso no mesmo artigo do prof. Lebrun anteriormente citado, que procura ressaltar uma discrepância fundamental: enquanto Berkeley, contrariamente a Newton, teria tornado a ciência da natureza meramente *descritiva*, em Hume esta ter-se-ia mantido, nalguma medida e na esteira de Newton, *explicativa* (cf. pp. 43-4, em especial nota 12, como também o artigo de João Paulo Monteiro, "A Hipótese da Gravidade", *Hume e a Epistemologia*, Lisboa, Imprensa Nacional, 1984, pp. 77 e 89, citadas por Lebrun). Isso significaria um obstáculo, aqui, a que ambos sejam evocados como teóricos de uma mesma concepção de ciência? Não há dúvida que a presença dessa diferença se atenua ou acentua de acordo com a interpretação que se dá do alcance do chamado "ceticismo mitigado" humeano; mas, em linhas gerais e independentemente dessas diferentes interpretações possíveis, é um mesmo quadro metodológico que parece desenhar-se em ambos, e foi esse quadro que interessou evidenciar acima – lembro por exemplo que quando me referi, em Hume, à "limitação dos dados observados", atinha-me exclusivamente ao *mecanismo causal*, o que não exclui necessariamente uma concepção de ciência que preserve "causas segundas" entendidas como "materiais" (Lebrun, pp. 43-4). Creio, portanto, que a comparação aqui tentada de Berkeley e Hume com o ceticismo pirrônico pode permitir-se passar à margem dessa possível diferença, por focalizar aspectos essencialmente *formais* de ambas as teorias.

que a arte se obtém a partir das várias concepções com base na experiência, tal consideração das diversas experiências e das semelhanças nelas presentes levando ao surgimento de generalizações (981a5-6).[32] A intervenção da memória, a ligação arte-experiência e esse processo de generalização deixam claro quanto a concepção cética de *tékhne* preservou da doutrina aristotélica. Mas, em Aristóteles, as *tékhnai* significam alguma forma de conhecimento, já que se pensam, do mesmo modo que a experiência, sob a óptica das idéias de ciência e sabedoria: na arte existe mais saber que na experiência (981a24), sendo conhecimento do universal enquanto esta o é do particular (981a15), e os dotados de experiência conhecem apenas o "o quê", mas o técnico sabe o "porquê" (981a28-30); a arte é, em suma, mais ciência que a simples experiência (981b8). Desse modo, se a concepção cética de *tékhne* retoma o essencial da concepção aristotélica, ela pode, contudo, na medida em que o ceticismo problematiza a possibilidade do conhecimento e a pretensa eficácia científica de todo processo indutivo, ser considerada como uma recriação que elimina, desse aspecto do aristotelismo, seus elementos "dogmáticos".

Por outro lado, aos olhos do cético as *tékhnai* são, como vimos, um dos modos de viver a vida comum sem dogmatizar, o que nos remete à questão dos objetivos e finalidades que as orientam. Para respondê-la, retomemos os mesmos textos citados de início, quando da introdução da noção de *empeiría*. Aquela reafirmação da maneira cética de conduta viera justificar a crítica que se fazia à pretensão filosófica de solução de sofismas; crítica que começa nos seguintes termos: "a solução de todos os sofismas que o dialético parece particularmente capaz de refutar é inútil (*ákhrestos*); e aqueles cuja solução é útil (*khresimeúei*) o dialético não refutaria, mas sim os que são possuidores, em cada arte, da seqüência das coisas" (HP II, 236). Salienta-se aí que é em vista da *utilidade* que se recusa determinada prática do filósofo e que se destaca

---

[32] Ver a seqüência: "possuir uma concepção de que isto foi útil a Cálias acometido desta doença, a Sócrates e assim a muitos individualmente, é coisa da experiência; mas que foi útil a todos os tais e tais, definidos segundo uma espécie, quando acometidos desta doença, por exemplo os fleumáticos ou os biliosos, quando ardem em febre, é coisa da arte".

a daquele que possui a *tékhne*. Sexto chegará mesmo a dizer que "o útil é o fim de toda arte na vida comum" (AM II, 85).[33] O sentido dessa idéia de utilidade revela-se em outra passagem de Sexto Empírico que sugere o útil como *télos* de toda *tékhne*: "que o fim de toda arte é útil à vida, é claro. E das artes, algumas vieram principalmente para a remoção das coisas nocivas e outras, para a descoberta das vantajosas. E da primeira espécie é a medicina, que é uma arte curativa e que alivia a dor, da segunda é a navegação; pois todos os homens necessitam muito da relação com outros povos" (AM I ,50-1). Se o tipo de utilidade da medicina e da navegação se faz claro por esse texto, lembremos que a segunda, enquanto observa fenômenos, se assemelha à agricultura e à astronomia, e que a partir desta última é possível predizer mudanças climáticas como secas, inundações, pestes e terremotos (AM V, 2). Tudo isso permite concluir que um claro utilitarismo, certamente destituído de juízos dogmáticos de valor, norteia o trato do técnico com os fenômenos. A empiria, modo de vida conforme a estes, é a instância onde esse técnico encontra a solução de seus problemas, pois após a experiência cética da *epokhé* ela configura o único domínio onde problemas podem ter relevância e sua solução, utilidade. Ao suspender o juízo, resta ao cético viver em busca de um útil que se traduz nessas necessidades da vida comum.

Essa conexão entre *tékhne* e utilidade, já a pensara e antecipara também Aristóteles, no mesmo início da *Metafísica*: "é, pois, natural que aquele que primeiramente inventou uma arte para além das percepções comuns seja admirado pelos homens, não somente por serem úteis algumas das coisas inventadas, mas como sábio e superior aos outros e que, tendo sido inventadas muitas artes e umas visando à necessidade e outras ao divertimento, se suponham sempre mais sábios estes inventores que aqueles, por não visarem suas ciências à utilidade. Daí, estando já constituídas todas essas, se inventaram aquelas dentre as ciências que não visam ao prazer nem às necessidades e, primeiramente, naqueles lugares onde se obteve o ócio" (981b13-23).

---

[33] Cf. também HP II, 258, onde se diz inútil resolver as ambigüidades que não ocorrem nas experiências da vida comum.

É importante, neste ponto de nossa comparação, observar o contexto em que tal antecipação ocorre; por ele vemos que, para Aristóteles, se as artes se destacam também como úteis e necessárias, não visar à utilidade caracteriza a ciência em sua especificidade. E a *epistéme* assim entendida ocupará, numa hierarquia das atividades cognitivas humanas, o lugar mais alto: "de modo que, como foi dito antes, o experiente parece ser mais sábio que os que possuem uma sensação qualquer, o técnico parece ser mais sábio que o experiente, o chefe da obra mais que um operário e as ciências teóricas mais que as produtivas" (981b29 e ss.). A célebre gradação aristotélica que inicia a busca da filosofia primeira faz da investigação *teórica* o modo mais elevado do conhecimento.

Ora, se também no caso da relação arte-utilidade pode ser dito que o pirronismo tem nas análises aristotélicas um ponto de referência possível, é preciso observar as conseqüências a que a concepção de *tékhne* e sua meta de obtenção do útil levam, num modo de filosofar que, de um certo ponto de vista, porá totalmente de lado a idéia de *epistéme*. Retomemos o itinerário do cético. A suspensão cética de juízo seguira-se à problematização da pretensão cognitiva de toda atividade especulativa humana, seja esta vista e tida como ciência, seja como simples arte ou técnica. As aporias que se descobrem na busca de um critério inconteste de verdade, bem como as diversas gamas de argumentos eqüipotentes, específicos a toda questão que envolve o conhecimento do mundo, conduzem a que nos vejamos incapazes de escolher os fundamentos mínimos para a construção de um sistema científico; assim, a posse do conhecimento continuará apenas uma possibilidade que se faz, com as contínuas constatações dessa incapacidade pela investigação cética, cada vez menor, embora nunca totalmente inexistente. Sendo essa a situação em que o cético se vê, não lhe é possível, contudo, abster-se de sua vida comum e diária: um critério de ação se faz necessário. E no modo de conduta puramente fenomênico a que aderirá, o cético descobre possível e legítima a prática de certas atividades técnicas, segundo um determinado "método". Então, se de um ponto de vista *teórico* a *epokhé* abarca para o cético *epistéme* e *tékhne* porque ambas, como pretensas formas de conhecimento, se encontravam passíveis de crítica, de um ponto de vista *prático* o cético poderá distinguir e selecionar tais atividades que, no domínio do aparecer, permaneceram mantendo utilidade. Emerge daí uma nova forma de apreciar arte e ciência, cujos resultados vão de encontro àqueles obtidos à luz do aristotelismo.

Em outras palavras: o cético considera-se capaz de viver a vida comum em *epokhé* – vale dizer, sem a presença efetiva de qualquer atividade "cognitiva", de uma postura *científica*. E isso o leva a emitir também, como Aristóteles, um certo "juízo de valor" a respeito da *epistéme*, mas sob uma óptica diferente e mesmo inversa: sem utilidade prática porque meramente "contemplativa", ela é vista agora de forma *negativa*. Surge aqui, em relação ao aristotelismo, um distanciamento que é fundamental: começa a delinear-se um sentido *pejorativo* do "teórico".

Alguns textos de Sexto Empírico chegam a sugerir fortemente que a idéia de utilidade funcionaria mesmo como uma espécie de "critério de demarcação" entre as *tékhnai* adotadas pelo cético na vida comum e as ciências dogmáticas, onde a própria extensão da *epokhé* ganha um modo de expressão: o cético suspende o juízo "sobre o que é dito a partir de uma sutileza dogmática e, *principalmente, fora da utilidade da vida comum* (*málista éxo tês biotikês khreías*) (HP II, 246; grifo nosso). O próprio dogmatismo pode ser definido tendo-se a idéia de utilidade como ponto de referência: "desejar estabelecer que (os fenômenos) não somente aparecem, mas também existem, é típico de homens que não se contentam com o necessário (*anagkaîon*) para o uso (*khreía*), mas também se esforçam por arrebatar o possível" (AM VIII, 368). Esses textos deixam claro também que, se de início a vida sem crenças, conduzida empírica e fenomenicamente, pode parecer ao cético uma limitação a que se vê sujeito, logo se toma em sua positividade e *suficiência*: a censura cética incide sobre aqueles que "não se contentam" (*arkouménon*) com o necessário, e vale lembrar a afirmação em HP II, 246: "pois *basta* (*arkeî*), eu julgo, viver empiricamente e sem opinar..." (grifo nosso). É a partir dessa disposição, considerando não somente a inevitabilidade mas a eficácia mesma desse estilo de vida, que o cético fará aquela nova leitura das *tékhnai* que busca agora recortar, no conjunto de todas as pretensas atividades ditas técnicas, aquelas que realmente são portadoras de utilidade e que serão, doravante, dignas dessa denominação. Assim, a gramática será parcialmente aceita e parcialmente recusada: como "arte de escrever e ler", é por todos vista como útil e é contestada apenas na medida em que busca investigar como se originaram as letras e suas combinações, e qual seria a "natureza" destas (AM I, 49 e ss.). Enquanto isso, a retórica recebe um tratamento mais radical: não só não encontramos qualquer distinção entre uma dimensão "útil" e outra "inútil", como também a investigação cética, além de negar-lhe um estatuto técnico (AM II, 16, 18, 25, 26, 48 e 50) e de argumentar inclusive que inexiste (AM II, 11, 88 e 106), como é seu costume fazer, vai no sentido de denunciá-la como desprovida de utilidade (AM II, 26, 31 e 41) e mesmo nociva a seu possuidor (AM II, 30, 41 e 49). A retórica, numa palavra, "não se conforma à utilidade comum da vida; pois nenhum de nós conversa como os retóricos nos tribunais, visto que seremos motivo de risada; e eles próprios, quando se retiram de sua ocupação e do debate, utilizam um outro modo de falar para com os outros" (AM II, 58). Como a gramática especulativa, a retórica é uma "arte supérflua" (AM II, 59).[34]

Como as linhas gerais que configuram um certo modelo de *tékhne* caro ao cético foram já traçadas pela filosofia anterior, a originalidade do pirronismo está, em verdade, no fato de tê-las proposto como bastantes à prática diária: a *tékhne* deixa de ser a parente menos nobre da *epistéme*, quando o cético empreende a crítica do ideal teórico do dogmatismo e o "elogio" – bem entendido – da vida comum. Ora, essa reformulação de sentido significa sem dúvida uma pré-edição, não mais de um ponto de vista metodológico e formal, mas agora do ponto de vista do "espírito" que a anima, daquela mesma concepção empírico-experimental de ciência que conta Berkeley e Hume entre

---

[34] Observem-se também os termos com que Sexto inicia sua argumentação contra os astrólogos: estes "de várias maneiras são insolentes para com a vida comum, erigindo diante de nós uma grande superstição, nada permitindo executar conforme à reta razão" (AM V, 2).

seus principais formuladores. Neles, tanto a filosofia e a ciência se redefinem explicitamente como avessas a uma especulação "metafísica" já plenamente pensada em sentido negativo, como se põem em relevo suas dimensões práticas e seus vínculos com o senso comum. Berkeley não deixa de ressaltar que as previsões que podemos fazer a partir do conhecimento das leis da natureza nos capacitam para regular nossas ações em benefício da vida (*Principles*, #31) e que as aplicações que fazemos dessas leis são úteis (*Principles*, #62; cf. também ##65 e 108). Hume chamará a experiência, de onde deriva nosso conhecimento da relação causal, de "grande guia da vida humana" (*Enquiry*, p. 36). Essa mesma denominação valerá para o costume, "único princípio que torna nossa experiência útil a nós" (*Enquiry*, p. 44). Em ambos a filosofia não se deve distinguir e distanciar do senso comum em demasia, sob pena de perder seu valor: para Berkeley, o filósofo natural não se diferencia dos outros homens por melhor conhecer "causas eficientes", mas apenas por possuir maior compreensão na aplicação das analogias que se descobrem, por observação, nas obras da natureza (*Principles*, ##104-5); e não esqueçamos que a disputa entre Hylas e Philonous nos *Três Diálogos* começará em termos que farão referência à "opinião verdadeira" como a "mais concordante com o senso comum e distante do ceticismo" (*Dialogues*, p. 381). O objetivo de Berkeley é, de fato, mostrar que sua filosofia está em total consonância com o senso comum e que, se seus princípios à primeira vista conduzem ao ceticismo, na verdade operam um retorno ao senso comum (*Dialogues*, pp. 484-5), uma "volta para casa" de uma longa viagem feita pelos labirintos da filosofia (*Dialogues*, p. 376). Hume, por sua vez, proporá um "ceticismo mitigado" que se define como correção das dúvidas pirrônicas excessivas pelo senso comum e reflexão (*Enquiry*, p. 161); para ele, as próprias resoluções filosóficas nada são "senão as reflexões da vida comum, metodizadas e corrigidas" (*Enquiry*, p. 162). É que a natureza parece indicar-nos uma "vida mista", na qual, se não devemos esquecer que somos "seres razoáveis", nutridos na ciência, também é preciso lembrar que somos "seres ativos"; nossa paixão pela ciência pode ser desenvolvida, mas seu produto não deve deixar de ser "humano", referido à prática. Somos instados, em suma, a obedecer à prescrição natural: "sede um filósofo; mas, em meio a toda vossa filosofia, sede ainda um homem" (*Enquiry*, p. 9).³⁵ Essa valorização da vida comum levará a que se considerem negativamente as especulações que dela se afastem; e um dos méritos que tanto Berkeley como Hume vêem em suas propostas consiste justamente na obtenção de uma visão nítida das fronteiras que separam, dos objetos legítimos de investigação, uma atividade pseudocientífica e filosófica. Veja-se uma das conseqüências que Berkeley extrai de seus princípios: "várias disputas e especulações que são julgadas partes não insignificantes do saber são rejeitadas como inúteis e como tendo, de fato, absolutamente nada por objeto" (*Principles*, #134). O *Prefácio* dos *Diálogos* – que retomam o escopo dos *Princípios* – é ainda mais incisivo na afirmação dessa idéia, pois, após lembrar a finalidade prática de toda especulação e as perplexidades a que se viram lançados os investigadores com suas dúvidas a respeito do que não é senão muito claro, propõe uma análise das fontes dessa perplexidade que terá como resultado a destruição do ateísmo e do ceticismo, o esclarecimento de pontos obscuros, a solução de grandes dificuldades, a supressão de várias partes inúteis das ciências, a aplicação da especulação à prática e resgatar os homens, dos paradoxos, para o senso comum (*Dialogues*, pp. 375-6). O ceticismo mitigado humeano também reivindicará a vantagem de limitar nossas investigações em conformidade com a capacidade do entendimento humano, o que significará restringi-las à vida comum, à prática diária e à experiência (*Enquiry*, p. 162). E se haverá ainda uma "verdadeira metafísica", que decerto deverá definir com clareza seus limites, é preciso destruir a metafísica "falsa e adulterada", que é "filosofia abstrusa" e "jargão metafísico", isso fazendo-se pela análise da natureza e capacidade do entendimento humano, único meio de livrar o saber de "questões abstrusas" (*Enquiry*, p. 12).

---

³⁵ Vale recordar que quando Berkeley e Hume contrapõem o ceticismo ao senso comum, se referem apenas à dimensão crítica que ele comporta, a única que ambos parecem ter conhecido. Não é contraditório, portanto, que em seu lado "construtivo" o ceticismo possa ter pontos em comum com suas teorias, mesmo se estes o tomam como alvo de seus ataques.

O resultado de tal assepsia no terreno filosófico e científico mostra-se na maneira como serão consideradas certas atividades especulativas: Hume lançará ao fogo, como sofistico e ilusório, todo pretenso saber que não contiver raciocínios concernentes a relações de idéias ou matérias de fato e existência (*Enquiry*, p. 165); e Berkeley criticará uma espécie "abstrata" de aritmética que busca compreender as propriedades das "idéias abstratas de número", mas que na verdade não tem uso prático (*Principles*, #119). É que, quando se mostra o absurdo da teoria da abstração que infesta a matemática, bem como outras ciências, "podemos ver quão completamente a ciência dos números é subordinada à prática, e quão vazia e frívola ela se torna se considerada como matéria de mera especulação" (*Principles*, #120). Há, assim, um registro correto para pensar a aritmética, em contraste com outro, equivocado; e a história dessa ciência mostra-a totalmente oriunda de necessidades práticas. "Na aritmética, portanto, consideramos não as *coisas* mas os *signos*; os quais, contudo, não são considerados por si próprios, mas porque nos indicam como agir com relação às coisas e dispor delas corretamente" (*Principles*, #122). Ora, essas duas formas de crítica se acham presentes, como vimos, no pirronismo: as considerações de Berkeley sobre a aritmética lembram bastante a maneira como Sexto Empírico tematiza a gramática, preservando-lhe uma dimensão prática que se distingue de outra completamente passível de crítica. E parece que, à maneira de Hume, também o pirrônico poderia "acender sua fogueira", onde queimariam, por exemplo, a retórica e a astrologia.

★ ★ ★

As aproximações aqui feitas entre o pirronismo e certas características de uma concepção moderna e empírico-experimental de ciência permitem-nos concluir que, em alguns de seus aspectos básicos, tal concepção pode, de direito, ser interpretada como uma conferição de estatuto epistemológico às *tékhnai* tal como as concebia o cético, com a diferença de que este as via simplesmente como modo não-dogmático de imersão na vida prática comum e diária. O que mostra que, em sua parte "positiva", o pirronismo possuiu as condições necessárias para assumir-se como um programa empírico-fenomênico de investigação *científica*, num sentido moderno desse termo. Isso coloca, inevitavelmente, uma questão: por que não se deu esse derradeiro passo – o que teria impedido, afinal, que o ceticismo pirrônico ousasse propor esse novo sentido de ciência? Duas observações devem ser feitas, que poderão ajudar a responder a essa pergunta.

A dificuldade, em primeiro lugar, é terminológica: se o ceticismo não chega a operar tal reformulação de sentido, isso se deve a um pudor lingüístico imposto por uma tradição filosófica que associara indissoluvelmente ciência, verdade e ser; a recusa cética em pensar a *tékhne* como *epistéme* advém da força de significado com que essa última expressão fora concebida. Mas ao cético sequer interessaria essa mudança: é justamente essa força, que define o ideal cognitivo com que ele se defronta como a obtenção do absolutamente real, o que confere ao próprio ceticismo, quando este mina as bases para a efetivação desse ideal, seu alcance e eficiência máximos. Parafraseando o juízo humeano, o cético parece saber que a virulência de seus ataques é diretamente proporcional às pretensões do dogmatismo com que depara (*Treatise*, pp. 186-7).

Isso nos transporta ao segundo ponto a notar: se o ceticismo é portador de uma dimensão construtiva, esta teve de ficar, de fato, por desdobrar-se com maior profundidade, pois a principal atividade do cético era a de investigação crítica das filosofias dogmáticas. Essa menção, além de contribuir para esclarecer nossa questão, lembra-nos que o ceticismo antigo foi, acima de tudo, uma prática dialética, cuja positividade latente, embora explicitamente declarada às vezes, permaneceu em segundo plano diante da necessidade contínua de enfrentar um sempre renovado dogmatismo.

Mas isso em nada diminui a intensidade daquelas semelhanças com uma concepção empirista moderna de ciência; tais semelhanças, além de mostrarem de que forma se podem relacionar ceticismo e empirismo, desmentindo um juízo completamente negativo a respeito do primeiro, permitem ainda descobrir um sentido no qual a ciência moderna poderá, corretamente, denominar-se "cética".[36]

---

[36] Sobre a expressão "ciência cética", observe-se que Malherbe não hesita em utilizá-la para caracterizar os resultados a que chegou a filosofia humeana – cf. *La Philosophie Empiriste de David Hume*, op. cit., cap.VI: "A Ciência da Natureza Humana", pp. 230, 231, 232, 240, 261.

Neopirronismo e Estruturalismo

Luiz A. A. Eva

Neste texto, ocuparemo-nos do problema de saber se, e de que modo, a reflexão filosófica de Oswaldo Porchat, que culminou na formulação do *neopirronismo,* poderia ser vista como resultante ou dependente de pressupostos do método estrutural de interpretação em História da Filosofia, tal como proposto por Victor Goldschmidt e Martial Gueroult. Não se trata de um tema original. Recentemente Alberto Munhoz procurou mostrar (de modo que nos pareceu bastante persuasivo) como a interpretação de Porchat acerca da teoria da ciência de Aristóteles, seguindo exemplarmente os preceitos desse método, ofereceria um modelo embrionário da noção de "filosofia dogmática" que se explicitaria, posteriormente, no interior de sua reflexão cética, com auxílio das mesmas ferramentas interpretativas (Munhoz, 2003).

Igualmente, Roberto Bolzani Filho, ao examinar a filosofia de Porchat, salienta o modo como a recuperação do tropo argumentativo da *diaphonía,* no âmbito de sua reflexão pessoal, reflete o rigor com que noções como "estrutura" e "tempo lógico" determinam a compreensão das filosofias em conflito. Implicitamente alçado ao plano de "instrumento de julgamento filosófico", o método teria contribuído para conferir um caráter mais dramático ao caráter filosoficamente insolúvel do conflito (Bolzani Filho, 2003, p. 91). Contudo, enquanto Munhoz extrai de seu exame um argumento em favor da cogência do problema filosófico proposto por Porchat com base na sua releitura do ceticismo, Bolzani, sem deixar de reconhecer a profundidade e sofisticação da proposta filosófica de Porchat, posiciona-se criticamente diante do seu engajamento filosófico neopirrônico. A abordagem de Bolzani, em linhas gerais, vai na direção daquilo que M. Williams (2001, p. 146) denomina como "diagnóstico teorético" do ceticismo, isto é, busca mostrar que ele possui mais compromissos teóricos, ainda que desconhecidos ou não revelados, do que aparenta ter. Embora Bolzani sugira que o ceticismo pirrônico já possuiria mais compromissos teóricos do que desejaria admitir, trata-se sobretudo de evidenciar, se bem entendemos, que aspectos da metodologia estruturalista que presidem sua reconstrução neopirrônica contribuiriam para tornar mais nítidos alguns desses comprometimentos. Assim, o neopirronismo, em vista dos textos pirrônicos que são sua matriz, herdaria concepções de dogmatismo e de metafísica supostamente anacrônicas; converter-se-ia num discurso de "instauração filosófica" portador de uma intenção persuasiva em sentido forte; procederia a uma atividade auto-justificatória que depende, como as demais filosofias imersas no conflito insanável dos dogmatismos, de um modelo de atividade racional; comportaria a pretensão de asseverar uma "verdade filosófica" que comprometeria a possibilidade de se referir de modo neutro ao mundo do aparecer fenomênico, tal como pretenderia. O estruturalismo implícito dessa reconstrução catalisaria, talvez, os pressupostos teóricos que o pirronismo acaba por compartilhar de modo problemático com os dogmatismos dos quais pretenderia se distanciar.

Em um texto que foi publicado conjuntamente com as duas análises a que acabo de aludir, procuramos igualmente conjecturar sobre a maneira como certos pressupostos estruturalistas poderiam ter deixado sua marca na reflexão de Porchat: não tanto, como faz Bolzani, para observar como eles contribuem para exibir um traço eventualmente problemático da reflexão cética,[1] mas apenas para sugerir que eles poderiam ter tido um peso maior do que o próprio Porchat teria reconhecido sobre a configuração dos conceitos e do traçado particular que sua reflexão acabou ganhando (Eva, 2003). Aproximamo-nos, contudo, de aspectos do exame de Bolzani quando sugerimos, por exemplo, que o poder singular que a reflexão de Porchat tende a emprestar ao argumento da *diaphonía* (que explicaremos adiante) poderia resultar do modo como as noções metodológicas de rigor, neutralidade e

---

[1] Tomamos a liberdade de remeter ao nosso artigo (Eva, 2005), no qual expomos algumas razões pelas quais nos pareceria que essas características, ao menos em parte, não comprometem a coerência própria do pirronismo, ao menos tal como ali o interpretamos.

isenção, tal como as encontramos na formulação que Goldschmidt dá a esse método, contribuem para delinear um espaço extra-filosófico que, na reflexão de Porchat, materializar-se-ia como aquele no qual ele pôde encontrar refúgio ao decidir abandonar a filosofia. Retomaremos aqui algumas dessas conjecturas desenvolvendo-as num sentido diverso que apenas indicamos naquela ocasião: trata-se agora de sugerir que o próprio método estrutural de interpretação de textos filosóficos, em vista do modo como atende a exigências específicas de rigor interpretativo, possui aspectos que se revelam potencialmente problemáticos em determinados contextos de aplicação – os quais, talvez, a reflexão de Porchat poderia em alguma medida ilustrar. Mais precisamente, pensamos que a noção de "responsabilidade filosófica" que determina seu padrão de rigor interpretativo é particularmente perigosa, uma vez transposta a um contexto em que a interpretação se alia à produção filosófica, na medida em que pode conduzir a uma sobrevalorização do poder das *decisões* de instauração e ao conseqüente ocultamento de aspectos problemáticos dessas decisões ao próprio filósofo – e isso mesmo quando se tem consciência precisa do domínio estritamente *metodológico* de operação desse método e da distinção entre esse espaço e o da *filosofia* do próprio método.

Portanto, importa assinalar desde já, não pretendemos considerar a relação entre a reflexão de Porchat e o estruturalismo considerado segundo as teses filosóficas ou metafilósoficas que os próprios formuladores do método estrutural – Goldschmidt e Gueroult – explicitamente extraíram como conseqüência de seu método, acerca das condições de proposição de uma nova filosofia diante de esse panorama histórico. É possível, ao contrário, que as decisões intelectuais de Porchat que se seguiram do seu abandono inicial da filosofia correspondam a uma forma de reação à meta-filosofia do método, tal como eles a propuseram. Estamos às voltas com aquilo que implicitamente se assume pela simples adoção do método num sentido prático e com as conseqüências que daí decorreriam num plano propriamente filosófico. Por certo, expomo-nos facilmente a uma objeção por nos situarmos em um terreno de conjecturas que, abordando aspectos de uma filosofia que teriam sido invisíveis ao próprio filósofo, põe entre parênteses os preceitos do rigor metodológico estruturalista que deveriam presidir sua leitura. Contudo, seria legítimo invocar o método (e ainda mais precisamente, o princípio da responsabilidade filosófica) como argumento quando se pretende considerar a possibilidade de que a admissão desse mesmo princípio possa ter sido fonte de aspectos problemáticos não detectados pelo filósofo? O leitor cético, de todo modo, talvez se tranqüilize ao perceber que, a despeito do risco que aqui corremos, não se trata em absoluto de propor uma espécie de apologia do relativismo metodológico – antes o contrário.

★ ★ ★

Num sentido vago, pode-se dizer que o conjunto das reflexões filosóficas pessoais de Porchat seria um dentre outros frutíferos resultados, diretos ou indiretos, assumidamente relacionados com a prática de um método estrutural de textos, por ele permanentemente adotado – ao menos, no sentido restrito, como ferramenta metodológica de trabalho com os textos da História da Filosofia – desde que fora aluno de Goldschmidt, em Rennes. Ao traduzir e publicar, em 1970, o célebre artigo desse historiador, "Tempo Histórico e Tempo Lógico na Interpretação dos Sistemas Filosóficos" (1953), infelizmente esgotado, Porchat escreveu um prefácio assinalando que tínhamos, com esse artigo, ao lado de um outro de Gueroult, os "dois momentos mais altos da metodologia científica em História da Filosofia" (Goldschmidt, 1970, p. 6). E sintetizando a sua exposição entusiasmada das idéias gerais desse método, Porchat se exprimiu nestes termos – muito significativos, como veremos, para nosso exame:

> Se há um pressuposto no método estruturalista — e é o único, e o que caracteriza sua total isenção — é que o filósofo é considerado *responsável* pela totalidade de sua doutrina, assumida como tal por ele, e que é, portanto, na sua compreensão dela, explicitada ou implícita nela, que se deve buscar a inteligência de suas asserções... (Ibidem, p. 10)

Em que consiste, em linhas muito gerais, tal método? Em assumir que, diante das eventuais controvérsias interpretativas acerca de uma filosofia dada, a forma legítima de resolvê-las é recorrer ao *texto* em que o próprio filósofo explicitou, por sua conta e risco, sua filosofia, e pretende coerentemente extrair dessa admissão as conseqüências devidas. Porém, o exame adequado da forma como um texto apresenta uma filosofia exige alguns procedimentos que protejam a interpretação de uma contaminação, ou bem filosófica (isto é, de pressupostos filosóficos diversos do autor, que distorçam e acabem por empobrecer o resultado da leitura), ou bem científica (isto é, de teses de natureza histórica ou sociológica que procurem expor as causas dessa filosofia, esvaziando sua dimensão propriamente filosófica). Para tanto, a filosofia deve ser considerada como imanente aos textos em que o filósofo se decidiu por explicitá-la e aos seus pressupostos próprios. Interpretá-la, como diz Goldschmidt, é "reapreender, conforme à intenção do seu autor, essa ordem por razões e em jamais separar as teses dos movimentos que as produziram". Para uma interpretação tão rigorosa, neutra e isenta quanto possível, é preciso observar a lógica interna dessa filosofia, assumindo que o modo como ela se instaura define um universo filosófico próprio, que não pode ser julgado adequadamente do exterior.

O primeiro artigo de reflexão filosófica pessoal de Porchat, intitulado "O conflito das filosofias" (1968), retoma essas considerações metodológicas para se debruçar sobre um problema filosófico crucial posto pelo ceticismo antigo: o problema da justificação de uma decisão filosófica diante do conflito (*diaphonía*) exibido pelas filosofias diversas que pretendem oferecer, cada uma, a verdade. Nas *Hipotiposes*, Sexto Empírico explica como os céticos, inicialmente movidos pela perturbação que lhes causaram as anomalias da experiência quotidiana, buscaram na filosofia uma explicação capaz de sanar essa perturbação; contudo, em vez de encontrar a verdade, o que eles encontraram foi uma disparidade contraditória de explicações filosóficas presumindo-se cada qual verdadeira, e oferecendo-se com equivalente poder de persuasão.[2] Examinado mais detidamente cada uma delas para saber a qual caberia dar assentimento,

---

[2] Cf. Sexto Empírico, *Hipotiposes Pirronianas* I, 12, 26 (doravante as citações deste texto virão precedidas pela abreviatura HP).

eles repetidamente constataram que cada uma seria tão defensável (ou paradoxalmente, por isso mesmo, indefensável) de um ponto de vista racional quanto as filosofias rivais. O resultado dessa constatação, assim, é a suspensão do juízo (*epokhé*) diante desse problema, experiência esta que, muitas vezes reiterada, acaba por esvaziar a expectativa de encontrar uma verdade. O cético é aquele que assume filosoficamente a impossibilidade de superar racionalmente esse conflito e permanece indefinidamente investigando os dogmatismos, isto é, produzindo argumentos críticos, capazes de revelar suas insuficiências de um ponto de vista racional (HP I, 7-10).

É visível que o modo como Porchat reflete detidamente sobre esse problema mobiliza elementos conceituais estruturalistas, no que tange ao modo como se compreende a natureza das filosofias que se oferecem ao assentimento. Sua solução não poderia, diz ele, advir de uma dimensão não-filosófica, como a ciência, ou de um instrumento como a lógica formal. De uma perspectiva filosófica tampouco o problema pode ser resolvido porque simplesmente não se põe, posto que cada filosofia parte de opções prévias, em termos de pressupostos e métodos, que a torna incomensurável com as demais:

> Duas filosofias em contato são sempre dois mundos que se enfrentam, visceralmente incompatíveis e ordenados sempre à negação do outro. Não se espera, da discussão entre filósofos, mais do que uma mútua benevolência na clarificação dos fundamentos e raízes de sua oposição irredutível. (Porchat, 1993, p. 17)

Mas enquanto os céticos, diante da impossibilidade de escolher racionalmente uma das filosofias em conflito, permaneceram numa investigação permanente que define sua própria atividade filosófica (a *sképsis*), Porchat foi por tal problema conduzido, num primeiro momento, ao *abandono da filosofia*. Parece-nos verossímil, como se sugeriu acima, que essa decisão tenha sido favorecida pela maneira como o método estrutural tenha presidido à interpretação de Porchat acerca do conflito das filosofias: para além do anacronismo que poderia ter se afigurado, àquela altura, uma adesão ao pirronismo antigo (e dos demais aspectos interpretativos a que aludiremos em seguida), tal método ensina a ver que não só o dogmatismo, mas toda e qualquer filosofia (pela sua simples positividade, na medida em que se enreda num esforço de elucidação acerca da própria natureza da filosofia) também se esquiva, nalguma medida, do problema da justificação da escolha filosófica (que acaba, assim, por se radicalizar).[3] Além disso, sugerimos também que – de modo talvez mais problemático – a alternativa que se encontrou no abandono da filosofia diante da aporia radical em que Porchat se encontrou, ao menos na medida em que ela conserva alguma dimensão teórica, seria favorecida pela maneira como o espaço extra-filosófico poderia ser admitido como um espaço de neutralidade, tacitamente projetado em decorrência da simples admissão de uma plena exeqüibilidade desse método interpretativo, segundo seu rigor próprio (Eva, 2003, p. 49 ss.). Decisão talvez problemática, diríamos, na medida em que haveria, nesse caso, uma espécie de hipostasiação de um conceito virtualmente decorrente do método aplicado em condições ideais de rigor no plano da existência real de um terreno suposto de neutralidade filosófica (neutralidade essa, todavia, impregnada pelos ideais metodológicos de rigor na aplicação do método).

Porchat certamente estaria autorizado a recusar essa leitura, com base em precisões decisivas que ele mesmo estabelece com relação ao estatuto dessa decisão intelectual (e não há dúvida de que seria muito presunçoso da parte do intérprete pretender negar ao próprio filósofo o direito de o fazer). Seria necessário distinguir, mais precisamente, o modo *filosófico* como os céticos pirrônicos teriam reagido ao problema do conflito das filosofias e o modo *não-filosófico* com que Porchat se situaria fora da filosofia – por decisão própria. No regime

---

[3] Cf. nota 2, na p. 97. Note-se que, ao menos nesse sentido, a decisão de abandonar a filosofia seria motivada pela intenção de evitar os problemas em que, segundo Bolzani, o cético neopirrônico incorreria inadvertidamente: os critérios de rigor do método permitiriam evitar o anacronismo e aprofundar o reconhecimento dos pressupostos de instauração eventualmente presentes no ceticismo antigo.

de validade do preceito da responsabilidade filosófica, ninguém pode subtrair do filósofo a última palavra no que tange ao sentido das suas decisões – mesmo quando sua decisão é, nesse caso limite, que beira o paradoxo, a de sair do terreno da filosofia. Mas em que sentido exato teria essa decisão poder de neutralizar o território da Vida Comum em que Porchat procurou cidadania? Como decisão ainda contida no registro de um relato filosofante, pelo qual se resguardaria o seu poder instaurador? Ou como decisão que abole radicalmente seu próprio escopo filosófico em direção a uma dimensão inteiramente invisível de seu próprio ponto de vista? Nesse caso, em que sentido pode-se falar, posteriormente a essa decisão, da neutralidade filosófica do Mundo em que nos encontramos, se não conferindo ao discurso um poder de instauração ilegítimo? Talvez, para ser suficientemente neutra, essa neutralidade devesse ser inefável.

De todo modo, o prosseguimento do périplo intelectual de Porchat revelou que essa decisão não era tão sólida como teria a ele se afigurado num primeiro momento. Sete anos depois, com efeito, no "Prefácio a uma Filosofia" (1975), Porchat retornaria ao porto da filosofia, à Filosofia da Visão Comum do Mundo, por ele postulada com o propósito explícito de defender sua descoberta da possibilidade de viver no mundo comum não-filosófico, ao qual sua reflexão o conduzira, das contaminações pelas quais as filosofias, em geral, o distorcem ou o subtraem de nossa experiência – especialmente, àquela altura, o ceticismo. Em consonância com a recusa anterior de adotar essa filosofia que lhe oferecera o problema que ele aprofundou, ela lhe aparece então como portadora de teses estranhas e inaceitáveis: o abandono das crenças, a pretensão de "dizer sem asseverar", e, muito especialmente, a permanência na investigação: "[Nunca] pude aceitar sua proposta filosófica de uma investigação continuada. Por que prosseguir na busca, quando nenhuma esperança se justifica e não mais se tem que a experiência repetida do fracasso?" (Porchat, 1993, p. 32). Posteriormente, em "A Filosofia e a Visão Comum de Mundo", Porchat afirma que os céticos permaneceram investigando porque teriam se aprisionado à lógica interna do seu sistema, mas que essa atitude lhe parecia "(...) pouco natural e nada razoável. Porque o natural e o razoável é que a experiência repetida do fracasso engendre o desânimo e o abandono da empresa". (Ibidem p. 49) Essa leitura do ceticismo, Porchat a reviu em "Sobre o que aparece" (1991), abandonando a interpretação mentalista da noção de *phainómenon* que determinava, em boa medida, sua recusa dessa filosofia, e acomodando essa noção pirrônica à plena aceitação da esfera pré-filosófica da vida comum. Mas o neopirronismo que daí resultou permaneceu recusando alguns traços do ceticismo antigo – em especial, a idéia de investigação permanente, a *zétesis*. Em regime neopirrônico, esse abandono é agora acoplado à noção cética de *phainómenon*, uma vez que a sua admissão de que é razoável desistir da busca (não apenas pela verdade, mas da própria busca de renovar a suspensão do juízo no sentido cético, mediante a uma investigação crítica dos dogmatismos) pode agora ser legitimada como a admissão de um *páthos* involuntário. Não é, afinal, a mesma razão que corrobora permanentemente essa decisão particular? "Aparece-me que", diz ele em "Sobre o que aparece", é razoável desistir da busca, num plano estritamente subjetivo e indemonstrável, assim como aos céticos antigos apareceu razoável desistir de encontrar a verdade, mas permanecer investigando.

É curiosa, assim, a forma como certos traços comuns reaparecem em diversos momentos do percurso: não apenas a interpretação hiperbólica do argumento da *diaphonía*, mas o conseqüente abandono da investigação crítica das filosofias tomadas de modo individual (ao menos, no sentido cético da investigação, como se faria presente em Sexto Empírico), a defesa de uma esfera neutra, correspondente ao Mundo Comum – seja ela feita pelo abandono da filosofia, pela adesão a uma filosofia do senso comum ou a uma filosofia cética. Essa aparente semelhança, não apenas entre esses conceitos, mas também no modo como essencialmente se articulam entre si, ao longo da trajetória de Porchat contrasta com o modo radical com que se transforma o estatuto da condição intelectual a partir da qual ele se situa: radicalmente fora da filosofia; radicalmente afirmando a filosofia contra a ameaça cética que pairava sobre o Mundo Comum;

e finalmente cético. Não estamos sugerindo, todavia, que esses conceitos sejam exatamente os mesmos ao longo desse percurso. Seria uma leitura grosseira desconsiderar que eles se inserem em estruturas articuladas de modo diverso a cada momento, resultantes de uma reelaboração crítica das filosofias anteriormente advogadas ou rejeitadas, cada qual possuidora de potencialidades próprias, na medida em que determinam, apenas para dar um exemplo, paradigmas diferentes de exploração do espaço mundano por elas descortinado: o filósofo que abandonou a filosofia, digamos, estará talvez mais interessado pela lógica formal e pela literatura do que o filósofo cético interessado pelo exame da teoria da linguagem implícita nessa filosofia. Decerto o cuidado estrutural deve nos impedir aqui de dar passos precipitados em vista das aparências, mas ele não há de obstar, em contrapartida, a seguinte conjectura: suponhamos que, para além das diferenças presentes em cada estação desse percurso intelectual, houvesse efetivamente, para todos os efeitos, uma identidade entre os conceitos aparentados e no modo como se articulam em cada uma delas. Em que medida estaria o próprio filósofo que os propôs, no bojo dessas diferentes decisões instauradoras, apto a reconhecer essa identidade, se ele próprio é, a cada vez, protagonista de uma decisão filosófica que, segundo os preceitos do método estrutural, *define* um sentido único para os conceitos que a constituem? Não seria a confiança do filósofo de matriz estruturalista no poder instaurador das decisões uma fonte potencial de ocultamento, para ele próprio, dos limites efetivos que teriam tais decisões para efetivamente transformar o sentido dos conceitos? O fato é que, no mesmo passo em que o método nos proíbe de fazer aproximações ilusórias e precipitadas, ele também pareceria ser apto a nos ocultar semelhanças reais efetivamente existentes, em casos hipotéticos como esse.

Como deveria reagir um leitor estrutural rigoroso a esse problema? Salvo engano, uma vez apoiado nos critérios de responsabilidade filosófica que, em última instância, hão de definir o sentido efetivo dos conceitos de uma filosofia, ele tenderia simplesmente a negar sentido a essa hipótese. Pois, se não há instância superior ao próprio filósofo para determinar o sentido preciso da filosofia que criou, com que direito postular a existência de uma "verdade conceitual" para além da sua própria consciência de filósofo criador? A menos, é claro, que o próprio filósofo se decidisse, responsavelmente, a reconhecer essa igualdade. Porém, se sua palavra é o critério de verdade acerca de sua própria filosofia, é difícil compreender como teria sido possível que ele mesmo chegasse a tal conclusão. Em que se miraria ele, se não em algo que teria estado até então para além de sua consciência, para constatar que a semelhança até então tida como meramente aparente é semelhança real? Seria um contra-senso, parece-nos, supor que sua consciência filosófica necessariamente cria o erro que no mesmo instante ela própria descobre.

Talvez esse problema pudesse ser contornado se distinguíssemos duas instâncias diferentes em que poderíamos nos referir à explicitação da consciência filosófica. Digamos que, de uma parte, o filósofo tem uma determinada consciência *atual* acerca do sentido que, segundo os limites do esforço com que plasma os conceitos de sua filosofia, compreende o que depositou nos textos por ele produzidos. Essa instância, por certo, seria suficiente para excluir as interpretações que lhe emprestassem, nas entrelinhas do seu texto, teses incompatíveis com a forma pela qual ele mesmo produziu a filosofia de que é autor. Todavia, a menos que pairasse sobre tal filósofo uma maldição como a de Midas, que o tornaria por definição incapaz de se equivocar quanto ao sentido que confere aos termos que emprega e às sentenças que elabora, é preciso assinalar que sua filosofia só pode fazer sentido para além de sua própria consciência se os conceitos que a compõem possuem, nalguma medida, um sentido público, que transcende a sua consciência. Não seria tal distinção, afinal, o resultado natural do reconhecimento de que o gesto criador do filósofo não lhe confere um pleno controle dos sentidos que os conceitos empregados possuem, ou do sentido que os conceitos gestados podem possuir, a despeito dessas decisões?

Uma distinção como essa, porém, talvez permaneça, em certa medida, problemática. Seremos capazes, em todos os casos, de dispor de um critério para distinguir o sentido de que o filósofo teria sido consciente do sentido efetivo que os conceitos de sua filosofia viriam a genuinamente possuir, pela sua potencialidade própria? Seria o próprio filósofo, aliás, sempre capaz de distingui-los, ou haveria condições em que sua decisão instauradora conflitaria com tal possibilidade? Se freqüentemente a filosofia é atividade de produção de conceitos, que espécie de critério poderia diferenciar o poder conceitual legítimo de uma filosofia daquele que resulta apenas de uma ilusão que se faça eventualmente presente à consciência do filósofo, no momento em que pensa sua filosofia, e que ele mesmo fosse capaz de reconhecer posteriormente? Seja qual for a solução desses problemas, parece-nos que eles apontam, ao menos, para a permanente possibilidade de um descompasso entre a avaliação acerca do sentido de uma filosofia, tal como presente nas decisões tomadas pelo próprio filósofo que a gerou, e o sentido efetivo que, para além dessas decisões, seus conceitos contêm, escapando ao controle do filósofo. Aparentemente, ao menos em certas circunstâncias de operação, os preceitos do método estrutural podem induzir a uma confusão entre o poder de instauração de sentido de uma filosofia que a decisão criadora de um filósofo comporta e o poder de instauração do sentido pleno dos conceitos mobilizados – que, se possuem sentido, é por não poderem ser inteiramente subordinados a essa decisão instauradora.

Uma versão particular desse mesmo descompasso se faria eventualmente presente quando opomos, de uma parte, a avaliação que o filósofo faz do poder instaurador das decisões tomadas, no momento em que são tomadas, para resolver os problemas que pretendem resolver, e, de outra parte, o diagnóstico que ele mesmo posteriormente venha a fazer dos limites de suas decisões anteriores, diante da constatação de que os problemas terão permanecido em aberto, e o que se tomou como solução não era senão um caso extremo do mesmo problema – quando tal diagnóstico é *integrado à instauração de uma nova postura filosófica*. Ora, ainda que isso não nos autorize a concluir que este seja exatamente o caso de Porchat, o fato é que seu percurso intelectual mostra bem que as decisões do filósofo são sempre reféns de uma consciência limitada das suas conseqüências. Poderíamos invocar o Porchat-filósofo-da-Visão-Comum para testemunhar que o Porchat que abandonara a filosofia era inconsciente das conseqüências de seu abandono, e o Porchat-filósofo-neopirrônico para mostrar a este outro o quão insidioso era o dogmatismo de sua decisão de conferir estatuto filosófico à Vida Comum. Mas, à revelia das decisões de Porchat, nem a filosofia se decidiu a abandoná-lo, nem a Visão Comum do Mundo se tornou imune a uma apropriação cética. Não mostraria isso, ao menos, que pode ter havido uma eventual hipervalorização, por parte do *philósophos*, do poder instaurador de suas diversas decisões, no momento que as tomou? E não teria sido essa hipervalorização decorrente, ao menos em parte, da maneira como o princípio interpretativo da responsabilidade filosófica foi tacitamente assumido como uma espécie de fonte absoluta de validação do rigor dessas decisões, no momento em que foram tomadas? Não estamos pondo aqui em questão, deixemos claro, a *coerência interna* dessas decisões, mas apenas sugerindo que a forma como essa coerência é tramada segundo um mesmo ideal de rigor talvez tenha contribuído para ocultar, do próprio filósofo, o modo como suas decisões, ao invés de abolir os problemas que sua crítica descortina, os perpetuaram, para além delas, em uma nova configuração. Ao menos, diríamos, tais decisões parecem cobrar algum preço no que respeita ao horizonte pelo qual o protagonista desse trajeto pode vislumbrar a natureza filosofante do seu percurso. Pois se nos ativermos à noção rigorosa de filosofia *ad mentem auctoris*, episódios importantes, ao que parece, deveriam ser excluídos de um trajeto que, natural mas imprecisamente, pareceriam integrar enquanto parte de um incansável esforço "filosófico" de meditação sobre a possibilidade de reflexão racional, diante dos problemas mais agudos que o conflito das filosofias lhe pareceram exibir. Até que ponto, afinal, as aspas que acabamos de empregar significam uma "verdade conceitual"? Até que ponto não poderão ser suprimidas por uma revisão cética, capaz de mostrar que, até então, o filósofo lutara, em certa medida, uma luta em torno de palavras?

É importante frisar que essa leitura crítica, como dissemos, não pretente reivindicar nenhuma revogação do método estrutural. Entendemos que ele permanece sendo o melhor recurso para descartar as interpretações caricaturais ou aberrantes que freqüentemente se apóiam em motivações diversas do que a de proceder a uma reconstrução de cada filosofia segundo as potencialidades racionais efetivamente nela contidas. Permanece sendo, na mesma medida, ao menos indiretamente, um instrumento de grande utilidade para dimensionar o esforço filosófico criador diante da História da Filosofia. Contudo a conclusão que por ora nos parece cabível é a de que a eventual perfeição de sua própria coerência interna não é uma garantia de sucesso invariável nas circunstâncias de sua aplicação prática. Embora ele nos ofereça uma ferramenta indispensável para combater a falta de rigor, isso não nos desobriga de permanecermos observando o poder com que as miragens podem, ainda assim, esgueirar-se pelas frestas de suas engrenagens conceituais. Diante de uma filosofia dada e acabada, talvez os textos publicados pelo próprio filósofo sejam o melhor critério disponível para discriminar qual é a sua melhor interpretação e não possa haver ninguém mais autorizado do que ele mesmo para responder sobre os sentidos que decidiu conferir aos seus conceitos, através desses textos. Mas, se ele nos prescreve atitudes interpretativas adequadas em situações bem delimitadas (por exemplo, quando o que nos resta é interpretar uma filosofia sobre a qual não mais o próprio filósofo pode se pronunciar), a projeção de seus ideais de rigor no contexto de uma filosofia viva, em fase de produção, parece revelar-se uma tarefa bem mais complexa e problemática.

Referências bibliográficas

BOLZANI FILHO, Roberto. "Oswaldo Porchat, a Filosofia e Algumas 'Necessidades de Essência'", em *O filósofo e sua história – uma homenagem a Oswaldo Porchat,* Campinas, Coleção CLE (Unicamp), vol. 36, 2003, pp. 87-130

EVA, Luiz A. A. "Filosofia da Visão Comum de Mundo e Neopirronismo: Pascal ou Montaigne?", em *O filósofo e sua história — uma homenagem a Oswaldo Porchat,* Coleção CLE (Unicamp), vol. 36, 2003, pp. 43-86.

EVA, Luiz A. A. "O primeiro cético: acerca da coerência do pirronismo", em Waldomiro J. Silva Filho (org.), *O Ceticismo e a Possibilidade da Filosofia*, Ijuí, Editora Unijuí, 2005, pp. 45-86.

GOLDSCHMIDT, Victor. "Tempo Histórico e Tempo Lógico na Interpretação dos Sistemas Filosóficos", em *A religião de Platão*. Prefácio de Oswaldo Porchat Pereira, tradução de Oswaldo e Ieda Porchat Pereira. São Paulo, Difel, 1970

MUNHOZ, Alberto A. "O Aristóteles de Porchat. Dogmatismo, ceticismo e história dos sistemas filosóficos", em *O filósofo e sua história – uma homenagem a Oswaldo Porchat,* Coleção CLE (Unicamp), vol. 36, 2003, pp. 159-181.

PORCHAT PEREIRA, Oswaldo. *Vida Comum e Ceticismo*. São Paulo, Brasiliense, 1993.

SEXTUS EMPIRICUS. *Complete Works* in four volumes (ed.) R. G. Bury), Loeb Classical Editions, Combridge/Londres, Harvard University Press, 1993.

WILLIAMS, Michael. *Problems of Knowledge – a Critical Introduction to Epistemology*. Oxford/Nova York: Oxford University Press, 2001.

Hesitações Filosóficas

Plínio Junqueira Smith

"Não sei o que fazer do que vivi, tenho medo dessa desorganização profunda."
Clarice Lispector

— ainda estou tentando entender e, portanto, não sei bem como começar. Demorei muito até decidir, não sem hesitação, que começaria admitindo que não sei bem como começar, não somente porque é um começo batido, mas, sobretudo, porque, num certo sentido, para mim, o começo do filosofar sempre foi um problema. Eu gostaria de ter começado de fora da filosofia. Tentei, mas não consegui. Eis como fui levado a reconhecer o fracasso dessa tentativa.

Outros filósofos também se ocuparam desse problema, serviram de matéria para alimentar minhas indagações e ajudaram a estruturar minhas idéias e dar-lhes a clareza necessária. Johannes Climacus, por exemplo, preocupou-se com três proposições: a filosofia começa pela dúvida; é preciso ter duvidado para poder filosofar; a filosofia moderna começa pela dúvida.

A primeira proposição, "a filosofia começa pela dúvida", é uma proposição geral, segundo a qual a primeira etapa de toda e qualquer filosofia consiste na dúvida, isto é, toda e qualquer filosofia deveria começar pela dúvida, como uma etapa essencial em seu trajeto. De fato, durante muito tempo pensei que a dúvida cética era a melhor e a principal porta de entrada da filosofia. Antes de aceitar qualquer teoria filosófica, seria melhor examiná-la criticamente, questionar as afirmações feitas pelo filósofo, considerar o peso de seus argumentos, investigar seus pressupostos, examinar a força das objeções. A reflexão filosófica também deveria nos fazer suspeitar de nossas crenças cotidianas. A dúvida cética era, para mim, sinônimo de espírito crítico, constituindo-se na melhor maneira de me livrar, na medida de minhas forças, dos muitos preconceitos adquiridos ao longo da vida. Ao menos, sempre me pareceu que adotar rapidamente uma filosofia seria uma precipitação condenável.

A segunda proposição, "é preciso ter duvidado para poder filosofar", coloca a dúvida como uma etapa anterior à filosofia, como se a filosofia precisasse de uma preparação, de um caminho prévio para que pudéssemos aceder a ela. Dessa perspectiva, a filosofia não é uma atividade dubitativa, mas somente afirmativa, de modo que filosofar seria essencialmente dogmatizar. Nessa proposição, portanto, a filosofia se confunde com o dogmatismo. Quando se entende a dúvida como um exercício prévio à filosofia, é por que se a entende como uma preparação para podermos afirmar algo de maneira dogmática. Assim, a dúvida me parecia necessária para não cometer uma petição de princípio, aceitando o que está em questão, ou evitar a adoção arbitrária de uma tese controversa. A dúvida seria necessária para colocar a mente em condições de receber um conhecimento seguro e indubitável.

A terceira proposição, "a filosofia moderna começa pela dúvida", é a mais modesta das três, já que aparentemente se limita a uma afirmação histórica. Julguei, na esteira de uma longa tradição, que a dúvida metódica e a destruição sistemática das crenças constituíam a etapa inaugural da filosofia moderna, que os filósofos modernos tinham posto o mundo entre parênteses e debruçavam-se sobre as idéias na mente, sem situar o homem no mundo, como resultado de uma dúvida sobre o mundo exterior. Tornou-se consagrada, para designar essa dúvida supostamente inaugural da filosofia moderna, a expressão "dúvida cética".

Hoje, entretanto, sou levado a duvidar da idéia de que a filosofia começa com a dúvida. Talvez seja mais correto dizer que toda dúvida digna desse nome é posterior à reflexão filosófica, ao menos a uma reflexão filosófica já suficientemente madura. De fato, nem todos os filósofos estão de acordo que a dúvida é um bom começo para a filosofia. Assim, a primeira proposição é, no mínimo, controversa, já que a filosofia pode começar de diversas maneiras, por exemplo pelo espanto ou pela contradição entre as opiniões. Sendo um ponto de partida controverso, deveríamos suspender o juízo a seu respeito. Além disso, talvez seja impossível partir de uma dúvida universal, como se pretende, já que, como se diz, a dúvida pressupõe a certeza. A dúvida implica ruptura e, portanto, implica uma filosofia prévia com a qual se deseja romper, pois a dúvida é precisamente a polêmica contra o precedente.

Também se pode discordar da idéia de que a dúvida é um preparativo para a filosofia dogmática. Interessante, a esse respeito, é notar que não se trata somente de considerar uma proposição dogmática, mas a pessoa que profere essa proposição, já que é uma pessoa que se prepara para a filosofia. Essa preparação exige o desenvolvimento de várias capacidades, não somente da dúvida, caso esta se inclua entre os preparativos. A capacidade de duvidar é, provavelmente, adquirida tardiamente, após o conhecimento de diversas filosofias dogmáticas, pois formamos um arsenal argumentativo eficaz somente com o conhecimento das críticas mútuas que os filósofos endereçam uns aos outros. Seria uma ingenuidade pensar que, desarmados diante dos discursos filosóficos dogmáticos, poderíamos elaborar dúvidas relevantes e bem articuladas. Exigir, daquele que se inicia nos labirintos da filosofia, não somente uma atitude crítica diante das promessas e afirmações dogmáticas, mas também a capacidade de efetivamente formular objeções precisas, é descabido, é pôr o carro na frente dos bois. A dúvida deverá resultar da filosofia dogmática, não precedê-la.

Indício de que a dúvida não parece uma boa preparação para a filosofia dogmática, nem sua etapa inicial, é o desânimo que, em geral, embora não sempre, abate os alunos quando se dão conta das dificuldades do conhecimento filosófico. Em vez de servir como uma preparação para a filosofia, a dúvida freqüentemente serve como um ferrolho que impede a abertura das portas da filosofia. O homem por natureza deseja o conhecimento e é naturalmente dogmático. A filosofia busca auxiliá-lo em seus anseios, oferecendo-lhe as verdades que almeja. Se, de saída, a dúvida ameaça a satisfação de seus desejos e dogmatismo, então, menos do que um exercício preparatório, a dúvida será um desestímulo. (Nesse sentido, cabe lembrar a troça de um amigo que disse, em tom de brincadeira, que não se deveria financiar com dinheiro público um colóquio cético, pois o financiamento público deveria promover o conhecimento, e não subsidiar aqueles que se esforçam por destruir todo conhecimento.)

Também não se pode dizer que a filosofia moderna teria começado pela dúvida. Para começar, na filosofia moderna, resolveu-se duvidar de todas as crenças por uma razão precisa. A descoberta de algumas verdades revelou a falsidade de alguns supostos conhecimentos que eram inculcados na infância e, portanto, cabia investigar se todos os outros conhecimentos aprendidos não seriam igualmente falsos ou incertos. São as verdades de uma nova ciência da natureza que conduzem à dúvida generalizada sobre nossas crenças. A dúvida, portanto, é exigida por verdades e conhecimentos prévios a ela. Além disso, a dúvida cética foi empregada para traçar uma clara distinção entre a mente e o corpo. Não é por outra razão que essa dúvida moderna diz respeito, sobretudo, às crenças nos corpos e deixa de lado possíveis dúvidas sobre a mente e suas modificações. A função da dúvida cética é traçar de maneira rigorosa essa distinção entre o pensamento e a extensão.

Podem-se descobrir outras razões para se empregar a dúvida cética. A dúvida cética, seja a do sonho ou do Deus enganador, é uma mera possibilidade. Ninguém a propõe por si mesma, como se descrevesse uma situação minimamente plausível capaz de competir com as descrições cotidianas do mundo. Por que, entretanto, rejeitar todo um amplo conjunto de crenças somente com base numa mera possibilidade? O que explicaria essa atitude, à primeira vista, surpreendente?

A dúvida cética seria proposta porque se tem, ao filosofar, uma certa concepção da justificação que a torna filosoficamente relevante. O dogmático se esforça por saber se o mundo objetivo corresponde às nossas crenças subjetivas. Para servir de ponte entre nossas crenças e o mundo, ele busca justificações que garantam a verdade das primeiras. A justificação, para o dogmático, deve ser uma razão conclusiva, uma razão que exclua, de uma vez por todas, a possibilidade de que a crença seja falsa. Dada essa concepção dogmática de justificação, a dúvida cética deixa de ser uma mera possibilidade, e passa a ser, no vocabulário atual, uma alternativa relevante, já que deverá ser excluída, se pretendemos atribuir conhecimento a alguém. Assim, um conhecimento dogmático não poderia revelar-se, por qualquer razão, uma crença falsa, e a hipótese cética serve para lembrar ao dogmático que um tal conhecimento simplesmente não existe. Pode-se falar, assim, de um caráter parasitário da dúvida cética.

Os filósofos modernos que tinham em vista a idéia de uma fundamentação metafísica das ciências aparentemente aceitavam essa exigência dogmática da justificação. Uma das razões para essa exigência dogmática, portanto, é o contexto filosófico em que o ceticismo moderno se insere. O contexto religioso não é menos relevante. O cético moderno podia argumentar de maneira plausível contra o dogmático recorrendo a uma crença comum na época, a de que existe um Deus todo-poderoso, já que, se um Deus pode estar nos enganando, então todas as nossas crenças estão postas em dúvida e o conhecimento não estará devidamente fundamentado. Por isso, afastar a possibilidade de um Deus enganador será inevitável para a fundamentação dogmática do conhecimento.

Devemos, agora, abordar outro ponto crucial, a saber, a relação entre a dúvida cética e a vida cotidiana. À primeira vista, a dúvida cética volta-se contra nossas crenças cotidianas, mas não é exatamente contra essas crenças que se levanta a dúvida cética. A dúvida cética torna-se digna de consideração quando as crenças cotidianas são pensadas pelo filósofo como se em suas vidas os homens as sustentassem da mesma maneira que os filósofos, isto é, como se fosse passível de uma justificação que exclui a possibilidade de ser falsa. Esse tipo de justificação adicional pretendida pelo dogmático, que se acha ausente na vida cotidiana, é suscetível de discussão a partir da dúvida cética. As crenças cotidianas, enquanto tais, permanecem intocadas. Afinal, sempre é preciso lembrar que ninguém propõe a hipótese cética como algo provável, muito menos como um substituto, ainda que remotamente plausível, das crenças cotidianas. Mesmo aquele que considera a hipótese de que pode estar sendo enganado por um gênio maligno não crê que o esteja sendo de fato, nem abandona a crença de que tem um corpo. Esta nunca foi a sua intenção.

Antes de começar a filosofar, ao refletir sobre o começo do filosofar, para não começar a filosofar de maneira ingênua e desprevenida, encontro uma série de dificuldades históricas e filosóficas. Admito-o francamente: não sei mais se duvidar é um bom começo para a filosofia. Aparece-me agora que o duvidar é posterior à filosofia, que a filosofia dogmática é uma preparação para a dúvida e que a filosofia moderna não começou com a dúvida cética.

É preciso, portanto, encontrar algum ponto de vista filosófico dogmático particular do qual partir. Mas como, nessa situação, encontrá-lo? De um lado, não posso adotar sem maior exame crítico uma filosofia dogmática qualquer, pois isso seria precipitado e arbitrário, mas, de outro, também não posso partir da dúvida cética, pois esta pressupõe a filosofia dogmática. Encontro-me, assim, numa *aporia* embaraçosa. Hesito, pois, em filosofar, *se* antes tenho de decidir por onde começo a filosofar. Uma solução, então, seria abandonar as reflexões sobre um possível começo da filosofia. Em vez de continuar tomando aulas preparatórias de natação com medo de me afogar, penso que o melhor é pular logo na piscina e sair nadando.

1. Um começo: o externalismo

Dediquei-me, recentemente, a ler alguns textos importantes sobre questões epistemológicas, semânticas e de filosofia da mente, uns mais instigantes, outros um tanto tediosos. Nesse estudo, logo me deparei com uma distinção fundamental, que parecia um divisor de águas no cenário filosófico contemporâneo, entre o externalismo e o internalismo. Antes mesmo de entrar nos detalhes da controvérsia, pareceu-me necessário optar por uma dessas posturas, já que os próprios problemas filosóficos que se devem resolver dependem em boa medida dessa opção e serão diferentes conforme nossa escolha inicial. De uma nova maneira, o velho problema se recolocava para mim: se me disponho a filosofar, por onde devo começar? Agora, entretanto, devia optar entre duas perspectivas dogmáticas.

Para o externalista, o ponto de partida para as análises filosóficas deve ser o reconhecimento de duas pessoas se comunicando e interagindo num mundo natural composto por corpos. Distingue-se usualmente entre duas formas de externalismo que podem ser combinadas. A primeira forma, o externalismo social, insiste na idéia de que os homens vivem num contexto social, em que interagem entre si, enquanto a segunda apóia-se nas interações com o mundo natural e é chamada de externalismo natural. Para o internalista, o ponto de partida de análise deve ser o pensamento de uma mente ou pessoa isolada do mundo natural e social. Também se distinguem duas formas de internalismo. De um lado, o internalismo pode aceitar a distinção entre a mente e o corpo, configurando uma espécie de mentalismo e, de outro, considera o indivíduo como um todo, com sua mente e corpo, mas sem relacioná-lo a mais nada, consistindo no que se chama de individualismo.

Várias razões inclinaram-me a aceitar o ponto de vista externalista, ao menos provisoriamente. Primeiro, esse ponto de vista está em conformidade com as reflexões precedentes que restringem o alcance da dúvida cética. Segundo, o externalismo, ao menos aparentemente, é mais conforme à vida cotidiana. Se não se adota nenhuma filosofia dogmática específica, nem mesmo a dúvida cética, então parece não haver alternativa senão recorrer a suposições triviais, como o faz o externalismo, mas não o internalismo. Terceiro, existe um predomínio do externalismo, e nenhum filósofo, ao meditar sobre certas questões, consegue ficar totalmente imune às modas de seu tempo.

Mas há, talvez, razões filosóficas mais fortes para preferir o externalismo ao internalismo. Entre essas razões, destacam-se dois argumentos que, cada um à sua maneira, procuram reduzir o internalismo a um absurdo.

Por um lado, pode-se argumentar que a aceitação do internalismo conduz a um absurdo e que se deve rejeitar tudo o que tem conseqüências absurdas. Se adotarmos a mente ou a pessoa isolada como único porto seguro e indubitável, então uma tarefa indispensável seria resolver tanto o problema do mundo exterior, como o problema das outras mentes. Mas a história das tentativas de resolver esses problemas revela que o ceticismo sobre o mundo exterior e sobre as outras mentes é a conseqüência inevitável do internalismo, pois, partindo da minha mente, não posso inferir o mundo exterior, e, partindo do comportamento dos corpos, não posso inferir sequer a existência de outras mentes, muito menos o que se passaria nessas. Comprometer-se, de início, com a idéia de uma mente ou pessoa isolada seria desembocar inevitavelmente num ceticismo desastroso. É, portanto, inaceitável partir de um ponto com perspectivas tão sombrias.

O outro argumento afirma que o internalismo é, em si mesmo, absurdo, uma vez que o solipsismo metodológico do qual parte seria, no fundo, inconcebível ou incoerente. Se supusermos uma mente ou pessoa isolada do mundo natural e das outras pessoas, não podemos sequer atribuir-lhe pensamentos e sensações. Se penso a mim mesmo dessa maneira, então não posso saber o que eu mesmo estou pensando, pois, para pensar, é preciso estar em contato com o mundo e em relação com outras pessoas. O internalismo é absurdo, pois supõe que se é capaz de pensar independentemente do mundo e das outras pessoas, mas, se não houver um mundo e outras pessoas, não seríamos capazes de pensar. É condição do pensamento precisamente aquilo de que se pretende abrir mão na reflexão internalista. O internalismo, assim, não conseguiria dar conta de seu ponto de partida, pois não seria capaz de explicar como uma mente ou pessoa pode ter pensamentos.

Partamos, então, do externalismo. Segundo o externalista, o significado de uma palavra não depende somente daquilo que se passa em nossas cabeças. Por exemplo, o significado de "água" não depende apenas do que nós pensamos ou supomos que a água é e o significado de "azul" não se resume a uma representação mental do azul. O significado de uma palavra depende, ao menos em parte, do mundo à nossa volta. Por exemplo, quando falamos "a água é molhada", ao menos parte do significado de "água" depende desse líquido no mundo ao qual nos referimos; e quando dizemos que "o azul está desbotado", o significado de "azul" depende, ao menos em parte, da cor que temos diante dos olhos. Essa teoria acerca do significado das palavras é dita externalista porque ao menos parte do significado das palavras depende algo externo à mente ou à pessoa e porque rejeita a teoria internalista do significado, segundo a qual as representações mentais esgotariam ou determinariam todo o significado de uma palavra.

Essa teoria semântica externalista tem várias implicações para a filosofia da mente. A principal conseqüência é a de que a mente ou a pessoa não estaria desvinculada do mundo, uma vez que os próprios conteúdos de nossos pensamentos estariam determinados por como o mundo é. Não se pode supor que meus pensamentos são o que são, independentemente de como as coisas são no mundo. É um erro do internalismo supor que existe um abismo entre a minha mente e o mundo, como se a primeira pudesse existir com seus pensamentos independentemente da existência do segundo. Um erro do internalismo foi introduzir um abismo entre a mente (ou a pessoa) e o mundo. Para o internalista, posso pensar que "a água é molhada", exista água ou não e seja lá o que for a água a que me refiro no mundo, pois, a seus olhos, o conteúdo do pensamento "a água é molhada" não dependeria de nada externo à mente ou ao indivíduo. Mas, para o externalista, é precisamente a idéia de que o conteúdo de nossos pensamentos, por exemplo de que "a água é molhada", não depende do mundo, por exemplo da água, que constitui o grande erro internalista. A mente humana e seus pensamentos somente podem ser entendidos quando postos no mundo natural e social no qual agimos e ao qual estamos integrados.

Uma segunda conseqüência é a de que o conhecimento das outras mentes depende do conhecimento do mundo. É somente porque sabemos o que é a água, é somente porque sabemos muitas coisas a respeito desse líquido que chamamos de "água", que sabemos o que uma outra pessoa está pensando quando pensa "a água é molhada" e que sabemos o que nós mesmos estamos pensando, quando pensamos "a água é molhada". Assim, conhecemos as outras mentes quando vemos como essas outras pessoas agem no mundo. Ao conhecer as coisas com as quais interagimos, podemos saber o conteúdo de nossos pensamentos. Uma vez que, para o externalista, não há problema em saber como o mundo é, então não há problema em saber o que os outros estão pensando. Assim, o externalismo parece evitar os dois problemas tradicionais do internalismo, explicando nosso conhecimento do mundo e das outras mentes.

2. Dúvidas sobre o externalismo

Embora nem sempre formulado dessa maneira e, por vezes, chegando mesmo a recusar a noção de referência,[1] parece-me inegável que o externalismo, ao partir dessa situação em que duas pessoas falam sobre o mundo natural à sua volta, está inextricavelmente ligado ao modelo referencialista. Entretanto, a idéia de que o referente é parte constitutiva, ou explicativa, da linguagem, ainda que à primeira vista promissora e inocente, pode conter mais dificuldades do que se espera, como já teria mostrado um famoso sofista grego, Górgias de Leontini. Estendendo e atualizando as reflexões de Górgias, é possível

---

[1] Davidson, embora tenha dispensado a noção de referência, claramente aceita a idéia de que o início da comunicação entre duas pessoas ocorre quando falamos de coisas à nossa volta: "Em primeiro lugar, se alguém tem pensamentos, deve haver outro ser sensitivo cujas respostas inatas à semelhança se pareçam o bastante às suas para proporcionar-lhe uma resposta à seguinte pergunta: qual é o estímulo ao qual está respondendo? E, em segundo lugar, se as respostas de alguém devem valer como pensamentos, devem ter o conceito de um objeto; o conceito de estímulo: de campainha ou de mesa. Posto que a campainha ou uma mesa se identificam somente pela interseção de dois (ou mais) conjuntos de respostas à semelhança (linhas de pensamento, poderíamos quase dizer), ter o conceito de uma mesa ou de uma campainha é reconhecer a existência de um triângulo, do qual um dos vértices é ele mesmo, outro é uma criatura similar a ele mesmo e o terceiro é um objeto ou acontecimento (mesa ou campainha) localizado em um espaço que se converte assim em espaço comum". (D. Davidson, "The Conditions of Thought", em J. Brandl e W. L. Gombocz (eds.), *The Mind of Donald Davidson*, Amsterdã/Atlanta, Rodopi, Grazer Philosophischen Studien, 1989, p. 199).

voltar contra o externalismo objeções similares às que este levanta contra o internalismo.

É conhecida a argumentação de Górgias em seu livro *Sobre o não-ser*. Górgias tenta estabelecer três pontos. Em primeiro lugar, que nada é; em seguida, que, mesmo se alguma coisa fosse, esta seria inapreensível pelos homens; e, finalmente, que, mesmo se alguma coisa fosse apreensível, esta seria inexprimível e incomunicável a outro homem. Antes de tudo, convém observar que Górgias, por meio de uma argumentação diferente da que encontramos no internalismo, põe em dúvida o ser das coisas, sem caracterizá-las como "externas à mente". Mas particularmente sugestiva é a argumentação em favor da terceira tese, sobre a incomunicabilidade da verdade. Por que Górgias sustenta que, mesmo se pudéssemos apreender alguma coisa existente, esta seria incomunicável?

Em primeiro lugar, se são apreendidas pelos sentidos (visão, audição, olfato, paladar e tato), então as coisas não poderiam ser indicadas para outra pessoa, porque a indicação é feita pela linguagem e a linguagem não é a coisa. O que indicaríamos a outrem seria a linguagem, mas não a coisa. Em segundo lugar, a linguagem é formada a partir de impressões causadas pelos objetos externos, por exemplo a partir do gosto do mel formamos a palavra "doce" e a partir da visão do céu, "azul". Assim, a linguagem não serve para revelar o real, mas *é o real que serve para explicar a linguagem*. Em terceiro lugar, a linguagem não subsiste da mesma maneira que as coisas. As palavras faladas diferem grandemente dos corpos visíveis, pois as primeiras são percebidas pela audição e os últimos pela visão. Portanto, a linguagem não torna manifesta a maioria das coisas, assim como o som não torna manifesto a imagem visual.

A comunicação não pressupõe uma verdade sobre as coisas, como o externalista alega. Ao contrário, segundo Górgias, ao comunicar algo para outra pessoa, não são as coisas que são comunicadas, isto é, não é preciso que verdades sobre as coisas estejam sendo ditas ou comunicadas. O que é indicado é a linguagem, e não a própria coisa. Assim, a comunicação passa ao largo da verdade. Talvez se possa dizer que a comunicação pressupõe somente que as pessoas que conversam supõem uma verdade sobre as coisas, mas não é preciso que essa suposição seja verdadeira. Por exemplo, ao falar da doçura do mel, bastaria que ambos os interlocutores supusessem estar falando a verdade sobre a coisa, mesmo que não estivessem. Não é possível passar, da linguagem e da comunicação, para o ser das coisas e, para que exista comunicação, é necessário somente que os interlocutores creiam que as coisas são de certa maneira.

Mas podemos explorar um pouco mais o ponto de vista de Górgias. Se Górgias tem razão e a linguagem é formada a partir de impressões causadas pelos objetos externos, por exemplo a partir do gosto do mel formamos a palavra "doce" e a partir da visão da rosa, "vermelho," então uma outra pessoa não entenderá o que eu quis dizer com "doce" ou com "vermelho," uma vez que a impressão que ela recebe é diferente da que eu recebo. Como o significado de "doce" e de "vermelho" é, para mim, a minha sensação de doce e de vermelho, ela não apreenderá o que lhe comunico, sendo capaz de entender somente seu próprio discurso ou sendo capaz de entender um discurso somente à sua maneira. Como estar seguro, nessa situação, de que houve comunicação? Mesmo que nos comunicássemos com outra pessoa, como saber que, de fato, ela entendeu o que eu quis dizer? Ou, em sentido inverso, se uma pessoa me comunicasse alguma coisa, como saber exatamente o que ela tinha em mente?

Nesse espírito, podemos acrescentar mais um ponto à posição de Górgias. Admitindo que eu me comunicasse com outra pessoa, como eu poderia entender o que eu quis dizer ao pronunciar certos sons? Se Górgias tem razão e não é a linguagem que revela as coisas, mas, ao contrário, as coisas é que são explicativas da linguagem, então parece se seguir que não compreendemos o que nós mesmos estamos dizendo. A razão para isso é simples. Se o que explica minha linguagem é a coisa, então o significado de minhas palavras depende do que a coisa é. Se eu desconheço o que a coisa é, então desconheço o significado do que digo. E se desconheço o significado de minhas palavras, então ignoro o que estou comunicando a outra pessoa. Em outras palavras, é possível que a mente desconheça seus próprios estados mentais. Os estados mentais são o que são, porque o mundo determina, ao menos em parte, o conteúdo dos estados mentais. Suponha que eu esteja pensando agora que a água é molhada. Como eu sei o que estou pensando, quando penso que a água é molhada? Essa pergunta é, à primeira vista, bastante estranha, pois o que mais eu poderia estar pensando se não que a água é molhada? Os externalistas argumentam que o significado de "água" depende, ao menos em parte, do líquido a que me refiro no mundo. Em geral, trata-se de um líquido incolor, inodoro e insípido. Mas, para alguns externalistas, isso não define a água. É possível imaginar um outro líquido, com todas as características aparentes da água, mas com uma composição química diferente, digamos, em vez de H_2O, sua composição química é XYZ. Pensar em uma substância que é composta por H_2O não é a mesma coisa que pensar em uma substância composta por XYZ. Assim, se não soubermos que não estamos pensando na substância XYZ, não poderemos saber que estamos pensando em água, isto é, na substância de composição química H_2O.

Embora o externalista pretenda explicar não apenas como conhecemos o mundo e a mente de outras pessoas, mas também o conhecimento de nossos próprios pensamentos, é um fato notório que a teoria externalista permitiu o questionamento do autoconhecimento. Logo se percebeu que, se a teoria externalista é correta, então, longe de explicar o autoconhecimento, ela o torna problemático. Se o conteúdo de nossos pensamentos depende ao menos em parte, do mundo à nossa volta e se o conhecimento do conteúdo de nossos pensamentos depende do conhecimento dessas coisas no mundo, então, se não conhecermos o mundo, não conheceremos nossos próprios pensamentos. Da perspectiva externalista, a assim chamada autoridade da primeira pessoa desaparece. E esse é um resultado tão ou mais absurdo quanto o de que não conhecemos a mente de outras pessoas.

Assim, a argumentação de Górgias, se atualizada e ampliada, permite mostrar que o externalismo é passível das mesmas objeções que levantava contra o internalismo. Primeiro, é possível duvidar do ser das coisas sem pressupor o internalismo. Além disso, a comunicação não pressupõe a posse da verdade sobre as coisas, mas somente o compartilhar de crenças sobre as coisas. Segundo, a suposição de que as coisas são explicativas da linguagem conduz à idéia de que não há comunicação de verdades e, portanto, uma pessoa não sabe o que a outra está dizendo ou pensando. Terceiro, essa suposição também leva a uma dúvida sobre o conhecimento de si mesmo e ao desaparecimento da autoridade da primeira pessoa. Assim, encontramos, no caso do externalismo, dificuldades similares às dificuldades encontradas no caso do internalismo.

3. Dúvidas sobre o naturalismo

Se o externalismo parece conduzir aos mesmos impasses do internalismo, pode-se sentir tentado a adotar outra forma de externalismo, como por exemplo, o naturalismo, representado de maneira exemplar pela epistemologia naturalizada. Essa forma de externalismo talvez evite os impasses precedentes.

A epistemologia naturalizada pretende dar uma resposta ao cético. A dúvida cética seria científica e, considerada assim, não passa de uma hipótese empírica como outra qualquer. Mas, se é uma hipótese empírica, então a dúvida cética é uma reação exagerada, a própria ciência se encarregando de mostrar que é uma dúvida descabida. Se toda dúvida é científica, já que não há ponto externo à ciência, toda solução deverá ser fornecida pela própria ciência. Entre a hipótese de que estou sonhando ou sendo enganado por um Deus e a hipótese de que os corpos existem, as provas empíricas em favor dessa última hipótese são inúmeras, enquanto nenhuma prova empírica corrobora as duas primeiras hipóteses. Por isso mesmo, o epistemólogo naturalizado diz que é um realista, que nosso compromisso ontológico com os corpos é indispensável.

Será, entretanto, que a resposta ao ceticismo é tão fácil quanto se pretende? Suponhamos, por um momento, que a dúvida cética possa ser respondida pela epistemologia naturalizada, afinal, o cético moderno não pretendeu que a hipótese de estar sonhando ou sendo enganado por um Deus concorresse empiricamente com a hipótese dos corpos. Fosse assim, o epistemólogo naturalizado teria inteira razão. Considerada como uma hipótese empírica, a dúvida cética é muito inferior à hipótese de que corpos existem, na verdade seria uma hipótese ridícula. Ainda assim, será que a epistemologia naturalizada não abre inadvertidamente as portas para uma forma de ceticismo, para uma hipótese cética?

Viu-se, nessa perspectiva empírica, um traço de internalismo, pois o homem investigado pela epistemologia naturalizada está fechado em si mesmo. Sua relação com o mundo é causal e, não tendo acesso direto ao mundo, somente dispõe, como informação, dos estímulos produzidos nos seus terminais nervosos. Os estímulos, portanto, seriam como intermediários entre o homem e o mundo, a partir dos quais o primeiro constrói sua imagem deste último. Nossa imagem do mundo vai muito além do que os estímulos permitem e nenhuma informação presente nestes justifica nossas teorias, por exemplo, a teoria de que o mundo é constituído por corpos. O próprio epistemólogo naturalizado diz que os corpos são postulações que fazemos e que outras teorias seriam igualmente possíveis sobre o mundo, de modo que haveria como que uma subdeterminação de nossa teoria dos corpos pelos estímulos nervosos. Uma vez que introduzimos intermediários epistêmicos entre nós e o mundo, a conseqüência inevitável seria o ceticismo. Entretanto, objeção vale somente na medida em que se pode ver, na epistemologia naturalizada, alguma forma de internalismo, o que é controverso.

Parece que há uma objeção mais forte ao naturalismo e à epistemologia naturalizada. Essa objeção pode ser extraída da famosa hipótese de que sou um cérebro numa cuba. É no contexto filosófico do naturalismo que uma hipótese como a de que sou um cérebro numa cuba se torna relevante. Ao fazermos epistemologia, poder-se-ia dizer, devemos estudar o homem como uma ciência natural, investigando como, dos parcos estímulos que o mundo causa em nossos terminais nervosos, conseguimos produzir copiosas teorias que em muito superam os estímulos recebidos. Entre a pobreza dos dados e a riqueza das teorias produzidas está o espaço de liberdade humana. Supõe-se que o homem é um ser natural que está em contato com o mundo por meio dos terminais nervosos que recebem e transmitem informações que chegam até o cérebro, onde serão decodificadas.

Ora, a hipótese cética explora justamente essa lacuna entre os estímulos e a teoria que o homem produz. Outras possibilidades poderiam ser consistentes com os estímulos dos terminais nervosos, por exemplo, que a causa de nossos estímulos não é um mundo constituído por objetos físicos tal como usualmente pensamos, mas somente por um computador supercientífico, que não temos um corpo, mas somente um cérebro etc. Assim, a causa de nossos estímulos é muito diferente do que diz nossa teoria sobre o mundo que causa os estímulos, não havendo nenhuma semelhança entre nossas percepções e o mundo externo. A hipótese parte, assim, de um contexto filosófico naturalista e, mais especificamente, de um contexto que estuda o ser humano como um animal superior, com uma entrada, os estímulos dos terminais nervosos, e uma saída, sua visão de mundo.

Nesse contexto filosófico, em que predomina uma visão naturalista do homem e no qual se propõe uma investigação empírica e behaviorista, baseada na observação do estímulo e da resposta, que levanta hipóteses sobre a produção de teorias, a hipótese cética não é uma invenção arbitrária, mas uma conseqüência inevitável. Embora, num sentido, a hipótese cética não passe de uma mera possibilidade, já que ninguém em sã consciência advogará qualquer grau de probabilidade empírica, noutro sentido, essa hipótese põe em relevo o que o próprio epistemólogo naturalizado salientava, que os corpos são postulações, comparáveis a entidades míticas que foram substituídas por entidades teóricas melhores. Assim, outras teorias poderiam ter sido inventadas, ou poderão ser inventadas, sem nenhuma inconsistência com os estímulos recebidos. Põe-se em xeque, assim, o realismo metafísico. Mais uma vez, o externalismo conduz à dúvida sobre o mundo exterior.

4. Conclusão

Para ser franco, não sei bem o que concluir disso tudo. Hesito, pois, sobre o que dizer. Passo em revista o que já foi dito, a fim de elaborar minha experiência intelectual, buscando-lhe um sentido. Comecei levantando a questão do começo do filosofar. Fui levado a rever o papel e o lugar da dúvida. Embora uma certa cautela e precaução iniciais sejam recomendáveis, não se pode propriamente falar que a dúvida seja o começo do filosofar. Trata-se de uma etapa mais avançada da reflexão filosófica, quando já dispomos de capacidade e conhecimento filosóficos suficientes para poder efetivamente duvidar de uma teoria filosófica dogmática.

Em seguida, propus abordar um problema filosófico específico, mas novamente me deparei com o problema do começo do filosofar, pois se abriam dois caminhos dogmáticos muito diferentes, os quais conduziam a problemas filosóficos distintos. Provisoriamente, aceitei aquele que parecia mais adequado à vida cotidiana, que em parte coincidia com minhas novas reflexões sobre o papel da dúvida cética e que argumentava, de maneira persuasiva, que o ponto de vista oposto tinha perspectivas sombrias e, no fundo, era contraditório. O externalista dizia que, se adotássemos o internalismo, não somente teríamos dois problemas insolúveis, o do mundo exterior e o das outras mentes, como, muito mais grave, teríamos o problema da própria mente.

Mas, ao partir do externalismo, que aparentemente não pode dispensar a noção de referência, ainda que por vezes o tenha pretendido, fomos conduzidos às mesmas dificuldades que o externalista apontava no internalismo. Primeiro, a linguagem não pode revelar a verdade sobre as coisas, nem podemos saber se estas existem; segundo, não podemos saber o que outras pessoas pensam; terceiro, não podemos sequer saber o que nós mesmos pensamos.

Finalmente, recorri ao naturalismo para tentar evitar essas conseqüências desastrosas do externalismo. No entanto, as mesmas dúvidas céticas voltaram a assolar a reflexão dogmática. Em particular, a hipótese de que sou um cérebro numa cuba se tornou um argumento poderoso e relevante. A solução tradicional a essa hipótese baseia-se num argumento referencialista, mas já vimos os impasses a que a posição referencialista conduz. Assim, parece que andamos a esmo, como baratas tontas, sem saber por onde começar e, pior, sem saber exatamente onde terminar. Para mim, ceticismo é isso aí: *uma investigação incessante*, essa atração pela reflexão filosófica, essas hesitações e impasses permanentes, essas voltas e reviravoltas sem fim. Essa imagem do cético não é nova: um nômade, um combatente que só ataca os adversários, sem a preocupação de defender uma posição fixa. Começamos com uma dúvida bastante específica sobre o começo do filosofar e terminamos numa dúvida sobre duas opções disponíveis no cenário contemporâneo, o externalismo e o internalismo. Ambas as dúvidas somente ocorrem num estágio avançado do filosofar, nunca no começo, de forma que reconheço que essas reflexões não correspondem a um ponto zero da filosofia, pois, como vimos, o filosofar não tem um ponto zero. A dúvida cética, mesmo que não partamos dela, está sempre à espreita, insinuando-se onde menos se espera, reaparecendo ali onde os filósofos pretendiam tê-la excluído. Ninguém começa cético, no máximo desconfiado. Tornar-se cético exige maturação filosófica, implica o desenvolvimento de certa capacidade argumentativa, pressupõe o conhecimento detalhado dos argumentos envolvidos e das diversas posições sustentadas no debate.

Nesse sentido, talvez não se deva pensar na dúvida como uma preparação para a filosofia dogmática, mas pode-se pensar, ao contrário, que a filosofia dogmática é uma preparação para a dúvida cética. A idéia de preparação, como vimos, sugere que não se trata somente de alguma coisa puramente teórica, de uma consideração sobre a verdade ou falsidade de uma proposição, mas de algo *prático*, em que a própria *pessoa* que considera uma proposição filosófica está em jogo. O que importa, ao filosofar, é a pessoa que filosofa, e não um conteúdo teórico autônomo e independente de quem o enuncia. Suspender o juízo, antes mesmo de mergulhar na filosofia, é tão precipitado quanto aceitar uma doutrina filosófica qualquer. A suspensão do juízo tem peso filosófico somente quando a pessoa suspende o juízo após ter longamente amadurecido seu pensamento sobre uma certa questão. É a capacidade e o conhecimento filosófico de uma pessoa que confere à suspensão do juízo seu significado filosófico. Sem essa *transformação*, seu ceticismo não teria valor.

No meu caso, creio que não permaneci indiferente ao processo pelo qual passei para tornar-me cético. Se não obtive nenhum ganho teórico, no sentido de aceitar uma doutrina dogmática sobre a linguagem, o mundo e o conhecimento como verdadeira, ao menos sofri um impacto que não se pode negligenciar. Por isso, a meu ver, o ceticismo tem ainda mais uma característica, indissociável dessa consciência que se adquire do poder e da fragilidade do discurso humano, que é capaz de, ao mesmo tempo, provar tudo e não provar nada. O exercício constante e repetido da reflexão cética acarretou, no meu caso, uma atitude diante dos discursos humanos em geral. *O filosofar cético é, ao menos em parte, uma atividade que investiga os discursos, submetendo-os a um exame crítico.* Esses discursos podem ser de vários tipos, não somente o discurso filosófico, mas também o discurso científico, o discurso artístico, o discurso político, o discurso jornalístico e assim por diante.

O que mais se pode extrair das reflexões céticas precedentes? Primeiro, talvez se deva recusar a idéia de que o significado do discurso não está nem na cabeça (internalismo), nem fora da cabeça ou no mundo (externalismo). Nem é uma idéia mental que confere significado a uma palavra, nem é o objeto referido pela palavra que constitui seu significado. Talvez se deva pensar a linguagem de outra maneira. Uma dessas maneiras é a que afirma que o significado da linguagem é constituído por seu uso. Outra maneira, não idêntica à primeira, mas similar em alguns aspectos, é a que sustenta que dizer algo é fazer alguma coisa. Sempre simpatizei com essas concepções da linguagem, que complementam a caracterização do filosofar cético. Não somente a filosofia não deveria se dissociar de nossa vida cotidiana, como também a linguagem e o discurso não o deveriam ser.

Uma das conseqüências da concepção de que o significado da linguagem é indissociável das práticas em que está inserida é que não devemos considerar o discurso filosófico como algo autônomo, levando em conta somente seu conteúdo teórico explícito ou sua "ordem das razões". Por isso, creio que não se pode entender a filosofia somente como um discurso teórico, mas como uma prática ou atividade em que um filósofo escreve ou profere um discurso. Talvez não se deva ler o discurso filosófico somente como uma descrição do real que se pretende verdadeira. Cada tipo de discurso filosófico terá sua leitura particular: no caso da filosofia política, como uma proposta de manutenção ou transformação de certas características da sociedade; no caso da filosofia moral, como um exercício espiritual para o aperfeiçoamento do caráter do filósofo; ou, no caso da metafísica, como uma mudança nos limites do que tem e do que não tem sentido dizer. Assim, o ceticismo mudou também minha maneira de entender o trabalho do historiador da filosofia. Também para o historiador da filosofia, a vida é sua matéria-prima e, por isso, estudar as grandes filosofias do passado é um grande prazer, algo que adoro.

Ateísmo e Ceticismo no *Theophrastus redivivus*

Sébastien Charles
Tradução de Paulo Jonas de Lima Piva

1. O *Theophrastus redivivus*, célebre manuscrito que nos remonta a 1659 graças a uma datação interna ao texto, apresenta-se como um modelo do gênero dos manuscritos filosóficos clandestinos. De fato, ele reúne em si os grandes temas da tradição libertina clandestina: anonimato rigoroso, recorrências às tradições antigas e renascentistas para criticar a filosofia e a religião em nome da razão natural, denúncia da impostura política e religiosa, promoção de uma vida sábia e conforme às leis da natureza, separação dos domínios privado, no qual se pode dizer o que se pensa, e público, onde é preciso imitar o que se faz em conformidade com os costumes do seu tempo.

2. Embora clássico em sua feitura, esse manuscrito não é menos problemático em dois assuntos, ao nível da sua composição e ao nível da sua tese principal. No que concerne, a princípio, à sua composição, questiona-se o fato de que ele parte de uma afirmação categórica em favor do ateísmo, subentendido por uma epistemologia empirista que deveria tornar inútil o resto do tratado. De fato, negando explicitamente a existência dos deuses no primeiro tratado, o autor torna, por esse motivo, supérfluos os tratados seguintes que tratam da eternidade do mundo (se os deuses não existem, ela é evidente e não tem, portanto, de ser provada), da impostura das religiões (sem deuses, não há mais divindades para adorar e, portanto, não há mais necessidade de religiões) ou da mortalidade da alma (a não-existência dos deuses torna a imortalidade da alma simplesmente incompreensível). Nota-se bem, com efeito, que essas diferentes temáticas perdem o sentido uma vez que a não-existência dos deuses seja demonstrada. O resultado conseqüente, no plano lógico, deveria funcionar ao contrário, e,

partindo dos problemas colocados pela tese da eternidade do mundo, pelas contradições e pelos absurdos dos discursos religiosos, ou pelo postulado da mortalidade da alma, viriam na seqüência de uma recusa da existência dos deuses.[1] Será necessário, portanto, esforçarmo-nos para explicitar esse primeiro problema. Um outro se coloca, concernente à tese principal, que o autor do manuscrito apresenta como cética, embora, desde o primeiro tratado, tenha sido formulada uma demonstração rigorosa de ateísmo. A conjunção dessas duas posturas, cética e dogmática, parece algo pouco inconciliável no plano lógico. Eu gostaria, da minha parte, de mostrar aqui que esses dois problemas podem encontrar uma solução interna ao manuscrito, supondo que sigamos passo a passo o caminho adotado no *Theophrastus redivivus*.

3. No ponto de partida da filosofia defendida pelo nosso Teofrasto ressuscitado encontra-se uma epistemologia empirista radical. Retomando o ensinamento de Aristóteles, o novo Teofrasto concorda por sua vez que "toda ciência está no entendimento, mas não há nada no entendimento que não tenha estado antes nos sentidos, por conseqüência, apenas com a ajuda dos sentidos buscamos e encontramos a ciência" (vol. I, p. 23).[2] Tudo parte, portanto, dos sentidos e a eles se reduz. É dessa formulação empirista que resulta o seu ateísmo: uma vez que os deuses não são seres percebidos pelos sentidos, eles simplesmente não existem. Duvida-se que o mesmo ocorra com todas as idéias do espírito que se referem a substâncias espirituais, anjos, demônios, alma: esses são apenas ficções, nada mais, e suas realidades se limitam a ser inteiramente intelectuais.

> Pois tudo o que pode ser formado e concebido no entendimento sem o auxílio dos sentidos não é outra coisa senão ficção, não tendo nenhuma verdadeira essência, ou existência, ou substância; nem pode ser percebido de maneira alguma, a não ser na medida em que seu ser está reunido e constituído com base nas coisas que o entendimento tirou previamente nos sentidos (vol. I, p. 96).

---

[1] O que foi bem observado por Héléne Ostrowiecki (1995, pp. 67-101 e pp. 121-185).
[2] As remissões serão feitas à obra *Theophrastus redivivus* (Florence, La Nuova Itália, 1981) editado por G. Canziani e G. Paganini. Usarei apenas o número do volume e da página citados.

4. O verdadeiro conhecimento é, portanto, da ordem sensível, isto é, uma idéia verdadeira é aquela que pode, em última instância, ser relacionada com uma coisa percebida pelos sentidos. Isso permite a Teofrasto distinguir conhecimento certo e opinião, razão natural e razão humana:

> Os sentidos descem e chegam até às coisas nelas mesmas, eles as buscam e as examinam; e eles não se deixam impor, nem deixam de ver as coisas de outro modo que elas não são, enquanto eles estão bem dispostos segundo a ordem da natureza. É por isso que a ciência que procede dos sentidos é a mais certa de todas, e é a razão verdadeira e natural (vol. I, p. 23).

5. Certamente, Teofrasto sabe bem que os sentidos podem ser enganadores, ou, pelo menos, que o juízo pode se enganar fundando-se sobre informações dadas por eles, mas, concordando com Aristóteles, ele presume que devamos considerar sua contribuição quando eles são sadios e bem utilizados. Assim se explica, por exemplo, *a contrario* a percepção de visões e de espectros por sentidos debilitados ou por uma imaginação muito forte. Mas, considerados em si mesmos, os sentidos não nos enganam e são os únicos a nos fornecer uma imagem verdadeira da realidade. Só o conhecimento sensível é certo e todo conhecimento que pretende ir além de seu testemunho é necessariamente da ordem da opinião.

> Não há conhecimento certo e evidente senão aquele que pode ser obtido com base nas coisas mesmas e nos sentidos que tocam as coisas: de fato, os sentidos são os guias mais seguros de todo conhecimento e os autores e diretores da verdadeira ciência; e nada pode ser considerado certo e evidente senão o que recebe dos sentidos o testemunho da sua certeza (vol. I, p. 96).

6. O conhecimento sensível torna-se, pois, sinônimo de saber verdadeiro, e falar de conhecimento verdadeiro é uma redundância: o verdadeiro conhecimento é certo, e o que não é certo não é conhecimento. Suspeita-se pelo menos que a extensão do saber verdadeiro é, portanto, muito limitada. O Teofrasto do manuscrito está disposto a se satisfazer com esse limite, porém, ele observa que, em geral, os outros homens

não sabem se contentar com um saber restrito pelos limites do sensível. Eles querem se apoderar das realidades que são, por natureza insensíveis, incognoscíveis, e falam da ciência ali onde, no fundo, não se trata senão de ignorância. Prefigurando a crítica kantiana, o autor do *Theophrastus redivivus* critica vigorosamente aqueles que pretendem se livrar do jugo da razão natural para explorar o mundo das idéias que, por definição, é aquele da opinião e não da ciência verdadeira. No nível das abstrações, todas as opiniões se valem no sentido de que elas não podem saber se o que elas defendem é verdadeiro e, por conseguinte, nenhum sistema filosófico prevalece objetivamente sobre um outro.

7. Revela-se aí um traço explícito do ceticismo de Teofrasto, mas que diz respeito somente a um domínio do saber, aquele do falso conhecimento, da falsa ciência, isto é, das pesquisas desconectadas de toda relação com o sensível, nas quais, por definição, os pretensos sábios não podem senão se opor entre si, pois nenhuma das suas teses pode ser demonstrada verdadeira. Supondo mesmo que um filósofo de um partido encontre um argumento sem réplica (concernente à eternidade do mundo, por exemplo), esse argumento não implicará, por essa razão, o convencimento de todos e dará lugar a novas controvérsias, até à descoberta de um argumento mais forte ainda, e que lhe é oposto, mas que não poderá, por seu turno, levar à convicção etc. Em suma, quanto mais os argumentos se multiplicam, mais uma coisa torna-se provável, porém, sem jamais tornar-se certa. Ao contrário, a verdade é evidente, partilhada por todos e não tem necessidade de argumentos para ser demonstrada. Assim ocorre, por exemplo, com a existência do céu e das estrelas, que se impõe a todos e não poderia ser negada mesmo pelo mais sutil dos filósofos.

8. Existiriam, portanto, dois domínios do saber, o do conhecimento verdadeiro e o da opinião. O domínio da opinião não se expressa sobre as coisas que são e sobre aquelas que não são em si mesmas (o conhecimento verdadeiro se basta a si mesmo), mas sobre aquelas que são possíveis. Sobre esse ponto, Teofrasto se faz discípulo de Sexto Empírico e toma emprestado todo o seu discurso sobre a demonstração a fim de mostrar que nenhuma demonstração em geral é concludente – visto que toda demonstração apresenta-se, por definição,

a respeito de uma coisa incerta, e não poderíamos, portanto, jamais estarmos certos de que ela atingiu o seu objetivo. No interior desse âmbito do saber provável, encontramo-nos no domínio do verossímil, do possível, do hipotético. A disciplina mais característica desse domínio é seguramente a história, uma vez que os fatos que ela descreve não são absolutamente do domínio da certeza. Porém, isso vale também para as outras ciências, para aquelas que buscam penetrar os segredos da natureza em geral, e da natureza humana em particular. Assim, por exemplo, ocorrerá com os assuntos propriamente humanos, a saber, a existência de uma linguagem articulada. Os sentidos não nos enganam a esse respeito: é um fato que os homens utilizam sua voz para exprimir suas emoções, mas a utilização de uma linguagem pelos animais para alcançar um mesmo fim é simplesmente da ordem do provável. Se nós pudéssemos compreender sua linguagem e, portanto, saber por experiência que eles são tão capazes de exprimir suas emoções quanto os seres humanos, o caso estaria resolvido, mas o nosso conhecimento sensível não nos permite, infelizmente. Nós podemos nos pronunciar sobre esse assunto em termos de verossimilhança, mas não de certeza.

9. A "razão verdadeira e natural", para retomar a expressão exata do manuscrito, é, pois, essa sobre a qual repousa o conhecimento verdadeiro. Ela é "o discurso pelo qual nós discernimos o verdadeiro do falso e o bem do mal, e julgamos que é preciso fugir das coisas falsas e nocivas e buscar as coisas verdadeiras e úteis" (vol. II, p. 811). Tal razão se assemelha exatamente ao *conatus* hobbesiano ou espinosista e se apresenta como um bem da natureza concedido a todos os seres vivos a fim de lhes permitir conservar o seu ser, sabendo o que eles devem buscar ou do que devem se afastar. Essa definição muito particular da razão faz com que o que se chama comumente de razão, isto é, a faculdade especificamente humana de compreensão e reflexão, seja uma ficção. Não que os homens não tenham a capacidade de compreender ou de refletir, mas essa faculdade que eles possuem não é, em nenhum caso, a razão natural, cujos julgamentos são seguros e infalíveis. A razão humana, pelo contrário, inconstante e variável de um

homem a outro, quando a verdadeira razão é constante e idêntica em todos, apresenta-se como a fonte das opiniões e dos preconceitos:

> Assim, a inteligência humana navega no vazio quando ela se afasta dos sentidos e serve-se dos argumentos da opinião. A opinião é submissa a perpétuos desacordos e mudanças: o que é de acordo com a razão verdadeira e natural é sólido e constante, e progride conforme um único e mesmo curso. Assim sendo, devemos dar crédito à única razão natural instruída pelos sentidos: apenas ela pode nos conduzir ao conhecimento das coisas mediante seu exame. Em contrapartida, o que é ensinado fora do testemunho dos sentidos é completamente incerto (vol. I, p. 153).

10. A razão humana, contrariamente à razão natural, define-se como o que aparece a cada um verdadeiro ou provável, mas essa verdade ou probabilidade não é jamais total e plena, mas sempre submissa às emergências de outros juízos que se apresentam, por seu turno, como inteiramente verdadeiros e prováveis, sem, no entanto, ter mais força e oferecer uma certeza plena e cabal. Ao contrário, só a existência de uma razão natural e verdadeira pode permitir o acordo entre os homens, pois a verdadeira razão não engana. Pode-se dizer que o que parece ser verdadeiro a todos – a existência dos céus por exemplo –, o é realmente. Mas se é preciso que haja consenso para que uma coisa seja dita verdadeira, compreender-se-á facilmente que o saber verdadeiro é muito limitado, e que esse limite é integralmente constituído pela experiência sensível.

11. Se o verdadeiro juízo repousa, em última análise, sobre os sentidos que não erram, deduzimos disso a importância de se confiar neles, porém, também a de desenvolvê-los pelo exercício para torná-los sempre mais perfeitos em seu gênero. Pois, em último caso, é sempre a experiência que deve nos permitir separar e distinguir o verdadeiro do falso. Portanto, aqueles que adquiriram mais experiência serão os mais aptos para alcançar a verdade e, nesse nível, os filósofos não têm nenhuma superioridade sobre os outros homens. O que quer dizer que a verdade deve ser buscada por si mesmo e não depende nem da autoridade dos antigos ou dos modernos, nem da opinião de uma

maioria, por mais importantes que estas sejam. Todo ser humano tem potencialmente a capacidade de alcançar o verdadeiro:

> o que é verdadeiro parece verdadeiro a todos: nem os padres, nem os legisladores, nem os teólogos, nem os filósofos possuem sentidos mais agudos ou mais sutis que o resto dos homens, por meio dos quais eles possam julgar o verdadeiro ou o falso. Para julgar oportunamente a verdade, nós somos todos dotados pela natureza das mesmas faculdades que esses grandes homens que argumentam tão sutilmente. Nessas condições, eu me surpreendo, certamente, que nós demos mais créditos aos outros do que a nós mesmos (vol. I, p. 158).

12. Mas como não sermos surpreendidos nós, leitores contemporâneos do *Theophrastus redivivus*, com essa nítida recusa de toda autoridade, quando o manuscrito se apresenta como uma colagem erudita de citações filosóficas de todo gênero que sustenta a argumentação principal? Como levar Teofrasto realmente a sério quando, no que diz respeito aos cataclismos que teriam várias vezes devastado o mundo, ele baseia seu juízo não sobre os vestígios naturais que são a prova disso, mas sobre os textos dos antigos? Parece haver aí uma contradição explícita entre o que o Teofrasto recomenda aos seus leitores e o que ele se autoriza. Como explicar isso? Se é preciso fazê-lo valendo-se dos princípios desenvolvidos por Teofrasto, podemos pensar que as teses filosóficas que são retomadas no manuscrito o são porque lhe parecem confirmar os dados da experiência. Assim, por exemplo, a argumentação aristotélica segundo a qual o mundo é eterno lhe parece conforme a experiência. Portanto, para Teofrasto, razão natural e razão filosófica não são necessariamente inimigas e podem conviver para o melhor, contanto que as doutrinas filosóficas confirmem os ensinamentos da experiência.

13. Entretanto, o problema que se coloca é saber como decidir entre as doutrinas filosóficas em disputa quando falta a experiência. Como Teofrasto pode abordar, com tanta segurança, como ele o faz ao longo do manuscrito, temáticas em relação às quais sua epistemologia é por natureza estranha? De fato, a experiência não pode dar resposta a tudo, notadamente no que concerne às questões que não

são de sua competência – pensemos em problemas como os da eternidade do mundo, da origem das religiões ou ainda da imortalidade da alma. Contudo, sobre todas essas questões a propósito das quais a razão verdadeira e natural não tem nada a dizer, é o ceticismo que deverá fazê-lo.

14. Tomemos o exemplo da imortalidade da alma. No exame que ele propõe desse delicado problema, Teofrasto reconhece, para começar, e isso ele faz seguindo a sua epistemologia, que "a alma é inexplicável e incompreensível, e que sua imortalidade não pode ser provada pela razão natural e pelas experiências" (vol. II, p. 625). Mas, essa declaração é prontamente seguida de uma colocação paralela às duas opções, mortalidade e imortalidade da alma, a fim de mostrar que a primeira implica largamente em termos de verossimilhança. Depois, na seqüência de uma série de citações em favor da mortalidade da alma emprestadas em grande parte de Lucrécio e Ponpanazzi, passa-se furtivamente da verossimilhança à certeza quando Teofrasto afirma que "a razão e a ciência natural persuadem e demonstram a todos esta mortalidade" (vol. II, p. 657).

15. Ora, de acordo com a sua própria epistemologia, Teofrasto não deveria chegar a uma tal conclusão. Com efeito, a razão verdadeira e natural não pode, em nenhum caso, provar de maneira convincente a mortalidade da alma, visto que seu domínio próprio tem por objeto o que é perceptível pelos sentidos, e que o estatuto da essência da alma escapa a todo conhecimento sensível. Colocando-se no terreno da opinião, toda demonstração certa da veracidade de uma tese filosófica torna-se, pois, logicamente impossível. Entretanto, Teofrasto escolhe várias vezes transgredir a opção metodológica que ele se dá. E, de certo modo, essa transgressão não é totalmente ilegítima. Todavia, se ele pode afirmar que a razão verdadeira e natural nos obriga a pensar que o mundo é eterno, a alma mortal ou a religião uma impostura, é porque ele provou, no primeiro tratado do manuscrito, que os deuses não podem existir.

16. É a impossibilidade demonstrada que ele não pode ter dos deuses, demonstração que se tira dos ensinamentos da experiência,

que lhe permite deduzir logicamente as outras teses que não podem ser provadas apenas pela razão. É quando se explica a incoerência que eu mencionei na introdução concernente à ordem adotada no manuscrito. Sabendo que sua epistemologia lhe proíbe demonstrar teses filosóficas que tratam de questões sem resposta porque elas dizem respeito a objetos não perceptíveis, Teofrasto recorre a uma estratégia de contorno. O que não podia ser comprovado durante a prova da não-existência dos deuses não havia sido afastado, uma vez que a existência de toda divindade foi julgada impossível.

17. É o que o próprio Teofrasto reconhece no fim do seu manuscrito quando ele retorna aos conhecimentos adquiridos no seu empreendimento filosófico. É importante citar *in extenso* a passagem que corrobora esta interpretação do seu método:

> Enfim, nós conduzimos ao término esse trabalho da razão natural, e reconduzimos ao verdadeiro toda a ciência e capacidade humana. Mas, uma vez que é um fato estabelecido que é verdadeiro o que nós escrevemos em nosso tratado sobre os deuses, o mundo, a religião, a alma, os infernos, o desprezo da morte e a vida segundo a natureza, basta mostrar que todas as coisas que se opõem a essa verdadeira ciência, a saber, que Deus é, que o mundo foi criado por ele do nada, que a religião foi tão comunicada quanto prescrita por ele, que a alma é imortal, para que se reforcem os outros monstros da opinião humana, estes subsistem unicamente pela fé da religião, não pela razão natural, embora digam o contrário certos teólogos que pretendem demonstrar essas coisas explicadas pela razão, pelo discurso humano e pela inteligência, e afirmam poder compreendê-los. Mas, como é absolutamente necessário que elas sejam acreditadas pela fé, eles nada mostram de melhor, ou antes não demonstram que elas são falsas. De fato, a fé refere-se somente ao que é imperceptível, desconhecido e indemonstrável. E se o que a fé ensina pudesse ser demonstrado e conhecido, não seria mais fé, mas conhecimento certo e evidente; visto que ela nada pode estabelecer em relação a essas coisas, como nós provamos no capítulo seis do tratado sobre os deuses, segue-se que elas são todas incompreensíveis, indemonstráveis e desconhecidas. (vol. II, p. 927)

18. Se podemos incontestavelmente sustentar que o mundo é eterno, que as religiões não são nada além de imposturas e que a alma é mortal, não é em razão dos longos desenvolvimentos que foram consagrados a essas diferentes questões nas partes respectivas que o manuscrito lhes consagrou, mas porque o primeiro tratado estabeleceu, em conformidade com os dados da experiência, que não podia haver deuses. Compreende-se então a coerência do *Theophrastus redivivus*: a epistemologia empirista radical desenvolvida no início não poderia sustentar uma ordem diferente daquela adotada, visto que somente ela consegue explicar o ateísmo radical que nele se manifesta. Ainda que a tese da eternidade do mundo, da religião como impostura ou ainda da mortalidade da alma pareçam prováveis ou verossímeis quando elas são apresentadas sucessivamente nas partes do manuscrito que lhes são concernentes, elas adquirem o estatuto de verdades demonstradas quando elas são recolocadas no contexto de um ateísmo radical que lhes confere outra dimensão. É por esse motivo que o Teofrasto pode ao mesmo tempo apresentar uma tese como demonstrada ou verossímil: no primeiro caso, ele se coloca sobre o terreno do conhecimento verdadeiro; no segundo, sobre o da opinião.

19. Uma vez explicada a questão da composição do manuscrito, que se compreende melhor doravante a partir da metodologia descrita, resta interrogar sobre o ceticismo que Teofrasto pretende provar, e sobre suas condições de possibilidades reais. A longa passagem citada anteriormente que testemunha a favor de um ateísmo profundo, torna pouco crível uma real orientação cética do manuscrito. Entretanto, quando olhamos o manuscrito bem de perto constatamos que o ceticismo não é utilizado como pretexto para dissimular um ateísmo de fundo e evitar os rigores da censura, mas é um traço constante que anima o processo intelectual de Teofrasto, sem que se possa duvidar por um instante da sua sinceridade na qualidade de cético. Desse modo, desde o prólogo do manuscrito, Teofrasto lembra que ele não está seguro de que o homem possa alcançar a verdade. E, nos diferentes capítulos em que ele recusa essas teses (criação do mundo, imortalidade da alma, veracidade das religiões), o ceticismo aflora em numerosos momentos. Essa atitude cética se explica em grande

parte pela epistemologia empirista de Teofrasto. Se a verdade que a razão natural busca não ultrapassa o nível da experiência, então devemos concluir, de um lado, a grande limitação dos conhecimentos permitidos por uma tal epistemologia e, de outro, o fato de que a ignorância prepondera de longe sobre o saber: "quanto mais precisa é a razão verdadeira e natural, esta não se refugia nos altares nem tem necessidade dos deuses para proteger sua ignorância. Ela reconhece suas verdades confessando sua ignorância, antes de sustentá-la inventando ficções" (vol. I, pp. 44-45).

20. É isso que explica o desenvolvimento cético de Teofrasto e a recorrência que ele faz aos textos antigos e modernos: não tentar estabelecer uma verdade simples ao alcance de todos, mas criticar os pseudo-saberes, as superstições, os preconceitos, as opiniões do vulgo ou dos filósofos, eles que se dizem sábios quando, na verdade, não percebem a ausência total de fundamento e de demonstração de seus pretensos conhecimentos. Ao contrário, paralelamente ao modelo socrático, o verdadeiro sábio é aquele que sabe que não sabe nada. A finalidade do trabalho do sábio consiste, antes de tudo, em livrar das suas opiniões funestas aqueles que querem escutá-lo, para recolocá-los, pelo ensino da natureza, somente à procura da sabedoria dos que sabem se contentar. A figura do sábio apresentada pelo *Theophrastus redivivus* é aquela de um homem que se opõe ao mesmo tempo às opiniões do vulgo e àquelas dos filósofos, porque todas as opiniões, das mais simples às mais apuradas, estão em contradição com a razão natural.

> A opinião não é nada mais do que a rebelião contra a razão verdadeira e natural; e, como esta tem somente relação com a conservação dos animais, é preciso concluir que transgredir de alguma maneira esses limites significa abandonar a natureza e seguir a opinião. A natureza busca somente o necessário, a opinião volta-se para o supérfluo e para o não-necessário. As qualidades que vêm da natureza encontram-se em todos os seres animados à igualdade, de maneira invariável, sólida e imutável. Aquelas que nascem da opinião se revelam inconstantes, mutáveis e diversas. A natureza está ligada ao verdadeiro; a opinião ao falso e à mentira. A natureza deu, enfim, a tranquilidade ao espírito; é da opinião que nascem todos os problemas e os erros que estão em nós. (vol. II, p. 899)

21. A lição do Teofrasto é bem cética: o exame dos conhecimentos humanos não nos torna mais sábios, ele permite, ao contrário, tornar sensível a cada um a sua ignorância a fim de que cada um compreenda que não lhe é possível ultrapassá-la. É somente assim que o filósofo pode se converter em sábio, não acumulando conhecimentos, mas compreendendo a sua vacuidade. A busca da ciência conduz, por fim, a uma recusa de toda forma de dogmatismo:

> Assim, os mais sábios dos filósofos, após uma vã e inútil investigação do saber, acabaram retornando à ignorância natural e a se comprazer de maneira contínua com aquilo que por longo tempo pensaram poder conseguir com muito trabalho e sacrifício, ratificando, tal como Salomão e Cícero, que nada pode ser sabido nem percebido, que os sentidos dos homens são estreitos, o entendimento débil e efêmero o curso da vida (vol. I, p. 18).

22. A filosofia criticada aqui é aquela que tende a se apresentar como a ciência das ciências, como o coroamento do saber. Trata-se de uma pseudofilosofia, que perdeu todo espírito crítico e que abusa do seu verdadeiro poder e dos seus verdadeiros limites. Ora, esse poder e esses limites, como nós vimos, são aqueles que procuram o conhecimento sensível, nada mais. Pretender ir além é crer que o ser humano tem um acesso particular às verdades escondidas por não serem sensíveis, e que ele é, portanto, superior aos outros animais. Inspirando-se em Montaigne a esse respeito, Teofrasto não cessa de rebaixar o homem e de chamá-lo à modéstia, mostrando-lhe que sua condição não difere em nada daquela dos outros animais, e que não se sabe mais do que estes visto que esses últimos compreendem tudo, de acordo com o que é bom ou mau para eles. Por outro lado, a vantagem dos animais em relação aos homens é ter essa razão natural e não ultrapassá-la, evitando assim forjar opiniões inverificáveis sobre todas as coisas que os desviam do verdadeiro saber e da modéstia que isso implica.

> Verdadeira e digna de aprovação é a ciência que oferece um conhecimento certo das coisas. Ora, ela é somente fornecida pelos sentidos (...). Portanto, tudo

que o está fora do alcance dos sentidos é incerto, inacessível aos espíritos humanos e inteiramente vão. A natureza não quis nos elevar a um grau mais alto e, nesse domínio, em todo caso, ela não concedeu aos homens mais do que ao resto dos animais, pois, para uns, como para outros, o que está acima dos sentidos é incompreensível. Eu compreendi, diz Salomão, que de todas as obras que foram feitas sob o sol, não há nenhuma sobre a qual o homem possa descobrir a razão, e por mais que ele se esforce para buscá-la, menos ele a descobrirá. Mesmo se o sábio diz conhecê-la, ele não poderá encontrá-la. Também é preciso nos aplicar somente ao que a natureza quis que nós soubéssemos, ou seja, saber o necessário, o qual ela atribuiu à ciência perfeita e destinada a cada ser animado. Não há ninguém que a natureza não tenha feito muito experimentado nas coisas úteis e nocivas, cujo conhecimento é tão necessário para a conservação de cada um. Quem transgride esses limites atinge não a ciência, mas a opinião, que é erro infinito e suprema estupidez. (vol. II, pp. 873-874)

23. No fundo, é preciso retomar a mensagem de Salomão e daqueles sábios antigos que compreenderam, com Luciano, "que é mais satisfatório não filosofar do que malbaratar sua vida e seus esforços por um objetivo impossível" (vol. II, p. 872). Mas, se esse é o objetivo, por que essa feira de opiniões filosóficas concorrentes? Se a única ciência certa é aquela que diz respeito à nossa conservação e que nossos sentidos procuram, por que então essa longa sinuosidade por essas inumeráveis opiniões filosóficas que formam o essencial do *Theophrastus redivivus*? É que para fazer um tal diagnóstico cético será necessário, a princípio, refazer o percurso dos sábios que alcançaram o verdadeiro conhecimento, a saber, aquele de sua ignorância, examinar as teses das numerosas seitas filosóficas para compreender que nenhuma delas prevalece definitivamente sobre as outras quando o assunto tratado ultrapasse os limites da experiência, criticar os preconceitos do vulgo e dos sábios, tendo em vista, no final, refugiar-se numa posição cética autêntica na qual a suspensão do juízo prevaleça sobre os falsos saberes, e o cuidado de uma vida vivida em conformidade com a natureza se sobreponha aos sonhos dos filósofos. Pois, a única ciência verdadeiramente importante, no fundo, é aquela que ensina o bem fazer ao homem, isto é, que o ensina a viver. Apenas aquele que vive em conformidade com o que

a natureza fez dele pode ser qualificado de homem, pois, ao fazer isso, ele não faz senão efetivar sua própria essência. Todos os outros, desviados desse caminho pelas opiniões, pelas leis ou pelos costumes, perderam pouco a pouco toda aparência propriamente humana.

De fato, nenhum homem é verdadeiro senão aquele que, apesar de tudo, vive segundo a natureza. É este o homem que Diógenes, o cínico, procurava em pleno dia, sob o clarão de uma lanterna; é um tal homem que Marco Aurélio nos convida a ser quando ele diz: "Comeces enfim ser um homem enquanto tu estás vivo" (vol. II, p. 924).

24. As duas contradições sublinhadas no início encontram, no final, sua solução quando se considera a finalidade do *Theophrastus redivivus*, que é atingir a verdadeira sabedoria. Essa verdadeira sabedoria, que supõe uma vida conforme a natureza, repousa sobre um ateísmo consumado, pois é seguramente impossível seguir os ensinamentos da natureza se se crê possível um sobrenatural. Essa decisão em favor do ateísmo é o único posicionamento dogmático afirmado no manuscrito, o essencial antes de denunciar, à maneira cética, a presunção dos filósofos dogmáticos e de sublinhar, ao contrário, o comportamento do verdadeiro sábio, que sabe se contentar com um saber limitado, porém capital, aquele fornecido pelos seus sentidos, e que proíbe toda pesquisa sobre questões, por natureza, sem resposta. Somente pressionado por seu desejo de atacar a religião e de solapar seus fundamentos, Teofrasto deixou de lado essa precaução, contradizendo nesse ponto a tonalidade cética do seu manuscrito. Podemos pensar que ele estava consciente disso e sabia com pertinência que não é raro o filósofo prevalecer sobre o sábio e a opinião sobre a verdade.

Referências bibliográficas

CANZIANI, G. & PAGANINI, G., *Theophrastus redivivus*, Florence, La Nuova Itália, 1981.

OSTROWIECKI, Héléne. *Érudition et Combat Antireligieux au XVII siècle: le cas du Theophrastus redivivus*, Paris, Université de Paris X-Nanterre, 1995.

O primeiro ateu: a propóstio do ateísmo e do ceticismo no *Theophrastus redivivus*

Paulo Jonas de Lima Piva

Antes de entrarmos propriamente na análise e na definição do posicionamento filosófico do *Theophrastus redivivus*, manuscrito anônimo de fundamental importância para o pensamento clandestino europeu dos séculos XVII e XVIII, devemos nos ater a um conceito historicamente malquisto e que inúmeras vezes foi confundido e tomado como sinônimo de ceticismo. E esse equívoco foi e ora é cometido não só pelos não-filósofos, ou seja, por aqueles que não fazem um uso rigoroso, erudito e técnico do pensar, mas também por alguns bempensantes mais desatentos. Trata-se do conceito de ateísmo, que é, além do ceticismo, a outra questão central do *Theophrastus redivivus* – pelo menos no entender de Sébastien Charles no seu artigo "Ateísmo e Ceticismo no *Theophrastus redivivus*", publicado nesta compilação.[1]

Desse modo, iniciemos nossa reflexão valendo-nos de uma frase bastante singela, porém muito contundente e provocadora na sua simplicidade, de autoria de um filósofo contemporâneo muito traduzido entre nós e que compõe a confraria daqueles preocupados mais em pensar o viver do que pensar o pensar.[2] Esse filósofo é André Comte-Sponville. No seu livro *Apresentação da filosofia*, de 2000, mais precisamente no capítulo dedicado ao problema do ateísmo, Comte-Sponville esbanja bom humor com a seguinte afirmação: "Crer em Deus é acreditar em Papai Noel, mas na enésima potência, ou antes, na potência infinita" (Comte-Sponville, 2002, p. 99).

---

[1] Cf. Charles, S. "Ateísmo e Ceticismo no *Theophrastus redivivus*", publicado neste volume. Usaremos a abreviação ACTR e o número do parágrafo para fazer remissões a este texto.

[2] Sobre esses filósofos que valorizam o pensar sobre o viver, cf. S. Charles (2006).

Muitos religiosos e bem-pensantes de fé consideram levianas, reducionistas, superficiais e meramente retóricas sentenças categóricas como essa de Comte-Sponville, como se a idéia de Deus não fosse em si mesma simplista, leviana, reducionista e mítica, poética talvez, para não dizermos pueril, e, em última instância, alienante, de grande eficácia, aliás, para aqueles que buscam um subterfúgio diante do absurdo e da animosidade da realidade. Não é à toa que no meio dessa *diaphonia* inflamada entre devotos e ateus sobre qual grupo seria o mais leviano, reducionista, fanático ou delirante, os céticos sabiamente suspendem o seu juízo, preservando-se, desse modo, de desgastes desnecessários, garantindo, por fim, a sua singularidade filosófica, bem como a sua almejada ataraxia.

Alguns estudiosos mais pragmáticos do ateísmo julgam que o questionamento da existência ou não de uma divindade seria um problema sem sentido, absolutamente obsoleto para os dias de hoje. É o caso de Dominique Folscheid. Para ele, se Deus está morto, o ateísmo, por conseguinte, também estaria filosoficamente sepultado (Folscheid, 1991, p. 7). Conforme Jean-Claude Bourdin, o auge desse debate teria sido o século XVIII, mais exatamente as Luzes francesas, personificadas em autores como Voltaire, La Mettrie, D'Holbach e Diderot (Bourdin, 1992, pp. 216 e 226). Nessa direção acrescenta Jean Vernette que a nossa civilização se encontra num período "pós-ateu" (Vernette, 1998, p. 5), o qual consistiria, no fundo, numa "revanche de Deus" contra os seus assassinos (Ibidem, p. 6). Mas será mesmo que num contexto histórico como o nosso, marcado pela histeria religiosa das massas e pelo irracionalismo temerário de seitas islâmicas, neopentecostais e carismáticas, o ateísmo consistiria, com efeito, numa tese racionalista não somente superada pelo tempo, mas totalmente irrelevante para ser abordada por nós, pensadores contemporâneos?

Evocar o *Theophrastus redivivus* como um texto de natureza ateísta, como faz Sébastien Charles em seu artigo "Ateísmo e Ceticismo no *Theophrastus redivivus*" é uma oportunidade valiosa não apenas para empreendermos essa indagação sobre a pertinência e a relevância da discussão sobre o ateísmo na atualidade, mas trata-se sobretudo de uma ocasião profícua para pensarmos simultaneamente, do ponto de vista da história das idéias, a relação entre ateísmo e ceticismo, como dissemos, dois conceitos capitais no *Theophrastus redivivus* e muitas vezes entendidos como sinônimos.

A argumentação de Sébastien Charles a favor da tese de que, no final das contas, a despeito de uma articulação cética, encontramos no *Theophrastus redivivus* uma profissão de fé ateísta do seu autor incógnito é, sem dúvida, bastante persuasiva, porém, ao que parece, pouco consistente. Se nos basearmos nos próprios argumentos fornecidos pelo texto de Sébastien Charles – importante dizer que o *Theophrastus redivivus* foi escrito originariamente em latim e não há tradução para nenhuma outra língua, o que torna sua leitura um privilégio para poucos – e numa certa perspectiva da história do ateísmo, constataremos uma contradição comprometedora dessa tese. O empirismo radical do *Theophrastus redivivus* nos leva à conclusão de que não há criação, isto é, de que o mundo é eterno, portanto, de que não há criador; em termos mais incisivos, de que Deus não existe. Esse raciocínio é desencadeado logo na primeira parte da obra. De onde é possível inferir que o *Theophrastus redivivus*, um texto de 1659, consistiria num documento ateu *stricto sensu* (ACTR, 2).

Num primeiro momento somos obrigados a concordar com Sébastien Charles. De fato, o empirismo radical da obra nos conduz implacavelmente ao materialismo e em particular ao ateísmo. Contudo, o próprio Sébastien demonstra em seguida que essa mesma epistemologia vai levar o autor do manuscrito a uma outra conclusão crucial, a de que o conhecimento humano tem um limite, a saber, a experiência e o alcance dos nossos cinco sentidos (ACTR, 6). Toda e qualquer iniciativa de transgressão desse limite e desse alcance afastaria o homem de um conhecimento verdadeiro. Em outras palavras, todo conhecimento que pretende ir além do que nos fornece os nossos sentidos é um falso saber, uma mera opinião.

Ora, a idéia de Deus não é o resultado da nossa experiência sensível, uma vez que não é um objeto palpável, acessível aos nossos órgãos sensoriais. Assim, segundo o próprio manuscrito, Deus não faria parte do conhecimento verdadeiro, mas sim do domínio da opinião, isto é, do universo do falso conhecimento, este, vale dizer, uma contradição em termos na medida em que todo conhecimento pressupõe-se necessariamente verdadeiro. Falar sobre Deus, embora não seja transitar por um conhecimento verdadeiro, significa aceitá-lo ao menos como uma possibilidade lógica. Mesmo assim, tudo o que transcender a experiência sensível, a despeito de ser uma possibilidade lógica, não deixará de ser considerada opinião, falso conhecimento portanto. Desse modo, sob essa atmosfera de incertezas gerada quando ultrapassamos a fronteira do empírico, todas as opiniões serão válidas, passíveis então de serem ou não verdadeiras. Sébastien Charles constata nesse aspecto do *Theophrastus redivivus* um forte traço de ceticismo (ACTR, 7). Eis então uma contradição veemente do manuscrito: como conciliar um ateísmo que pertenceria ao universo da mera opinião, já que Deus, centro do seu discurso de negação, não se apresenta como um objeto empírico, com a posição, também expressa pelo autor anônimo, de que é ignorância e falsa ciência toda empresa que pretenda ultrapassar os limites da experiência e da "razão natural"? Como conciliar esse paradoxo?

Outro ponto de aparente contradição, também resultante do empirismo radical da obra, é o seguinte: como conciliar o ateísmo, que é uma forma explícita de dogmatismo, com um suposto ceticismo que Sébastien Charles enxerga no *Theophrastus redivivus*? E para incandescer ainda mais essa análise da leitura do manuscrito, poderíamos ainda perguntar: haveria mesmo no *Theophrastus redivivus* esse ceticismo ao qual Sébastien Charles se refere no seu artigo? Pois como seria possível definirmos como cética uma doutrina que estabelece uma rígida distinção entre um "conhecimento verdadeiro" e um "falso saber", e que sustenta ainda uma distinção não menos rígida entre "razão natural e verdadeira" de uma "razão humana e falsa"? E para complicar ainda mais o debate, ser um empirista radical não significa assumir uma posição dogmática de que pelos sentidos temos acesso à coisa tal como ela é? Em contrapartida, como pode ser ateísta uma doutrina que sustenta que esse tipo de posição que se pronuncia sobre o que não se manifesta na experiência sensível só pode ser aceita como uma possibilidade lógica ou como uma simples e incerta hipótese metafísica? Dito de outro modo, o ateísmo entendido como uma mera conjectura ou simples possibilidade lógica continuaria sendo um ateísmo *stricto sensu*?

O que concluir primeiramente disso tudo? À primeira vista, podemos concluir que o *Theophrastus redivivus* não consiste numa obra rigorosamente cética; em segundo lugar, parece possível afirmarmos que o autor do manuscrito não foi tampouco um ateu *stricto sensu*. Mas o que seria, afinal, um ateísmo *stricto sensu*?

★ ★ ★

Para fundamentarmos nossa leitura de que o *Theophrastus redivivus* não é em essência um documento ateu *stricto sensu*, contrariando assim Sébastien Charles, chamemos para compor esse debate um outro personagem imprescindível do mundo dos manuscritos clandestinos e do pensamento anticlerical e anti-religioso do Antigo Regime: Jean Meslier, o autor do célebre *Testamento*, como ficou conhecida a sua obra originalmente intitulada *Memória dos pensamentos e dos sentimentos de Jean Meslier*, um libelo filosófico redigido a partir de 1718 e que serviu de munição para os protagonistas mais aguerridos da Ilustração francesa na sua luta contra a superstição, o obscurantismo e o fanatismo. Vigário de uma aldeia de mais ou menos 150 habitantes e que viveu de uma maneira bastante prosaica entre os anos de 1664 e 1729, Meslier condensou toda sua doutrina numa eloqüente metáfora que atravessou os séculos readaptada conforme as tendências ideológicas dos seus apropriadores. Referindo-se às palavras sapientes de um camponês sem estudo, Meslier escreve: "ele desejava que todos os grandes da terra e que todos os nobres fossem pendurados e estrangulados com as tripas dos padres" (Meslier, 1974, p. 23). Essa figura iconoclástica, muito mais radical, ao que parece, do que o autor do *Theophrastus redivivus*, foi definida por Jean Vernette, um estudioso da história do ateísmo, como o "autor do primeiro sistema ateu intelectualmente construído" (Vernette, 1998, p. 42). Sobre esse mesmo padre inusitado, um outro estudioso do assunto, Serge Deruette, raciocina na mesma direção e assevera que Meslier foi "o primeiro teórico sistemático do ateísmo, do qual ele elabora uma concepção acabada" (Deruette, 1985, p. 414).

Para finalizar, ainda sobre Meslier, Armand Farrachi, mais recentemente, escreveu que esse "padre sem Deus" foi considerado, sobretudo no antigo bloco dos países comunistas, o "precursor do materialismo ateu e do comunismo" (Farrachi, 2003, p. 13). A propósito, dessa vez é Roland Desné (1974, p. xii), talvez um dos maiores eruditos sobre o materialismo francês, para o qual Meslier é certamente o "primeiro ateu comunista que o mundo conheceu". Vale salientar que essa preocupação com a dimensão prática da realidade, mais exatamente com a política, não encontramos, salvo engano, no *Theophrastus redivivus*. E se este for mesmo um texto ateu, como pensa Sébastien Charles, o ateísmo do autor do manuscrito teria desprezado a política como um dos desdobramentos capitais da sua doutrina.

Contudo, o que deve ser ressaltado aqui é que, por trás das afirmações categóricas desses estudiosos a respeito do ateísmo e do materialismo estaria, ao que tudo indica, a polêmica tese do historiador Lucien Febvre, desenvolvida no seu livro *O problema da descrença no século XVI: a religião de Rabelais*, endossada, por exemplo, por Richard Popkin no seu indispensável *História do ceticismo de Erasmo a Spinoza*. Em linhas gerais, trata-se da interpretação de que seria um imperdoável anacronismo da parte do historiador da filosofia encontrar um ateísmo *stricto sensu*, ou seja, um ateísmo sistematizado e doutrinário nas reflexões dos filósofos antigos, medievais e modernos que viveram e pensaram até os séculos XVII e XVIII. Explicando melhor, no entender de Lucien Febvre, cada época fabrica o seu próprio universo mental e a representação do seu passado (Febvre, 1970, p. 12). Cada um desses universos mentais inseridos no devir histórico produziriam visões de mundo limitadas aos conceitos e às descobertas científicas desenvolvidas naquele período. Ou seja, visões de mundo de determinadas épocas da história da humanidade seriam peculiares e possíveis somente naquele momento específico e em diante, e não antes. Essa tese Lucien Febvre procura demonstrar por meio do caso de Rabelais, o monge e escritor satírico que viveu no século XVI e que foi estigmatizado de ateu não só pelos seus contemporâneos, mas também por vários eruditos dos séculos mais recentes. Lucien Febvre explica que, embora a palavra "ateu" tenha existido e composto o vocabulário já dos Antigos, o conteúdo desse termo assumiu historicamente acepções diferentes e sobretudo muito vagas. O rigor e a sistematicidade ele só teria adquirido nos primórdios das Luzes francesas. Enfim, classificar alguém como ateu na época de Sócrates, Rabelais, Descartes, até chegarmos mais ou menos ao ambiente filosófico de Meslier, significava ofendê-lo, condená-lo moralmente. Ser considerado ateu em outros tempos significava ser xingado de devasso, herege, blasfemo, pagão, sodomita e desonesto, entre outras invectivas. Dito de outro modo, a palavra "ateu" esteve por muito tempo ligada a um julgamento moral, logo, não era aplicada como um conceito filosófico propriamente dito, uma vez que – se Lucien Febvre particularmente estiver certo – não havia condições intelectuais e culturais nessas épocas para que tal conceito fosse forjado com o rigor e a profundidade assumidos posteriormente. A propósito, outro autor dedicado a pensar a história do ateísmo, Marc Haffen, escreve que o século XVIII irá "parir", "dar à luz" (*accoucher* em francês) ao ateísmo (Haffen, 1990, p. 118). Nesse sentido também nos deparamos com a expressão "primeiro ateísmo" associado ao ateísmo do século XVIII (Simon, 1956, p. 62).

★ ★ ★

Voltando a Meslier, podemos afirmar com segurança que ele não hesita em suas posições metafísicas. Sua negação da existência de uma divindade criadora e ordenadora do universo é feita sem meios termos, portanto, seu pensamento não se restringe à crítica anticlerical e anticristã. Após asseverar que "o Cristo dos cristãos foi visto durante a sua vida como um homem de nada, como um homem desprezível, como um insensato fanático e, enfim, como um miserável e infeliz celerado" (Meslier, 1974, tomo I, p. 100), e que todas as religiões que surgiram durante a história teriam sido falsas, constituídas de ficções, mentiras e imposturas (Ibidem, p. 20), em especial a cristã (Ibidem, p. 19) – que "não é menos vã nem menos falsa que nenhuma outra, e eu poderia mesmo dizer, num certo sentido, que ela é talvez ainda mais vã e mais falsa que nenhuma outra" (Ibidem, p. 40) –, Meslier define Deus em sua *Memória* como um ser imaginário:

> Eis, meus caros amigos, como aqueles que governaram e que ainda governam agora os povos abusam presunçosamente e impunemente do nome e da autoridade de Deus para se fazerem temer, obedecer e respeitar mais do que para fazer temer e servir ao Deus imaginário do poder com o qual eles vos assustam. (Ibidem, p. 21)

Em seguida, Deus aparece como um abuso, como um expediente inescrupuloso dos poderosos para manipular a consciência dos oprimidos. Num francês bastante desagradável e em tom de sermão, o padre ateu escreve:

> Mas como todos esses abusos, assim como todos os outros abusos e erros dos quais eu falei, eles são fundados apenas sobre a crença e sobre a persuasão ou opinião de que há deuses, ou ao menos de que há um Deus, quer dizer, sobre a crença e sobre a persuasão de que há um Ser soberano todo-poderoso, infinitamente bom, infinitamente sábio e infinitamente perfeito que quer ser adorado e servido pelos homens de uma tal ou qual maneira, e que os príncipes e os reis da terra pretendem ainda também fundar seu poder e sua autoridade sobre aquele de um Deus todo-poderoso, pela graça do qual eles se dizem estabelecidos para governar e para comandar todos os outros homens (...). (Meslier, tomo II, p. 149)

Seguindo o método cartesiano das idéias claras e distintas contra o próprio cartesianismo, Meslier chega à conclusão de que, além da idéia de Deus, também não seriam claras e distintas a idéia de criação da natureza e sobretudo a de espiritualidade e imortalidade da alma. Em suma, Meslier nega a existência de Deus com uma convicção extremamente dogmática, como podemos constatar em mais outra passagem da sua *Memória*, na qual ele declara que o objetivo maior de sua obra é desiludir o povo embrutecido e crédulo:

Faz muito tempo que os pobres povos são miseravelmente abusados em todo tipo de idolatria e de superstições (...) seria o tempo de livrá-los dessa miserável escravidão em que se encontram, seria o tempo de desiludi-los de tudo e de lhes fazer conhecer a verdade das coisas (...). (Meslier, tomo II, p. 34)

Que Deus é uma criação dos homens, isso para Meslier é uma verdade imperativa, e não apenas por ser uma idéia clara e distinta, mas pelo fato de Deus não se manifestar de maneira irrecusável na experiência dos sentidos dos homens. A clareza e a distinção das idéias, bem como a experiência, serão os critérios de verdade e de realidade para Meslier. Assim como no *Theophrastus redivivus*, na obra de Meslier encontramos um empirismo radical, base, desnecessário dizer, do seu ateísmo *stricto sensu*. Nesse sentido, o ateísmo de Meslier é absoluto, portanto, dogmático; um "ateísmo total", como bem define Henri Arvon (1967, p. 65), logo, não pode ter no ceticismo um parceiro filosófico como ocorreria, segundo Sébastien Charles, no *Theophrastus redivivus*. O ateísmo é entendido por Meslier como a expressão da verdade e não como uma hipótese titubeante. Em termos contemporâneos, o ateísmo meslierista teria um estatuto ontológico. Aliás, em algumas passagens da sua *Memória* a figura do cético aparece caricaturada à maneira das *Meditações metafísicas* de Descartes, ou seja, como aquele que suspende o seu juízo de forma hiperbólica, não poupando nem o aparecer. Que a matéria se move, argumenta Meslier, é tão certo que "ninguém pode negar, nem mesmo duvidar, a menos que seja inteiramente pirroniano" (Meslier, 1974, tomo II, p. 182).

Meslier, portanto, não se contradiz, como parece ocorrer no *Theophrastus redivivus* da interpretação de Sébastien Charles. E uma das razões talvez seja o fato de Meslier não estabelecer explicitamente a distinção que encontramos no manuscrito anônimo entre conhecimento verdadeiro e opinião. Para Meslier, que também parte de um empirismo talvez tão radical quanto o do autor do *Theophrastus redivivus*, tudo aquilo que não se dá de maneira irrecusável na experiência dos nossos sentidos já pode ser julgado falso, como é o caso da existência de Deus. É essa posição que chamamos de ateísmo *stricto sensu* e que não encontramos, por sua vez, no *Theophrastus redivivus*. Nele, o autor recusa a realidade de todo discurso que trata de problemas que transcendem a nossa experiência, como ocorre, inclusive, com o próprio discurso ateu.

Além de um ateísmo *stricto sensu*, ousaríamos dizer que também não há no *Theophrastus redivivus* – com o perdão da expressão – um "ceticismo *stricto sensu*". Mas se nem um ateísmo *stricto sensu*, tampouco um "ceticismo *stricto sensu*", encontramos nesse manuscrito anônimo, como então classificá-lo filosoficamente?

Autores que se dedicaram a pensar a questão do ateísmo do ponto de vista histórico como Henri Arvon (1967, p. 13) e Dominique Folscheid (1001, 126) – para nos limitarmos apenas a esses dois exemplos –, utilizam as expressões "ateísmo absoluto" e "ateísmo relativo" para fazerem alusão à existência de duas modalidades de ateísmo. Desse modo, admitamos por um momento, em virtude da presença do ateísmo e do ceticismo no *Theophrastus redivivus*, que poderíamos nele constatar, no mínimo, um "ateísmo relativo". Ora, mas em que consistiria o "ateísmo relativo"? O que isso significa? Um mistura de ateísmo com ceticismo? Uma outra denominação para agnosticismo? Não seria, por fim, uma contradição em termos? Como é possível ser ateu se não for de modo absoluto? Um ateu relativo seria um ateu pela metade?! E o que significa na prática ser meio ateu? Seria esse "ateísmo relativo" – mais uma vez com o perdão da expressão – um "ateísmo cético"? Isso seria possível?

Ou se é ateu por inteiro ou não se é ateu. Um "ateu cético" seria uma contradição em termos, pois, ao ser cético, deixa-se de ser dogmático, no caso, de ser ateu, e ao ser ateu, torna-se dogmático, ou seja, deixa-se de ser cético. Em outras palavras, temos um truísmo: o ateísmo nega conceitualmente o ceticismo e vice-versa.

Quando recorremos aos livros que tratam de modo mais geral e introdutório da história do ateísmo, dificilmente nos deparamos com menções ao *Theophrastus redivivus*, o que é bastante curioso. Nem Henri Arvon, nem Marc Haffen, nem Jean Vernette, nem ao menos George Minois com o seu extenso *História do ateísmo*, no qual ele procura refutar a leitura de Lucien Febvre sobre o anacronismo conceitual cometido pelos historiadores das idéias fazem alusão ao manuscrito clandestino. Em contrapartida, o autor do *Theophrastus redivivus* é tratado por Jean Salem, no seu livro *L'atomisme aux XVIIe et XVIIIe siècles*, como um escritor ateu (Salem, 1999, p. 10). Contudo, dentro do próprio livro de Jean Salem há um artigo de Marcelino Rodriguez Donis dedicado inteiramente à análise do manuscrito. Nele, Marcelino Rodriguez Donis expõe que o *Theophrastus redivivus* é considerado um escrito ateu por uns e deístas por outros (Rodriguez Donis, 1999, p. 73). Tullio Gregory, por sua vez, parece compartilhar da interpretação de Sébastien Charles de que, de fato, o *Theophrastus redivivus* seria uma obra ateísta (Gregory, 1982, pp. 213 e 216). Já Miguel Benitez, na sua pesquisa de fôlego *La face cachée des Lumières*, constata no manuscrito um radicalismo próximo ao de La Mettrie e até de Jean Meslier (Benitez, 1996, p. 421).

É por todas essas razões que não parece correto definir o *Theophrastus redivivus* como um escrito ateu *stricto sensu*, tampouco como uma obra cética. O mais prudente talvez fosse entendê-la como um volumoso documento de mais ou menos mil páginas que abrigaria um conflito filosófico bastante instigante que ora empurra o raciocínio do leitor para o ateísmo, ora para o ceticismo, ora para a contradição e a incerteza. De irrefutável mesmo só o seu empirismo radical. Desse modo, trata-se de uma obra que não satisfaz as exigências de coerência tanto de céticos quanto de ateus. Entretanto, tal contradição e indefinição não diminuem em nada a relevância do conteúdo e do significado do *Theophrastus redivivus* para a luta subterrânea que os panfletários e pensadores dos séculos XVII e XVIII empreenderam contra o trono, a batina, o dualismo substancial, a cruz, as injustiças e, em particular, contra a crença numa divindade criadora e ordenadora do mundo e juíza dos homens.

Referências bibliográficas

ARVON, H. *L'athéisme*, Paris, Puf, 1967.
BENITEZ, M. *La face cachée des Lumières*, Paris/Oxford, Universitas/Voltaire Foundation, 1996.
BOURDIN, J. C. "L'athéisme de D'Holbach a la lumière de Hegel", em *Dix-huitième siècle*, n. 24, Paris, PUF, 1992.

CHARLES, S. Ateismo e Ceticismo no *Theophrastus redivivus*", p.129 deste volume.

CHARLES, S. *Comte-Sponville, Conche, Ferry, Lipovetsky, Onfray, Rosset: é possível viver o que eles pensam?*,São Paulo, Barcarolla, 2006.

COMTE-SPONVILLE, A. *Apresentação da filosofia*, São Paulo, Martins Fontes, 2002.

DERUETTE, S. "Sur le curé Meslier, précurseur du matérialisme", em *Annales historiques de la Révolution Française*, tomo LVII, 1985.

DESNÉ, R. "Avant-propos", em MESLIER, J. "Mémoire des pensées et des sentimens de Jean Meslier" em *Oeuvres complètes,* Paris, Anthropos, tomo I, 1974.

FARRACHI, A. "Prefácio – O invectivador póstumo", em MESLIER, J. *Memória*, Lisboa, Antígona, 2003.

FEBVRE, L. *O problema da descrença no século XVI: a religião de Rabelais* Lisboa, Editorial Início, 1970.

FOLSCHEID, D. *L'esprit de l'athéisme et son destin*, Bélgique, Éditions Universitaires, 1991.

GREGORY, T. "Omnis Philosophia Mortalitatis Adstipulatur Opinioni: quelques considérations sur le *Theophrastus redivivus*", em BLOCH, O. (org.) *Le matérialisme du XVIIIe siècle et la littérature clandestine*, Paris, PUF, 1982.

HAFFEN, M. *L'athéisme*, Paris, J. Grancher Editeur, 1990.

MESLIER, J. "Mémoire des pensées et des sentimens de Jean Meslier". em *Oeuvres complètes*, Paris, Anthropos, tomo I, 1974.

RODRIGUEZ DONIS, M. "Nature, plaisir et mort dans le *Theophrastus redivivus*", em SALEM, J. (org.) *L'atomisme aux XVIIe et XVIIIe siècles*, Paris, Publications de la Sorbonne, 1999.

SALEM, J. (org.) *L'atomisme aux XVII et XVIII siècles*, Paris, Publications de la Sorbonne, 1999.

SIMON, P. H. "La négation de Dieu dans la littérature contemporaine", em Mauris, E. (org.) *L'athéisme contemporaine*, Genève, Éditions Labor et Fides, 1956.

VERNETTE, J. *L'athéisme*, Paris, PUF, 1998.

A presença do ceticismo na filosofia do jovem Hegel[1]

Luiz Fernando Martin

Nos anos de 1802 e 1803, Hegel edita juntamente com Schelling, na cidade de Iena, um periódico intitulado *Jornal Crítico da Filosofia*. O programa crítico a ser realizado por meio desse jornal pretende, por um lado, combater, segundo Hegel e Schelling, as pseudofilosofias naquele momento surgidas e que são verdadeiras deturpações da filosofia crítica; e por outro lado, procura-se ressaltar o que há de importante filosoficamente na crítica kantiana, a partir de uma retomada dessa filosofia e de desdobramentos da mesma em outros autores.

Nesse jornal, publica Hegel o artigo "O relacionamento do ceticismo com a filosofia, exposição de suas diferentes modificações e comparação do mais novo com o antigo".[2] Fundamentalmente, esse artigo tem como objetivo ser uma apreciação crítica do ceticismo professado por Gottlob Ernst Schulze em seu livro *Crítica da Filosofia Teórica*.[3] Entretanto, nele se vai muito além de uma mera crítica de um autor que, aos olhos de Hegel, não sabe o que diz quando se refere ao ceticismo. Logo no início do ensaio, momento em que Hegel delimita aquilo que pretende realizar por meio da crítica a Schulze, podemos perceber

---

[1] Agradeço a Roberto Bolzani Filho pelos comentários feitos a este texto, por ocasião da mesa-redonda *Hegel e o ceticismo* durante o XI Encontro Nacional sobre Ceticismo em Salvador, e que me levaram a modificar algumas passagens do mesmo.

[2] G.W.F. Hegel, *Verhältnis des Skeptizismus zur Philosophie, Darstellung seiner Verschiedenen Modificationen, und Vergleichung des Neuesten mit dem Alten*, em Hartmut Buchner e Otto Pöggeler, *Jenaer kritische Schriften*, Hamburg, Felix Meiner, 1968, Gesammelte Werke, vol. 4, pp.197-238; tradução Bernard Fauquet, 2ª ed., Paris, Vrin, 1986, pp. 21-82 (doravante citado como *Vskep*)

[3] G. E. Schulze, *Kritik der Theoretischen Philosophie,* Hamburg, C. E. Bohn, 1801. Vol. 1, 728 p. Prefácio XXXII p., vol. 2, 722 p. Prefácio VI p., Reimpressão *Aetas Kantiana*. Brussels, Culture et Civilisation, 1968.

que ele não considera o ceticismo um tema filosófico menor. E é por isso que vê como necessário analisar qual o relacionamento que pode haver não só entre o ceticismo de Schulze e a filosofia, como também entre o ceticismo em geral e a filosofia. Será a partir da análise desses relacionamentos que teremos condições de apreciar o tipo de leitura que Hegel faz do ceticismo antigo e quais as implicações da mesma para a importância filosófica que ele concederá ao mesmo. Além disso, e em consonância com a estima que Hegel tem pela filosofia cética, ele nos informa que em sua época o ceticismo não gozava de um conhecimento por parte daqueles que o estudavam, que fizesse jus ao seu significado filosófico fundamental, isto é, um conhecimento que não respeitava, na expressão elogiosa de Hegel, a sua nobre essência. Ao contrário, a compreensão mais ou menos comum dos autores do período a respeito do ceticismo é extremamente formal e, além disso, não são raras as ocasiões nas quais se transforma o ceticismo num "esconderijo e desculpa para a não-filosofia".[4]

Antes de prosseguir, é necessário dizer que este pequeno preâmbulo foi feito com o objetivo não só de procurar apresentar o motivo à crítica a Schulze que levou Hegel a escrever um artigo no qual o ceticismo fosse o tema central, como também de mostrar que ele é talvez o primeiro filósofo do assim chamado idealismo alemão que explícita e detalhadamente se ocupou do tema. Vale notar que, já para Kant, o ceticismo constituía um tema filosófico importante, todavia, ele não explorou o tema, como o fez Hegel, de uma maneira tão explícita. Mesmo assim, Kant exercerá certa influência em Hegel com respeito ao modo como este enxerga o papel filosófico do ceticismo.

Feitas as considerações acima, podemos agora retomar alguns momentos importantes do artigo, a fim de que seja possível observar com clareza, no que consiste para Hegel esse relacionamento do ceticismo com a filosofia. Assim, não pretendemos retomar aqui, em todos os seus aspectos, a leitura hegeliana do ceticismo. Grande parte do comentário de Hegel é efetuado a partir da comparação com o ceticismo de Schulze. Comparação na qual Hegel, com fundamento no seu

---

[4] *VSkep*, p. 197 (trad. Fauquet, p. 21).

conhecimento bastante refinado do ceticismo pirrônico e também do ceticismo acadêmico, aponta a distância existente entre esse ceticismo moderno e o ceticismo antigo, de modo que fique nítido o contraste entre ambos.

★ ★ ★

Assim como Kant, também Hegel reconhece a legitimidade do exame cético das filosofias dogmáticas. Não dar atenção à crítica cética do dogmatismo significa continuar a patinar em matéria de conhecimento filosófico. Mas haveria a possibilidade da constituição de uma filosofia que fosse imune aos ataques dos céticos? Segundo Hegel sim. E essa possibilidade depende do estabelecimento de uma relação da filosofia com o ceticismo que nada tenha de defensiva. Kant foi o primeiro a avançar nessa direção. E o que Hegel fundamentalmente fará é seguir as pegadas de Kant, entretanto, sem que isso signifique que o seu tratamento do tema seja o mesmo que o de Kant.

Talvez seja válido, antes de prosseguir com Hegel, retomar, ainda que em linhas gerais, determinados trechos da *Crítica da Razão Pura* nos quais a referência ao ceticismo leva água para o moinho de Hegel. Não é nosso intento nem de longe tentar abordar em todos os seus meandros a posição de Kant quanto ao relacionamento entre ceticismo e filosofia. Apenas queremos salientar um ponto preciso que nos permite observar certa influência de Kant no trato de Hegel com o ceticismo.

Assim, subjaz na questão kantiana a respeito da possibilidade da metafísica como ciência,[5] a necessidade de se escapar tanto do dogmatismo quanto do ceticismo, alternativas que se colocam e que não permitem à metafísica tomar o caminho seguro de uma ciência.

Nesse sentido diz Kant na *Crítica da Razão Pura*:

> Portanto, a crítica da razão conduz por fim necessariamente à ciência; o uso dogmático da razão sem crítica conduz, ao contrário, a

---

[5] I. Kant, *Crítica da Razão Pura*, trad. Valério Rohden e Udo B. Moosburger, São Paulo, Abril Cultural, Coleção Os Pensadores, 1980, p. 32.

afirmações infundadas/ às quais se pode contrapor outras igualmente aparentes, por conseguinte ao ceticismo.[6]

Sem uma crítica da razão, Kant não enxerga a possibilidade de que possamos obter um conhecimento racional que permaneça imune aos ataques dos céticos. Mas de que modo, com essa crítica da razão, será possível se afastar do ceticismo? A resposta de Kant a essa questão passará pelo reconhecimento da importância filosófica da atitude (*agogê*) antidogmática cética. Assim, já numa carta a Marcus Herz do ano de 1771, fornece Kant uma indicação do que será sua tentativa de resposta ao problema, ao dizer que devemos deixar despertar em nós o espírito cético. Tal despertar significará, na *Crítica da Razão Pura*, a adoção de um *método cético*, isto é, um método de descoberta, por meio do conflito de asserções, daquele ponto de equívoco que haja na disputa a respeito de um determinado conhecimento racional. Segundo Kant, esse método cético se distingue do ceticismo porque, diferentemente desse último, diante da impossibilidade de se decidir dogmaticamente por uma entre duas asserções igualmente persuasivas, não se é levado à suspensão do juízo. Se bem entendemos o que quis dizer Kant, por meio do exercício desse método cético, procura-se com a descoberta daquilo que torna sem sentido o conflito entre asserções a respeito de certo tema filosófico, estabelecer um ponto de partida que, estando para além da arena dialética na qual se digladiam tais asserções, torne possível à metafísica "encetar o caminho seguro de uma ciência".[7]

Não é nossa pretensão aqui ir mais além nessa discussão a respeito do que seja esse método cético que, segundo Kant, "é essencialmente peculiar somente da filosofia transcendental".[8] O interesse da remissão a Kant reside na tentativa de se mostrar que o autor da *Crítica da Razão Pura* influenciará Hegel na sua abordagem do ceticismo.

Com relação a Hegel, ir além do ceticismo e do dogmatismo em matéria de conhecimento filosófico, dependerá da inclusão do ce-

---

[6] Idem, ibidem, p. 32.
[7] Idem, ibidem, p. 11.
[8] Idem, ibidem, p. 222.

ticismo à filosofia e como o seu lado negativo. Vemos assim que a estratégia hegeliana para impedir que o ceticismo se imponha estará baseada, do mesmo modo que em Kant, no reconhecimento da importância filosófica da atitude cética no seu combate ao dogmatismo, e que a única maneira de não nos tornamos céticos dependerá da incorporação dessa atitude cética à filosofia.

★ ★ ★

Esse ceticismo que constitui o lado negativo da filosofia é aquele que, como diz Hegel, vai além do puro e simples ceticismo.[9] Entretanto, isso não significa que o ceticismo antigo não tenha da parte de Hegel o reconhecimento de sua importância filosófica. Mas apenas que há uma outra forma de ceticismo, isto é, "um ceticismo mais autêntico"[10] e que vai além do ceticismo antigo. É esse ceticismo que é preciso conhecer, pois se continuarmos a nos satisfazer com o que até agora temos em matéria de ceticismo, o conhecimento filosófico não avança e "todas as histórias, narrações e novas edições do ceticismo não levam a lugar nenhum".[11] Com relação a esse ceticismo mais autêntico, trata-se aqui daquele que é unido à filosofia, daquele ceticismo que no mais íntimo é um com toda filosofia verdadeira.[12] Com efeito, há uma filosofia, a verdadeira, que está além do ceticismo e do dogmatismo. Há uma filosofia "que nem ceticismo nem dogmatismo é, mas os dois ao mesmo tempo".[13] Mas como seria possível a uma filosofia ser dogmática e cética ao mesmo tempo? Não estaríamos aqui diante de um paradoxo? A julgar pelo começo das *Hipotiposes Pirronianas*, no momento em que Sexto Empírico diferenciava as filosofias, sim.[14]

---

[9] Puro e simples ceticismo para Hegel é o ceticismo pirrônico.
[10] *VSkep*, p. 206 (trad. Fauquet, p. 34).
[11] Idem, ibidem, p. 206 (trad. Fauquet, p. 34).
[12] Idem, ibidem, p. 206 (trad. Fauquet, p. 34).
[13] Idem, ibidem, p. 206 (trad. Fauquet, p. 34).
[14] Ver Sexto Empírico. *Outlines of Pyrrhonism [Hipotiposes Pirronianas]*, vol. I, trad. De R. G. Bury, Cambridge, Harvard University Press, 2000, livro I, parágrafos 1-4 (doravante citado como HP, seguido da indicação do livro e do parágrafo).

Como sabemos por Sexto, há aqueles que pensam ter descoberto a verdade, são os chamados dogmáticos. Outros afirmam que a verdade não pode ser apreendida, são os filósofos acadêmicos. Por fim, há aqueles que nem pensam ter descoberto a verdade e nem afirmam que ela não pode ser apreendida, eles apenas continuam investigando. São os filósofos céticos (HP I, 1-4).

Também começaram os céticos a filosofar tentando encontrar um conhecimento que pudesse ser julgado verdadeiro (HP I, 25-30). Entretanto, dessa investigação não resultou nada que lhes confirmasse que isto é verdadeiro e aquilo falso, de modo que lhes proporcionasse tranqüilidade o conhecimento adquirido com a decisão sobre o verdadeiro e o falso. A única coisa que conseguiram foi descobrir que para cada argumento havia um argumento contrário se impondo, de maneira que houvesse uma "discordância de igual força" (*isosthenès diaphonía*) entre os mesmos.

Vemos assim que a investigação cética teve na sua origem a mesma intenção que teve a filosofia dogmática: descobrir a verdade ou a falsidade de algo. Como não foi possível essa descoberta, continuaram os céticos a investigar, tendo no horizonte, mesmo que remotamente, a possibilidade de um dia não se verem diante de uma "discordância de igual força" entre argumentos. Tanto o cético quanto o dogmático se movem no mesmo terreno, pois se o dogmático é aquele que se decidiu por uma doutrina qualquer, o cético é aquele que não se decidiu, mas que, havendo condições, pretende se decidir por uma doutrina, assim como o fez o dogmático. Poderíamos talvez dizer que a distância que há entre o cético e o dogmático está fundada na precaução e na prudência céticas ante ao aderir precipitado do dogmático a uma verdade. Diante disso, voltamos agora a perguntar: como então conciliar numa mesma filosofia, dogmatismo e ceticismo?

Historicamente, ceticismo e dogmatismo sempre estiveram em lados opostos e o desejo de Hegel é escapar a essa escolha entre um e outro. A solução que permite escapar à escolha entre ceticismo e dogmatismo encontra-se nessa filosofia à qual está atrelado um ceticismo. Todavia, podemos adiantar que não se trata do ceticismo tal como apresentado por Sexto. Quando Diógenes Laércio faz um elenco de autores que podem ser considerados céticos,[15] Hegel conclui, com base no que é dito deles por Diógenes, que todos eles viram que uma filosofia verdadeira tem um lado negativo dirigido contra todo limitado (*Beschränkte*). Mas, dentre as filosofias referidas por Diógenes e que apresentam um lado negativo-cético, há uma que para Hegel merece destaque: a filosofia de Platão. Hegel encontra em um dos diálogos platônicos o testemunho de um ceticismo autêntico: "Qual mais perfeito e para si auto-subsistente documento e sistema do ceticismo autêntico poderíamos encontrar, do que o *Parmênides* na filosofia platônica?" (*VSkep*, p. 207; trad. Fauquet, p. 36).

O ceticismo que Hegel crê existir no diálogo platônico intitulado *Parmênides* "abarca e destrói (*zerstört*) todo domínio daquele saber mediante conceitos de entendimento"(Ibidem, p. 207; trad. Fauquet, p. 36). Segundo Hegel, "esse ceticismo platônico[16] não concerne em um duvidar dessas verdades de entendimento (...) mas sim num completo negar de toda verdade de um tal conhecimento"(Ibidem, p. 207; trad. Fauquet, p. 36). Conforme o exposto por Hegel no seu texto *Diferença entre os sistemas filosóficos de Fichte e de Schelling*,[17] publicado poucos meses antes do artigo do ceticismo, o entendimento constitui um domínio onde predomina o limitado. É próprio dele ser "*a força que limita*" (DS, p. 12; trad. Méry, p. 86). Uma verdade de entendimento é limitada. Aquilo que o entendimento põe como verdade somente permanece se fazemos abstração do oposto a essa verdade, e que, em contradição com ela, reduz a mesma a nada. Assim, vemos que uma verdade de entendimento não é absoluta, pois a posição de

---

[15] Devemos salientar que dentre esses autores elencados figura o nome de Platão.

[16] Quando Hegel utiliza a expressão "ceticismo platônico", parece-nos que ele não quer com isso afirmar que Platão seja um cético tal como aquele apresentado por Sexto Empírico nas *Hipotiposes*. Mais plausível é a hipótese de que a expressão signifique que Platão, no diálogo *Parmênides*, apresente uma forma de ceticismo, o autêntico, mas que isso não quer dizer que Platão seja um cético nos moldes do pirronismo.

[17] G.W.F. Hegel, *Differenz des Fichte'schen und Schelling'schen Systems der Philosophie*, em Gesammelte Werke, v. 4, Meiner, Hamburg, 1968; tradução francesa de Marcel Méry, 2ª ed., Paris, Ophrys-Gap, 1964 (doravante citado pela abreviação DS da denominação concisa em alemão, *Differenzschrift*, seguida da indicação da página).

sua oposta anula seu caráter de verdade. Diante de qualquer filosofia que se constitua segundo a "lógica" do entendimento, o cético não encontrará dificuldade em exercer sua habilidade consistente em opor a cada proposição uma outra de igual força persuasiva. O cético antigo bem sabia que a cada proposição posta como verdadeira poderia ser a ela uma outra contraposta. Na sua investigação a respeito do que se diz dogmaticamente, procurava opor a uma verdade dogmática, uma outra oposta à primeira de modo que houvesse uma igualdade de força entre ambas. E diante das duas opções opostas ele não permanecia atordoado sem saber por qual delas se decidir como a verdadeira. Ele não fica em dúvida entre as duas opções. O cético simplesmente termina recusando as duas opções. Essa "decisão" é anunciada pela suspensão de juízo, que por sua vez, traz a ele a ataraxia. Não há, portanto, sofrimento para o cético em virtude dessa impossibilidade de se decidir à maneira dogmática por uma ou por outra opção. É com base no que acabou de ser dito que talvez possamos compreender porque Hegel, já no artigo do ceticismo, afirme ser o termo dúvida impróprio para o ceticismo (*VSKep.*, pp. 204-205; trad., pp. 31-32). De fato, parece-nos que ele tem razão pois o ceticismo não põe, no sentido acima, verdades em dúvida. Com o estabelecimento da eqüipolência entre as proposições, não há mais o que investigar. O cético não oscila, pois diante da impossibilidade de se decidir entre duas opções de igual força persuasiva, ele é levado à suspensão do juízo.[18] Também

---

[18] Com relação a esse oscilar daquele que duvida, vejamos o que diz Hegel: "A empresa cética é caracterizada impropriamente como uma doutrina da *dúvida*. Duvidar é incerteza; é um pensamento oposto a algo de válido – irresolução, indecisão. A dúvida comporta facilmente um dilaceramento do coração e do espírito, torna-se ele inquieto; ela é dualidade do homem nele mesmo, ela é fonte de infelicidade. A situação daquele que duvida foi um tema maior de nossa poesia. Isso supõe um interesse profundo pelo conteúdo, e o desejo do espírito de que esse conteúdo seja ou não seja consolidado nele: é um ou outro. A dúvida é tibieza, por não chegar a nada; revela, parece, o pensador sutil e penetrante, mas ela é vaidade, chicana. Em nossos dias o ceticismo entrou na vida – essa negatividade universal. O ceticismo antigo não duvida, ele está certo da não-verdade; ele não se contenta em vagar de cá para lá como um fogo-fátuo com pensamentos que permitem a possibilidade de que isto ou aquilo poderia entretanto permanecer verdadeiro, ele demonstra com certeza a não-verdade. Em outros termos, sua dúvida é para ele certeza, ele não tem a intenção de chegar à verdade". In: *Leçons sur l'histoire de la philosophie*, tomo 4, La philosophie grecque, trad. Pierre Garniron, Paris, Vrin, 1975, p. 763. No tocante ao

no caso do ceticismo relacionado à filosofia não há que se pôr nada em dúvida. Há que se apenas mostrar, por meio da produção de antinomias, a unilateralidade daquilo que é posto pelo entendimento como verdadeiro e, por conseqüência, nada esperar desse limitado. Ainda a respeito do cético não duvidar, nas suas *Preleções sobre a História da Filosofia*, na seção referente ao ceticismo pirrônico, Hegel insistirá nessa impropriedade do uso do termo dúvida para o ceticismo. Assim, o cético não duvida porque ele está certo da não-verdade do que foi submetido a exame.[19] Mas estar certo da não-verdade não significa ter essa certeza como um saber. Essa certeza da não-verdade advém da dificuldade em se decidir dogmaticamente, o que leva, por conseqüência, à *epokhé* e à ataraxia. Como diz Hegel: "Ele (o cético) não se deixa permanecer na indecisão, ao contrário: ele é decisão pura, é perfeitamente acabado; mas o que decidiu não é para ele uma verdade, mas sim a certeza de si mesmo. É o repouso, a firmeza do espírito nele mesmo – sem nenhum traje de luto" (Hegel *Leçons sur l'Histoire de la Philosophie*, p. 763). A não-verdade não surge para o

---

trecho em questão, Paulo Arantes supõe que Hegel tenha em vista um alvo bastante preciso. Assim, apoiado em Peter Szondi, quando este trata do surgimento da ironia romântica na obra de Schlegel, Arantes aposta na possibilidade de que Hegel se refira a um tipo intelectual, que não possua a mesma firmeza de decisão do cético em negar qualquer verdade de entendimento. (cf. P. E. Arantes, "Os homens supérfluos", em *O Ressentimento da Dialética*, São Paulo, Paz e Terra, 1996, pp. 112-115. Em síntese, Arantes vincula a gênese da ironia romântica à experiência moderna do caráter fragmentado do mundo, diante da coesão do mundo antigo. Um tema que era assunto de todos à época de Hegel. É preciso notar, diz Arantes, que no caso da ironia romântica havia uma novidade: o reconhecimento de que talvez a demanda de unificação, de busca de coesão, não estivesse destinada a encontrar satisfação. Enquanto isso, resta o expediente da ironia, uma forma de fazer frente à adversidade do mundo moderno fragmentado em sistemas parciais.

Contra esse intelectual irresoluto, ziguezagueando como um fogo-fátuo e desolado com, nos termos de Arantes, o espetáculo desalentador da infelicidade nacional, Hegel opõe o antídoto anacrônico do ceticismo antigo, que não conhece a "infelicidade da dúvida", pois na sua firmeza de caráter, permanece indiferente a tudo (Cf. Arantes, *Nihilismusstreit*, em *O Ressentimento da Dialética*, São Paulo, Paz e Terra, 1996, p. 249).

[19] Cf. *Leçons sur l'Histoire de la Philosophie*, tomo 4, La philosophie grecque, trad. Pierre Garniron, Paris, Vrin, 1975, p. 763.

cético de uma investigação que conclua objetivamente pela mesma. Apenas que, diante da impossibilidade de se chegar a um saber objetivo, a uma verdade, surge a certeza subjetiva da não-verdade com a suspensão do juízo. A certeza do cético é "o tributo, reduzido ao mínimo possível, pago à necessidade de uma determinação objetiva".[20] A certeza subjetiva do cético é o que lhe permite se conduzir na vida prática. Aquilo que lhe aparece, o cético não erige a um saber, como se fosse uma afirmação objetiva.[21] É por esse motivo que aquilo que decide não tem valor de verdade, isto é, não tem valor de um saber objetivo no sentido epistemológico.[22]

Com efeito, como momento dentro de um sistema filosófico, o ceticismo "é o lado negativo do conhecimento do absoluto e pressupõe imediatamente a razão como o lado positivo".[23] Segundo Hegel, todo sistema filosófico autêntico comporta implicitamente esse ceticismo que se encontra de forma explícita no *Parmênides*.[24]

---

[20] G.W.F. Hegel, *VSkep*, p. 204 (trad. Fauquet, p. 31). Neste ponto, é oportuno registrar a análise de Atalla a respeito da distinção entre certeza e saber: "Hegel pone en funcionamento aquí una distinción conceptual: no hay continuidad entre saber y certeza. Hegel no niega lo que según él Schulze llama 'certeza irrefutable'. Por el contrario, acepta que aún los escépticos están condenados a tener certezas irrefutables acerca de las cosas. Lo que no acepta es que aquí haya algún tipo de saber, ya que hay saber cuando hay una afirmación voluntaria con pretensión de objetividad. Una cosa es, pues, la certeza y otra el saber". D. A. Atalla, "Crítica e interpretación del escepticismo en el Artículo de Hegel Relación del Escepticismo com la Filosofia, de 1802", em *Kriterion*, Belo Horizonte, n. 93, junho de 1996, p. 130.

[21] Hegel, *VSkep*, p. 204 (trad. Fauquet, p. 31)

[22] O ceticismo, observa Hegel na suas Preleções sobre a História da Filosofia e com referência ao capítulo terceiro das *Hipotiposes* (HP I, 7): "também pode ser chamado de filosofia *pirrônica* ou de *skepsis efética*, de *sképtein*, investigar, examinar. Não se deve traduzir *sképsis* por doutrina da dúvida ou mania de duvidar. O ceticismo não é uma dúvida. A dúvida é precisamente o contrário do repouso, que é o resultado do ceticismo" cf. Hegel, *Leçons sur l'Histoire de la Philosophie*, tomo 4, p. 775. O que Hegel quer mostrar, a nosso ver de modo correto, quando se refere à tradução do termo grego *skepsis* por investigação, é o fato de que o cético não põe nada simplesmente em dúvida, ele antes, põe sob investigação. É por isso que no mesmo capítulo terceiro das *Hipotiposes*, Sexto chame também a escola cética de zetética.

[23] Hegel, *VSkep*, p. 207 (trad. Fauquet, p. 36).

[24] Idem, ibidem, p. 208 (trad. Fauquet, p. 37).

É por meio desse lado negativo-cético que se faz a passagem para o lado positivo-racional da filosofia. Quando entra em cena o racional, as proposições e argumentos que se contrapõem são vistos de outra maneira. Como foi anteriormente observado, o lado negativo da filosofia pressupõe a razão como o seu lado positivo. No plano racional, cada proposição unilateral é considerada no seu relacionamento com a proposição que a contradiz. Mas como pode ser possível esse relacionamento entre os opostos? Do ponto de vista do entendimento, tal relacionamento não é possível devido à existência de uma contradição entre as proposições.

Contudo, quando a perspectiva racional toma a frente, as proposições que se contradizem são unificadas de modo que se suspende[25] (*aufhebt*) a antinomia. Como diz Hegel: "se o aspecto refletido da mesma (da proposição racional) – os conceitos que nela estão contidos – é isolado, e o modo como eles (os conceitos) estão ligados é considerado, então precisa mostrar-se que esses conceitos estão suspensos (*aufgehoben*) ou de tal modo unificados, que eles se contradizem, caso contrário não teríamos uma proposição racional, mas sim uma proposição de entendimento".[26] A identidade de entendimento é uma identidade relativa que, quando entra em cena a razão, dá lugar a uma identidade absoluta. Essa identidade absoluta é uma síntese desses contrapostos que formam a antinomia.[27] A síntese desses contrapostos, de modo que por essa síntese a antinomia seja suspensa, faz surgir o racional.

Hegel dá como exemplo dessa união dos contraditórios a proposição de Espinoza que enuncia Deus como a causa (*Ursache*) imanente e não como a causa transitiva do mundo. Nessa proposição, Espinoza põe a causa como imanente ao colocá-la como unida ao efeito (*Wirkung*). Desse modo, ele nega o conceito de causa e efeito, visto que nesse caso, a causa é apenas causa na medida em que se opõe ao efeito.[28]

---

[25] Suspender aqui com o sentido de suprimir, elevar e conservar.
[26] Hegel, *VSkep*, p. 208 (trad. Fauquet, p. 38).
[27] Cf. Hegel, DS, p. 27 (trad. Méry, p. 101).
[28] Hegel, *VSkep*, p. 208 (trad. Fauquet, p. 38).

Toda proposição de razão, observa Hegel, na medida em que ela pode se decompor em duas proposições contraditórias, faz entrar em cena com toda força o princípio do ceticismo: "opor a todo argumento o argumento de força igual".

A concepção hegeliana da filosofia reconhece a importância do ceticismo para a filosofia. Entretanto, é necessário ir além do momento negativo no qual são produzidas antinomias. O "princípio" cético de "opor a cada argumento um argumento de força igual" (*panti logoi logos isos antikeitai*), é pertinente apenas no momento negativo da filosofia, pois ao levar à produção de antinomias não permite que uma proposição finita se determine sem levar em conta a proposição contraposta e a ela relacionada. E cabe ao racional efetuar a síntese desses contrapostos que se contradizem.

O puro e simples ceticismo ou o ceticismo separado da filosofia

Assim como o ceticismo unido à filosofia, que aniquila toda verdade (limitada) produzida pelo entendimento, o ceticismo que não faz parte de uma filosofia, mas que é ele mesmo uma filosofia, também se empenha nessa tarefa de aniquilação do finito.

Quando Hegel analisa os modos de argumentar pelos quais o cético combate o que ele considera ser dogmatismo,[29] procura mostrar a importância dessa atitude cética, mesmo que, no caso específico do ceticismo puro, fique este, segundo Hegel, aquém da filosofia.

Como se sabe, o cético pirrônico se esmera em contrapor a cada tese dogmática, a tese contraposta que a neutraliza, em outras palavras, ele produz uma antinomia. E qual o resultado disso para o cético? A suspensão do juízo e conseqüentemente a ataraxia. Para Hegel, o termo da empresa filosófica não pode consistir nessa constituição de antinomias que levam à suspensão do juízo. O surgimento da filosofia depende de se ir além desse momento negativo.

Vejamos então como – a despeito mesmo do resultado a que chega – o ceticismo, mediante seus tropos, combate o dogmatismo, pondo-se, nessa tarefa, ora de uma perspectiva racional, ora de uma perspectiva de entendimento.

---

[29] Cf. Idem, ibidem, pp. 213-221 (trad. Fauquet pp. 48-60).

★ ★ ★

Preliminarmente, é oportuno lembrar que, conforme o relato de Sexto, o cético chega à suspensão do juízo pondo as coisas em oposição: "nós opomos fenômenos a fenômenos, ou objetos do pensamento a objetos do pensamento, ou *alternando*" (HP I, 31). Assim, é por meio dessa constituição de antíteses que os céticos chegam à *epokhé*. Os assim chamados tropos céticos formam o conjunto desses modos de se chegar, mediante a constituição de antíteses, à suspensão de juízo (HP I, 35).

Sabemos por Sexto que os dez primeiros tropos remontam aos céticos mais antigos (HP I, 36). São os chamados tropos de Enesidemo. Já os outros cinco tropos nos foram legados por céticos posteriores (HP I, 164). São conhecidos como tropos de Agripa. Segundo Hegel, os dez primeiros tropos representam, diferentemente dos tropos de Agripa, uma forma de ceticismo que não se dirige contra a filosofia. Hegel também chama essa forma de ceticismo antigo de autêntico. Quanto aos cinco tropos posteriores, dirigem-se eles em parte contra a filosofia (ou a razão) e em parte contra o dogmatismo.

O ceticismo que combate o dogmatismo mediante os assim chamados tropos de Enesidemo, é inteiramente de acordo com uma filosofia que consegue se alçar ao plano da razão. Hegel inclusive considera esses tropos superiores aos cinco tropos de Agripa, pois eles não se dirigem contra a filosofia. Eles são

> dirigidos contra o dogmatismo da consciência comum (*gemeine Bewusstsein*); eles fundam (*begründen*) a incerteza sobre as finitudes (*die Endlichkeiten*) com as quais ela [a consciência comum] é inconscientemente emaranhada, e essa indiferença de espírito que torna vacilante tudo que o fenômeno ou o entendimento fornece; nesse vacilar de todo finito, de acordo com os céticos – como a sombra segue o corpo – advém a ataraxia, conquistada mediante a razão.[30]

Com efeito, Hegel percebe nesses dez primeiros tropos[31] um caráter de esboço, uma falta de elaboração conceitual, que confirmaria a não

---

[30] Idem, ibidem, p. 214 (trad. Fauquet, p. 50).

[31] Os tropos são os seguintes: "o primeiro, baseado na variedade dos animais; o segundo, nas diferenças entre os seres humanos; o terceiro, nas diferentes estruturas dos órgãos dos sentidos; o quarto, nas condições circunstanciais; o quinto, nas posições, intervalos

intenção de se atacar por meio deles nenhuma filosofia: "Vê-se que eles foram apanhados ao acaso, e que pressupõem uma reflexão embrionária, ou antes, uma ausência de intenção da reflexão em ter uma doutrina própria, e uma inabilidade, que não estaria presente caso o ceticismo já tivesse em vista como tarefa o criticar das ciências" (*VSkep*, p. 215; trad. Fauquet p. 51). O conteúdo deles, prossegue Hegel, mostra que eles se dirigem ao dogmatismo do senso-comum. Não se aplicam à razão e ao seu conhecimento, mas sim, ao finito e ao conhecimento deste, o entendimento (Ibidem, p. 215; trad. Fauquet, p. 51). Como já foi visto, o entendimento produz determinações às quais sempre se abstrai de sua contraposta. O entendimento, por operar com determinações finitas, não se dá conta de que aquilo que põe, por ser limitado, está em relação com um outro que o condiciona. O cético, com suas antíteses, põe o contraposto daquilo que foi posto como certo pela consciência comum. Ele mostra que tais certezas são relativas a determinadas condições não universalizáveis. Sexto já atentava para o fato de que o tropo da relação, o oitavo, é o mais geral de todos, e que todos os outros nove podem ser considerados derivações do mesmo (HP I, 39). Com efeito, todos esses dez primeiros tropos pretendem mostrar a relatividade que existe nas coisas: que algo acontece de uma determinada maneira porque depende de determinadas condições particulares, que não podemos dizer de modo absoluto que algo será sempre daquela maneira, que algo acontece de uma maneira devido a certas condições, mas que poderia acontecer de outra caso mudassem as condições. Numa palavra, tudo é relativo, tudo depende de uma certa relação.

Hegel no artigo ressalta a importância dessa característica mais geral – a relatividade – desse conjunto de tropos, inclusive citando esse comentário de Sexto acima retomado quanto à generalidade do oitavo tropo. Segundo Hegel, Sexto mostra pelo oitavo tropo, o do relacionamento, que "todo finito é condicionado por um outro, ou que todo finito está em relação com um outro" (*VSkep*, p. 215; trad. Fauquet, p.

---

e lugares; o sexto, nas misturas; o sétimo, nas quantidades e nas qualidades das coisas; o oitavo, na relatividade; o nono, na freqüência ou raridade dos acontecimentos; o décimo, nas formações, costumes e leis, nas crenças míticas e nas convicções dogmáticas" (HP I, 36-37).

51). Todo fato, todo finito (chame-se ele fenômeno ou conceito) que a consciência comum tem como certo, observa Hegel, tem sua certeza contestada com a instauração de uma antinomia, pela qual se mostra a não-verdade do finito, a igualdade de direito que todas as coisas têm de serem válidas (Ibidem, p. 215; trad. Fauquet, p. 52). O cético, no exercício de sua habilidade antitética, recorre aos exemplos mais terra a terra para mostrar a relatividade de tudo: que um navio, por exemplo, me apareça a uma certa distância pequeno, e visto a outra distância me apareça grande (HP I, 118). É nessa maneira simples de estabelecer antinomias, de mostrar a relatividade das coisas com um vocabulário menos elaborado, que Hegel se baseia para dizer que os céticos mais antigos não atacam nenhuma filosofia. O senso-comum é atacado com o uso de seu próprio vocabulário. Para Hegel, essa forma de ceticismo "pode ser visto como o primeiro estágio em direção à filosofia; pois o começo da filosofia precisa ser a elevação acima da verdade que a consciência comum fornece, e o pressentimento de uma verdade mais alta" (*VSkep*, p. 215-216; trad. Fauquet, p. 52). É como se essa forma de ceticismo "limpasse o terreno" para que, posteriormente, pudesse a filosofia emergir. Ele põe como incerto tudo o que o entendimento nos fornece. Aquele que não toma consciência da relatividade de todo finito, não pode se elevar à liberdade da razão. Na visão de Hegel esse ceticismo não pode ser estranho a nenhuma filosofia (Ibidem, p. 216; trad. Fauquet, p. 53-54), afinal toda filosofia digna desse nome deve recusar, assim como no caso desse ceticismo, toda verdade de entendimento se quiser se constituir como filosofia. Toda filosofia verdadeira deve conter em si como seu momento negativo esse ceticismo que, ao reconhecer a não-verdade do finito, permite que se alcance um plano mais elevado, no qual a filosofia surja na sua verdadeira figura.

★ ★ ★

Quando Hegel trata dos assim chamados tropos de Agripa, lamenta ele que esses tropos sejam dirigidos também contra a filosofia, pois se atacassem apenas o dogmatismo, estariam, assim como no caso dos dez tropos anteriores, atuando em prol do surgimento do momento positivo da filosofia. Hegel parte de uma distinção entre filosofia e dogmatismo para poder lamentar o ataque à filosofia efetuado por meio dos tropos de Agripa. Caso não faça essa distinção, ficará difícil sustentar a hipótese de que a filosofia possa existir sem que seja alvo das investidas do cético. Por isso ele combate veementemente a orientação dos cinco tropos posteriores contra a filosofia, mostrando que contra a filosofia são eles inócuos. A distinção que faz entre filosofia e dogmatismo é necessária para a preservação de seu próprio projeto filosófico. Assim, o dogmatismo é um sistema filosófico que não atingiu a perspectiva racional, pois devido ao fato de ter "na contraposição subsistente, elevado ao absoluto um termo condicionado"(DS, p. 31; trad. Méry, p. 105), continua vulnerável aos ataques do cético. Já no caso da filosofia, o entendimento não prevalece sobre a razão. Ele é aniquilado na sua limitação por meio da produção de antinomias. A razão então suspende (*aufhebt*) numa síntese as determinações reflexivas contrapostas, e as nega na sua validade isolada, ao mesmo tempo que ainda estão aí presentes.

A estratégia de Hegel no artigo para combater o ceticismo que se dirige contra a filosofia consiste em mostrar, em primeiro lugar, como o ataque por ele empreendido contra o dogmatismo mediante esses cinco tropos pode obter êxito; em segundo lugar, mostrar que, ao atacar a filosofia, ele é inócuo, pois a mesma é capaz de rebater todas as suas investidas.

A partir de agora, é preciso ver porque esses tropos, na visão de Hegel, são por um lado, as armas mais apropriadas contra o dogmatismo das finitudes e, por outro lado, são completamente inutilizáveis contra a filosofia.

Com efeito, os tropos contêm meros conceitos de reflexão, e em virtude disso, quando forem utilizados para atacar ou a filosofia ou o dogmatismo, terão eles efeitos completamente diferentes. Contra o dogmatismo, diz Hegel, eles pertencem à razão, pois colocam o outro termo da necessária antinomia ao lado daquele que foi afirmado pelo dogmatismo. Contra a filosofia, pertencem os tropos à reflexão, a si mesmo se desintegram (*zerfallen*) ou são eles próprios dogmáticos (*VSkep*, p. 218-219; trad. Fauquet, p. 56-57).

Como já foi visto, a reflexão é o domínio do limitado. Tudo que ela põe está afetado pelo seu oposto, que a ela se relaciona. Sempre que nesse domínio se põe algo, um outro pode ser contraposto a ele. Diferentemente, no domínio da razão as oposições são aniquiladas, cada contraposto não é mais considerado segundo o ponto de vista de seu ser limitado, mas sim como relacionado com seu outro numa síntese racional. Se os tropos são em si mesmos finitos, então não é efetivamente possível que saiam vitoriosos numa luta contra a filosofia, que, a rigor, desenvolve-se no âmbito da razão. Por só poderem atuar contra o limitado, os tropos serão eficazes contra o dogmatismo, cuja "essência consiste em pôr um finito, um algo afetado por um contraposto, como o absoluto" (Ibidem, p. 219; trad. Fauquet, p. 57).

O que fazem então esses tropos, que pertencem à razão, ao atacarem o dogmatismo?

Fundamentalmente, eles põem a nu o caráter condicionado, relativo do que é posto pelo dogmatismo como absoluto.

Vejamos então como a razão utiliza os tropos como ferramentas para tal finalidade:[32] pelo tropo da relatividade, a razão mostra que o absoluto posto pelo dogmatismo tem uma relação com aquilo que dele foi excluído e somente por essa e nessa relação com um outro é, e desse modo, não é absoluto; se deve esse outro ter seu fundamento naquele primeiro, assim como esse primeiro tem seu fundamento no outro, temos então um raciocínio circular; e assim caímos no quinto tropo, o do dialelo; mas se nenhum raciocínio circular é cometido, senão que esse outro como fundamento do primeiro, dá a si próprio seu fundamento, e isso é feito por uma hipótese (*Voraussetzung*) não fundada, então porque ele é um fundar-se (*ein begründendes ist*), tem ele um oposto, e esse seu oposto pode com o mesmo direito, como um indemonstrado e não fundado, ser posto como hipótese, porque aqui mais uma vez o fundamentar é reconhecido conforme o tropo das hipóteses; ou esse outro – como fundamento – deve ser fundado

---

[32] Ver, a propósito, *VSkep*, p. 219 (trad. Fauquet, p. 57).

num outro, mas esse primeiro outro fundado na infinitude da reflexão, será levado ao infinito de modo finito, e assim é novamente sem fundamento, conforme o tropo do regresso ao infinito; por fim, precisa aquele finito absoluto do dogmatismo ser um universal, no entanto não será esse o caso, porque ele é um limitado, e desse modo pertence ao tropo da diversidade (o primeiro).

Diante do exposto, pudemos observar como esses tropos são úteis no combate ao dogmatismo. Todo absoluto posto pelo dogmatismo não podia se sustentar, pois seu caráter condicionado tornava-o vulnerável à demonstração de sua unilateralidade. O que o cético faz ao atacar o dogmatismo é mostrar essa unilateralidade, que o absoluto posto é apenas um relativo.

Por outro lado, quando são utilizados contra a razão, devido à própria limitação dos mesmos, o resultado alcançado será pífio. Com efeito, o ceticismo só pode produzir antinomias no domínio do entendimento. Quando o cético ataca a filosofia, ele a converte em algo de finito.[33] O cético só pode obter êxito contra os sistemas dogmáticos, sujeitos à lógica da determinação completa, ao princípio de contradição. No domínio da razão,

> O assim chamado princípio de contradição está, por conseguinte, tão longe de possuir verdade formal para a razão, que, ao contrário, toda proposição racional, com relação aos conceitos, deve conter uma infração a esse princípio; uma proposição é meramente formal, significa para a razão, que ela é posta somente para si, sem a proposição contraditória a ela contraposta e afirmada; ela é, pois, falsa. Reconhecer o princípio de contradição como formal significa simultaneamente reconhecê-lo como falso.[34]

Vemos portanto que, para Hegel, não há que se refutar o ceticismo nem aderir ao mesmo. É preciso reconhecer a validade da atitude cética de combate ao dogmatismo, o que não implica a aceitação dessa filosofia, já que dessa maneira fica impossibilitada a hipótese de um

---

[33] Hegel, *Verhältniss des Skepticismus*, p. 220 (trad. Fauquet, p. 58).

[34] Hegel, *VSkep*, pp. 208-209 (trad. Fauquet, p. 39).

conhecimento filosófico. Que o ceticismo precisa ser levado a sério, Hegel e também Kant não discordam disso, pois somente assim será possível que não se permaneça nele. Por fim, no tocante à posição superior atribuída por Hegel à filosofia com relação ao ceticismo e ao dogmatismo, vale ser lembrado, por analogia, o seguinte comentário de Fichte a respeito do ponto de vista superior no qual se encontra o criticismo em relação tanto ao ceticismo quanto ao dogmatismo:

> Assim ceticismo e criticismo seguem cada um seu próprio caminho e ambos permanecem fiéis a si mesmos. É muito impropriamente que se pode dizer que o crítico refuta o cético; ao contrário, admite o que ele pede e mesmo mais do que pede; e simplesmente limita as pretensões que o cético, exatamente como o dogmático, emite quase sempre quanto a um conhecimento das coisas em si, mostrando que (essas pretensões) não são fundadas.[35]

---

[35] Fichte, *Sämmtliche Werke*, vol. 1, pp. 388-389.

Marx e o Ceticismo[1]

Mauro Castelo Branco de Moura

A despeito de tudo o que já se escreveu acerca de Karl Marx (1818-1883) e de seu legado, não parece usual que alguém se atreva a estabelecer qualquer ligação entre ambos e o ceticismo. Seria, pelo contrário, mais corriqueiro, a julgar pela vulgata interpretativa estabelecida através de inúmeros manuais de proselitismo, associá-los (a Marx e seu legado) a um determinismo estrito ou, inclusive, a uma escatologia pueril (pelo menos do ponto de vista da consistência teórica), como aquela dos "cinco estágios" propalada por Stalin, do que ao ceticismo. Entretanto, não se trata de uma temerária bravata a proposta de estabelecimento desse liame, pois ele, não apenas existe, como – e seria conveniente deixar bem sentado esse ponto desde o início, mormente levando-se em consideração que se trata de um autor cuja determinação das diferentes fases de seu desenvolvimento teórico tem sido alvo de tão freqüentes e acirradas controvérsias – perpassa o conjunto de seu trabalho, da juventude à maturidade.

---

[1] Este escrito beneficiou-se diretamente de dois outros trabalhos: a comunicação intitulada *Marx e o Determinismo: Alguns Comentários Gerais* (com versão no prelo), apresentada no Seminário "O Marxismo e a Posição Filosófica Materialista", realizado pelo GT Marxismo da Anpof, na Unicamp, no dia 7 de novembro de 2005, e a intitulada *Marx e o "Materialismo Histórico"* (também com versão no prelo), apresentada no III Colóquio Nacional de Filosofia da História realizado na Universidade Federal de Sergipe, de 23 a 25 de agosto de 2005. Ademais, só foi elaborado graças à insistência de meu colega e amigo, o Prof. Waldomiro José da Silva Filho, que, em decorrência de sua natural propensão ao diálogo, não lhe importando a filiação intelectual de seus interlocutores, compeliu-me (sem exagero!) a prepará-lo. A ele, se algum mérito tiver, dedico, num preito público de admiração, este trabalho. No ensejo, não posso deixar de mencionar meus mais sinceros agradecimentos à generosa acolhida dos colegas do GT Ceticismo da ANPOF que, há tantos anos, vêm discutindo, com rigor e paixão, mas, também, com alegria, cordialidade e elegância, temas relacionados ao ceticismo, em particular ao Prof. Oswaldo Porchat Pereira, cujo convívio é sempre estimulante e prazenteiro.

Ademais, compreende, desde um primeiro momento, tanto o ceticismo antigo, quanto o moderno. Se parece certo que Marx jamais se tenha ocupado sistematicamente do ceticismo, no entanto, menções a Sexto Empírico e a Hume, por exemplo, estão presentes desde sua tese de doutoramento datada de março de 1841.

Aquele trabalho, cujo teor completo não se manteve incólume à posteridade, pois se perderam algumas de suas partes, intitulava-se *Diferença entre as Filosofias da Natureza em Demócrito e Epicuro*, porém representava apenas parcela de um projeto de maior fôlego e muito mais ambicioso. No dizer de seu principal biógrafo, Franz Mehring, "não era mais do que um fragmento daquela obra magna na qual se propunha a estudar, em sua totalidade, o ciclo da filosofia epicurista, estóica e cética, relacionando-o ao conjunto da filosofia grega" (Mehring, 1975, pp. 37-8). Com efeito, logo no início da tese, Marx adverte que: "A dissertação que dou a conhecer ao público é um trabalho antigo e só devia ter lugar numa exposição de conjunto das filosofias epicurista, estóica e cética" (Marx, 1972a, p. 127). As razões para uma tal mutilação, confessadas pelo próprio autor, seriam as de que: "Ocupações políticas e filosóficas de um outro tipo impediram-me de pensar na execução dessa obra" (Ibidem). Porém, além delas, ou seja, dessas causas explicitamente evocadas, outras motivações parecem ter influído para a enorme redução do escopo da investigação, dentre as quais não seria falaz especular acerca da contribuição dada, ao "enxugamento" temático, pelo grande zelo e rigor com que habitualmente procedia em suas investigações e que se traduziram na recorrente queixa daqueles que desejavam dispor açodadamente dos resultados de seus trabalhos.

Este parece ter sido um procedimento constante ao longo de toda a vida e obra de Marx, produzindo certa exasperação em Engels, por exemplo, quanto à demora na publicação d'*O Capital* e, nesse período juvenil, justificando a admoestação de Bruno Bauer, que ansiava para que o então amigo se habilitasse ao magistério universitário, secundando-o na carreira. Segundo Mehring,

Bauer que produzia com uma velocidade assombrosa, demasiado assombrosa, não podia entender a lentidão com que Marx trabalhava e impacientava-se mais ainda do que, com o passar do tempo, haveria de fazê-lo algumas vezes Friedrich Engels, quando Marx não encontrava medida nem limite em seu afã crítico. (Mehring, 1975, p. 36)

Destarte, é muito provável que o rigor teórico e a premência em concluir a tarefa acadêmica tenham-no levado a essa enorme redução do escopo da investigação e que "as ocupações políticas e filosóficas de um outro tipo", por Marx alegadas, terminassem por levá-lo ao abandono definitivo do projeto original, o qual, com efeito, jamais seria retomado, contrariamente à explícita promessa contida no prefácio daquela tese.[2]

Um bom exemplo de sua ênfase no tratamento rigoroso dos autores examinados está em que, em seu sétimo caderno acerca da filosofia epicurista, preparatório à redação da tese aludida, Marx teça as seguintes e elucidativas considerações sobre em que consistiriam, a seu juízo, as tarefas da historiografia filosófica, cujo exercício tratava de empreender àquele momento:

> A historiografia filosófica deve não só deixar de perder o seu tempo a considerar a personalidade, mesmo que seja a personalidade do filósofo, como o núcleo e a configuração de seu sistema, como ainda se deve preocupar muito menos com as bagatelas e as subtilezas psicológicas; deve pelo contrário isolar em cada sistema as próprias determinações, as cristalizações reais que o atravessam, os argumentos, as justificações dadas no decurso de conversas sobre a forma como os filósofos se apresentam, se é que eles se conhecem a si mesmos; deve fazer a distinção entre a toupeira do verdadeiro saber filosófico que nunca interrompe o seu trabalho e a consciência fenomenológica faladora [...] (Marx, 1972a, p. 123)

Destarte, sobretudo ao longo de todo o seu monumental projeto de crítica da economia política, iniciado em Paris, em 1844, porém

---

[2] "Deverá considerar-se este trabalho como um esboço de uma obra mais importante onde exporei detalhadamente o ciclo das filosofias epicuristas, estóica e cética, nas suas relações com o conjunto da especulação grega" (Marx, 1972a, p. 123).

jamais concluído, e que o acompanhou até a morte em 1883, Marx parece, como ninguém, ter vestido a carapuça da "toupeira".

Não obstante, ainda com relação à tese de doutoramento, tornam-se aí patentes os estudos sobre Hume que Marx levara a cabo no período compreendido entre 1839 e 1841. Segundo as considerações formuladas por Auguste Cornu a esse respeito,

> Karl Marx tinha abandonado completamente o direito pela filosofia, sem dúvida com a esperança de tornar-se professor de filosofia em Bonn, onde estava Bruno Bauer. Suas notas de leituras de 1839 a 1841 mostram que elas versavam principalmente sobre a *Filosofia da Natureza* de Hegel, o *Tratado da Alma* de Aristóteles, as *Cartas* de Spinoza, a filosofia de Leibniz, a de Hume e a escola kantiana. (Cornu, 1975, p. 240)

Foi, provavelmente, sob a inspiração dessas leituras que Marx elegeu Hume como avalista de suas considerações acerca de Plutarco, servindo-se do filósofo escocês para repudiar suas críticas à teologia de Epicuro. No prefácio à tese de doutoramento, comentando um apêndice dedicado às observações de Plutarco a Epicuro, Marx afirma taxativamente que:

> Entre outras coisas, não nos preocupamos com a falsidade genérica do ponto de vista de Plutarco quando arrasta a filosofia para o tribunal da religião a fim de a julgar. Tudo o que dissermos sobre isto pode ser substituído pela seguinte passagem de David Hume: "É certamente uma injúria obrigar a filosofia, cuja *autoridade soberana* deveria ser reconhecida em todo lado, a defender a sua causa sempre que não se aceitam as conseqüências que origina ou a justificar-se perante toda a arte ou ciência que possa chocar. É como se acusássemos um rei de ter atraiçoado os seus próprios interesses" – continua Marx, em tom grandiloqüente –. A filosofia, enquanto lhe restar uma gota de sangue para fazer bater o seu coração absolutamente livre, que submete o universo, nunca deixará de lançar aos seus adversários o grito de Epicuro: "O ímpio não é aquele que faz tábula rasa dos deuses da multidão, mas aquele que fabrica os

deuses das representações da multidão"[Dióg. X 123]. (Marx, 1972a, pp. 124-5)³

Essa apreciação, bastante positiva do pensamento de Hume, a despeito das posteriores e recorrentes discordâncias com relação à sua teoria monetária, evidenciam, desde já, as profundas e precoces diferenças, nem sempre suficientemente assinaladas, entre os pensamentos de Marx e Hegel. Com isso não se põe em dúvida a óbvia filiação do primeiro ao segundo, mas, pretende-se destacar a complexidade dessa relação e, sobretudo, o fato de que não se deve buscar, *tout court*, na filosofia hegeliana a panacéia explicativa do pensamento de Marx, como muitos, e relevantes comentaristas, pretenderam ou, pelo menos, insinuaram. Enquanto Marx endossa Hume mediante encômios, como na passagem anteriormente citada, Hegel não o poupa. Em suas *Volesungen über die Geschichte der Philosophie* Hegel chega a afirmar, peremptoriamente, que "Hume, ao conceber a necessidade, a unidade dos contrapostos, de um modo inteiramente subjetivo, fundando-a no hábito, desce tanto na escala do pensamento, que não pode mais" (Hegel, 1977, p. 377). Aliás, o desdém com que Hegel o trata não deixa lugar a muitas dúvidas quanto à sua apreciação acerca daquele autor. Nas poucas páginas em que se dedica a comentar o iluminista escocês, Hegel já começa a análise sustentando que sua notoriedade não se deveu a um mérito intrínseco, mas à importância que lhe conferiu Kant ao partir de seu pensamento para construir sua própria filosofia...⁴

---

³ A passagem de Hume, segundo nota apensa ao texto na edição dirigida por Wenceslao Roces, teria sido extraída da versão alemã de *A Treatise of Human Nature* (Cf. Marx, 1982, p. 710, nota 19).

⁴ "Devemos expor em continuação o ceticismo de Hume, que adquiriu uma maior notoriedade histórica do que a que em si merece; o importante nele, desde o ponto de vista histórico, consiste no fato de que Kant parte dessa doutrina para construir sua própria filosofia." E em seguida acrescenta: "Hume é mais famoso como historiador do que por suas *obras* filosóficas" (Hegel, 1977, p. 374).

1. Marx maduro

Althusser propôs o ano de 1845 como o da ruptura entre os dois grandes momentos da obra de Marx, encerrando aí sua fase de juventude. Ademais, sugere o período compreendido entre 1845 e 1857 como o das obras de maturação e, a partir daí, iniciar-se-ia aquele das obras da maturidade propriamente dita (Althusser, 1975, pp. 25-6). A despeito do exagero em aplicar, mecanicamente, o modelo bachelardiano à periodização do legado de Marx, ressaltando de modo especioso as diferenças entre os distintos momentos, para neles identificar uma pretensa "ruptura epistemológica", ainda assim não parece implausível a aceitação do recorte althusseriano. Decerto que outras possibilidades seriam, com todos os títulos, pertinentes, porém a nomeada do propositor justificaria essa eleição. Ademais, como esse não parece ser um lugar adequado para o prolongamento do debate, aceitar-se-á, sem delongas que a *Zur Kritik der politishen Ökonomie* de 1859 é um texto de plena maturidade. Configurando uma das etapas do grandioso *projeto de crítica da economia política*, a obra se destaca, ao lado do Livro I d'*O Capital*, como uma das poucas que não permaneceu inédita, mas que foi publicada em vida pelo próprio autor. Tal galardão, não mereceram, por exemplo, escritos célebres como os *Manuscritos Econômico-Filosóficos de 1844*, os *Grundrisse* de 1857-1858 ou os restantes livros d'*O Capital*, inclusive as *Theorien über den Mehrwert*, originalmente concebidas como seu quarto livro.[5]

Na *Zur Kritik...* de 1859 Marx examina os escritos econômicos de Hume, notadamente sua teoria monetária. Aliás, o recurso à filosofia

---

[5] Efetivamente, dentre os integrantes do grandioso *Projeto de crítica da economia política* (1844-1883), a *Zur Kritik...* de 1859 foi um dos poucos trabalhos que chegou a ser publicado, em vida, pelo próprio Marx. Correspondia ao primeiro tomo, dos dois que constituiriam o Livro I, "Do Capital", de uma obra mais vasta, concebida inicialmente em seis livros, e que seria em seguida abandonada e substituída por uma nova, cujo destino seria, também, o de permanecer inacabada: refiro-me a *O Capital*. A temática tratada na *Zur Kritik...* de 1859 (vale dizer, na parte do plano originário do trabalho que foi escrito e publicado) será retomada na primeira seção do Livro I da obra magna. Tratei desse assunto em outro lugar (Moura, 1999, pp. 52-78).

britânica é recorrente ao longo de seus trabalhos e não deve passar inadvertido que sua teoria do valor erigiu-se na discussão, entre outros, com autores como Locke, o próprio Hume, James Steuart, Adam Smith, David Ricardo, além de Bernard de Mandeville e Malthus, para ficar apenas com alguns dos mais notórios. No entanto, importa menos tentar reconstruir agora o conjunto das posições em debate, mas apenas assinalar que, em seu exame sobre a teoria monetária de Hume, ao criticá-la, Marx acusa-o de não ser suficientemente conseqüente, ou seja, de não proceder no estudo dos fenômenos monetários em conformidade aos seus próprios postulados filosóficos. Nos dizeres de Marx, "Hume transforma, sem submeter à crítica, fatos observados parcialmente em proposições gerais, procedendo assim em perfeita contradição com os princípios de sua filosofia [...]" (Marx, 1989). Destarte, independentemente da justeza de sua crítica à teoria monetária humeana, nela estão embutidas um endosso e um encômio às posições filosóficas do criticado. Esta também é a interpretação de Jorge Tula, editor da obra de Marx em castelhano, quando afirma, em nota apensa à passagem citada, que: "Opondo-se assim ao Hume filósofo e economista, Marx assinala sua conformidade com o empirismo radical do autor do *Tratado da Natureza Humana*" (Tula, 2003, p. 357, nota 102).

Não obstante, a mais patente, e até certo ponto desconcertante, demonstração da simpatia de Marx pelo ideário cético está num episódio, em certa medida anedótico, mas nem, por isso menos revelador. D. Riazanov,[6] um dos maiores responsáveis, na extinta União Soviética, pela compilação, preservação e publicação de um conjunto enorme de materiais inéditos de Marx, tratando de apresentar um semblante humano do insigne revolucionário, organiza um conjunto de depoimentos de pessoas que com ele conviveram, nele incluindo um texto seu, no qual comenta um questionário, com as respectivas respostas, elaborado pelas filhas de Marx, Jenny e Laura, quando ainda crianças e que lhe teria sido confiado pessoalmente por esta última. Nas palavras do próprio Riazanov:

---

[6] Alcunha, como era comum entre os revolucionários na Rússia czarista, de David Goldenbak.

Não me lembro mais porque, mas seguramente durante uma de nossas conversas sobre Marx, ao lamentar que este tivesse deixado tão poucas manifestações "subjetivas", puramente pessoais, Laura se recordou imediatamente de que, em certa ocasião, ela e sua irmã mais velha, com o propósito de se divertirem, haviam feito a seu pai uma série de perguntas cujas respostas constituíam uma espécie de "confissão". Laura conseguiu encontrar estas "confissões", como eram chamadas no original. (Riazanov, 1984, p. 132)

Segundo Riazanov, essas "confissões", redigidas, originalmente, em inglês, língua em que se expressavam preferencialmente as filhas de Marx, teriam sido formuladas entre 1860 e 1865 (Ibidem, p. 133), porém, Teodor Shanin encontrou evidências suficientes para datá-las de 1868 (Shanin, 1983, p. 141), ou seja, no ano subseqüente à publicação da primeira edição do Livro I d'*O Capital*. Seriam "confissões" maduras, portanto, ainda que se tratasse de um folguedo infantil. Ademais do esperável num interrogatório desse tipo − por exemplo, à pergunta acerca da "cor preferida", Marx previsivelmente responde vermelho −, duas respostas, no entanto, são em certa medida surpreendentes, para não dizer reveladoras. À pergunta sobre o herói favorito Marx responde duplamente: Espártaco, Kepler. Quanto ao primeiro, enquanto herói revolucionário não há nada de imprevisível, mas a inclusão do nome de Kepler não se revela tão óbvia e parece representar, a despeito das crenças religiosas do cientista, um exemplo de honestidade intelectual e obstinado rigor científico, revelando a grande estima de Marx por essas qualidades.

Porém, a mais chamativa de todas é a resposta à última pergunta. Inquirido acerca de seu lema favorito, *favourite motto*, em inglês, Marx responde: "*De omnibus dubitandum*" (duvidar de tudo). Seria difícil precisar o significado exato dessa resposta, mas, descartá-la liminarmente pelo contexto do folguedo infantil, não se apresenta como a melhor opção. Pode-se, não obstante, com alguma cautela, tomá-la em sério, sobretudo porque parece corroborada por uma intransigente e conseqüente posição antidogmática de Marx. Essa divisa, certamente, não coonesta a ruptura com Hegel e aos que pretendem aproximá-los, além de alguns paralelismos demasiado óbvios, cabe o ônus de explicar como a crença apriorística na racionalidade do real pode ser coadunada com a eleição desse lema. Contudo, a coerência da confidência de Marx a suas filhas só pode, ou não, ser corroborada através do exame direto da eventual congruência com suas próprias formulações teóricas. Afinal, seria necessário levar a sério também suas prescrições metodológicas juvenis e desconfiar do que os filósofos dizem acerca de si mesmos, não dando muitos ouvidos à "consciência fenomenológica faladora", porém, seguindo o rastro da "toupeira do verdadeiro saber filosófico".

2. A querela do "método"

As discussões acerca de um suposto método marxista, ou "marxiano" como preferem alguns, vêm de longa data. Nos anos 1960 o debate recrudesceu, com a descoberta dos *Grundrisse*, que haviam sido publicados a partir de 1939, porém, cuja repercussão só seria efetiva naquela década, suscitada, sobretudo, pela discussão sobre os "modos de produção", notadamente o "asiático", e contribuíram para renovar o interesse pela *Introdução de 1857*, única parte daqueles manuscritos editada anteriormente. Com efeito, foi Karl Kautsky quem, pela primeira vez, a publicou, na revista *Die Neue Zeit*, em 1903 e, segundo Maurice Dobb, teria sido incorporada à edição inglesa da *Zur Kritik der politischen Ökonomie* de 1859, por N. I. Stone, em 1904. Já Laura Lafargue, segundo Maximilien Rubel, teria procedido a uma idêntica junção, na edição francesa de 1909 (Rubel, 1972, p. 234). Sem embargo, independentemente da primazia, a partir de então, consagrou-se a reedição conjunta de um e outro texto.

Apreciado, por muitos, de um modo autônomo e relativamente independente com respeito ao conteúdo, o suposto "método" ali exposto suscitou uma enorme, e algo bizantina, controvérsia, ensejando interpretações contrapostas. Do concreto ao abstrato e do abstrato ao concreto (Ilienkov, 1978 e Luporini, 1977), a disparidade das alternativas já demonstra, *per se*, as ingentes dificuldades do empreendimento. Sem embargo, mesmo estribando as interpretações na própria estrutura argumentativa d'*O Capital*, o suposto "método" por ele empregado assume feições muito divergentes no entendimento dos diferentes comentaristas, expressas, principalmente, através das polêmicas acerca da ordem da exposição e das relações entre o *lógico* e o *histórico*.

Passa inadvertido à grande maioria dos exegetas e analistas da principal obra de Marx o fato de que a estrutura argumentativa d'*O Capital* inicia-se pela noção de "riqueza" [*Reichtum*] e não pela de "mercadoria" [*Ware*], como aos mais afoitos pudera parecer. Tomar um ou outro ponto de partida não é irrelevante para a compreensão da obra. A noção de "riqueza" não foi eleita arbitrariamente como ponto de partida, não sendo mera coincidência que a principal obra de Adam Smith, aquele que muitos consideram o verdadeiro fundador da economia política, destine-se, como o título indica, ao exame da natureza e das causas da riqueza das nações. A "crítica da economia política", subtítulo d'*O Capital*, deve começar exatamente pela crítica de seu objeto, a saber: a própria "riqueza capitalista"; ou seja, a riqueza em sua forma propriamente capitalista de se manifestar, vale dizer, a forma capital, título da obra.

Sem embargo, o *capital* é uma figura processual, que consiste, resumidamente, numa redundante, pleonástica, *valorização de valor* [*Verwertung des Werts*] (Marx, 1972b, p. 167), que em sua forma mais concisa está expresso pela fórmula D-M-D',[7] onde D' = D+ΔD.[8] Por essa razão Marx inicia seu livro pela "forma mercadoria" [*Warenform*] que assumem os produtos do trabalho humano em certas circunstâncias históricas, dela desdobrando, em seguida, a "forma dinheiro" [*Geldform*], para só então, na Segunda Parte ou Seção da obra, depois de examinar detidamente, ao longo de toda a Primeira Seção, o entrelaçamento dessas formas no processo circulatório, expor a "forma capital" [*Kapitalform*], por elas constituída.[9] Ao

---

[7] D = dinheiro; M = mercadoria e D' = dinheiro incrementado.

[8] ΔD = acréscimo de dinheiro.

[9] "A forma valor do produto do trabalho é a forma mais abstrata, contudo também a forma mais geral do modo burguês de produção, que por meio disso se caracteriza como uma espécie particular de produção social e, com isso, ao mesmo tempo historicamente. Se, no entanto, for vista de maneira errônea como a forma natural eterna de produção social, deixa-se também necessariamente de ver o específico da forma valor, portanto, da forma mercadoria, de modo mais desenvolvido da forma dinheiro, da forma capital etc." (Marx, 1985b, Livro I, vol. 1, p. 76, nota 32; Marx, 1972b, p. 95, nota 32).

fazê-lo, no entanto, não se limita a apresentar a forma capital apenas como uma evidência empírica, sem problematizá-la, como fizera o discurso da economia política, mas pergunta por suas condições de possibilidade de existência, configurando o enigma do ΔD, para cuja solução dedicará as seções subseqüentes, através do exame minucioso das formas do mais-valor. Destarte, ao longo das duas primeiras seções d'*O Capital*, Marx se dedica a problematizar o próprio objeto da obra, qual seja, valha a redundância, a figura *capital* que assumem os produtos do trabalho humano em certas circunstâncias históricas.

Tudo isso explica as razões pelas quais Marx inicia sua grandiosa obra com a seguinte afirmação:

> A riqueza das sociedades em que domina o modo de produção capitalista aparece como uma "imensa coleção de mercadorias", e a mercadoria individual como sua forma elementar. Nossa investigação começa, portanto, com a análise da mercadoria. (Marx, 1985b, p. 45)

Ou seja, ao problematizar a riqueza burguesa ele encontra a mercadoria como sua forma elementar, daí o giro argumentativo. Através dela sublinha seu caráter constitutivamente fáustico, enquanto, a um só tempo, riqueza concreta (valor de uso) e riqueza abstrata (valor). Tal consideração remonta a Aristóteles[10] e, em certa medida, a Adam Smith,[11] porém Marx, aprofundando a análise por eles iniciada, demonstra o desdobramento da forma dinheiro a partir da forma mercadoria, sobretudo de seu atributo valor.

Apontar que o dinheiro origina-se da relação efetiva entre as próprias mercadorias foi uma das grandes conquistas que ele próprio se auto-atribuiu.

---

[10] "Tomemos, por exemplo, um sapato: existe seu uso como sapato e existe seu uso como artigo de intercâmbio [...]" (Aristóteles, 1973, p. 1420 [1257a]).

[11] "[...] a palavra *valor* tem dois significados: às vezes designa a utilidade de um determinado objeto, e outras vezes o poder de compra que o referido objeto possui, em relação a outras mercadorias. O primeiro pode chamar-se 'valor de uso' [value in use] e o segundo, 'valor de troca' [value in exchange]." (Smith, 1985, p. 61)

Toda pessoa sabe – disse Marx, com sua peculiar ironia –, ainda que não saiba mais do que isso, que as mercadorias possuem uma forma comum de valor que contrasta de maneira muito marcante com a heterogeneidade das formas naturais que apresentam seus valores de uso – a forma dinheiro. Aqui cabe, no entanto, realizar o que não foi jamais tentado pela economia burguesa, isto é, comprovar a gênese da forma dinheiro, ou seja, acompanhar o desenvolvimento da expressão do valor contida na relação de valor das mercadorias, de sua forma mais simples e sem brilho até a ofuscante forma dinheiro. Com isso desaparece o enigma do dinheiro. (Marx, 1985a, p. 54)

Pelo menos do ponto de vista heurístico ou científico; porque do ponto de vista prático, no trato cotidiano, seu mistério permanece. Com efeito, os desdobramentos da forma valor dependem de sua efetivação prática. A forma mercadoria, que nasce do simples escambo, só pode metamorfosear-se em dinheiro através de uma enorme intensificação do processo de intercâmbio. Sem isso não se consuma o desdobramento da *tríade fetichóide* (mercadoria, dinheiro e capital). A valorização do valor, por sua vez, constitutiva da forma capital, pressupõe a prévia consolidação da forma dinheiro e ambas não se podem efetivar sem que certas condições sociais estejam dadas. A profunda diferença entre Marx e a economia política, daí o projeto de crítica, estriba em que esta se limita à chancela e legitimação das práticas vigentes no mundo burguês, enquanto ele denuncia a desfaçatez da cumplicidade; mas, sem a supressão efetiva e prática das relações sociais que as consubstanciam, as figuras da tríade fetichóide não se podem desvanecer.

Nessa temática, como em outras, uma vez mais, Marx prossegue à esteira de Aristóteles. Os fenômenos econômicos estão no plano da prática e sua eficácia aí se define. Ademais, para simplificar, Marx supõe a prevalência da justiça comutativa, o intercâmbio de equivalentes, porém, em vez de *nómisma*, apenas produto da convenção, vê no dinheiro um desdobramento necessário, com a disseminação, intensificação e generalização do intercâmbio, da relação de valor, ou seja, um desdobramento prático e historicamente engendrado da forma mercadoria. As moedas, estas sim convencionadas, são apenas expressões do dinheiro, figura necessária, em determinadas condições históricas e sociais. Daí a rematada tolice das pretensões de erradicar o dinheiro, sem transformar as relações sociais que o engendraram. Outrossim, a crítica peripatética da crematística antecipa a crítica da economia política.[12] Marx segue suas pegadas e serve-se também da óptica da utilidade, do valor de uso, vale dizer, da riqueza concreta, para a crítica da riqueza propriamente capitalista, ou abstrata. Parte, portanto, da maneira pela qual ela se apresenta ante qualquer observador imerso no torvelinho das relações sociais capitalistas, o que vale também para os teóricos da economia política, inclusive em seus melhores momentos. Ricardo também afirmou, valeria recordar, que "[...] a riqueza depende sempre da quantidade de mercadorias produzidas [...]."(Richardo, 1982, p. 192)

3. Acerca do determinismo

Não seria demasiado insistir em que o objeto da investigação de Marx, a riqueza burguesa, decorre de um processo prático, de um conjunto de relações sociais objetivas. O valor, em suas diferentes formas de manifestação, existe à revelia de qualquer ato de volição dos indivíduos imersos nas relações sociais que o engendram. Pérolas e metais preciosos, por exemplo, sempre que socialmente reconhecidos, valem muito, independentemente da apetência dos indivíduos singulares, uma vez que a chancela social do valor transcende sua volição privada. Destarte, o "método" não pode ser externo ao objeto, na medida em que, em seu caráter *post festum* (Marx, 1972b, p. 89), não pode prescindir do processo real, do desenvolvimento do conjunto das forças que o configuraram. A forma capital, por exemplo, preexiste ao capitalismo,

---

[12] Nesse sentido, segundo Aristóteles, "[...] um homem bem-provido de dinheiro pode amiúde ver-se desprovido das coisas mais imprescindíveis para a subsistência, apesar de que é absurdo que a riqueza seja de tal classe ou espécie que um homem possa estar muito bem-provido dela e, não obstante, possa morrer de fome, como o célebre Midas da lenda, quando, devido à insaciável cobiça de sua precação, todos os manjares que se lhe serviam convertiam-se em ouro" (Aristóteles, 1973, p. 1421 [1257b]).

que só pôde instaurar-se através do imenso movimento histórico que "liberou" a força de trabalho para ser vendida como mercadoria, conforme testemunha a relação salarial, contextualizada no âmbito de uma sociedade de proprietários de mercadorias, configurada por este ente denominado *mercado*.[13] Para que isso ocorresse, no entanto, era indispensável a confluência de um amplo leque de circunstâncias. O desdobramento sucessivo da tríade fetichóide não foi, portanto, o resultado necessário de um processo milenar cujo desígnio já estivesse inscrito em sua gênese. Só uma história particular, aquela que culminou com a eclosão da chamada "Revolução Industrial", serviu de conduto ao pleno desabrochar da figura processual enigmática que se tornou no "sujeito automático" [*ein automatisches Subjekt*] (Marx, 1972b, p. 169) da sociedade burguesa: ou seja, o capital.

Porém, mesmo nesse caso, essa trajetória peculiar não pode ser descrita de maneira linear. A via ocidental não desencadeou um processo isento de reviravoltas, movido por um *telos* prefigurado, cujo desdobramento fosse inexorável. Pelo contrário, há um conjunto de circunstâncias que confluem para um determinado desenlace e o exame da forma dinheiro, pelo seu caráter de solvente das relações sociais atávicas, pode contribuir para esclarecer algumas questões. Para Marx,

> [...] ainda que o dinheiro apareça e desempenhe um papel geral desde muito cedo, na Antigüidade só constitui um elemento dominante em determinadas

---

[13] Aliás, tratar o trabalhador como mercadoria não é, obviamente, uma criação marxista, como, de resto, testemunha a relação salarial... Marx, nesse caso, uma vez mais, apenas parte do discurso da economia política, para, porém, denunciar sua cumplicidade e incoerências. Um exemplo nesse sentido é a seguinte passagem da obra de Malthus: "Se em qualquer sociedade que avançou para além do estado selvagem, uma classe de proprietários e uma classe de trabalhadores devem existir necessariamente, é evidente que como o trabalho é a única propriedade da classe de trabalhadores, tudo o que tende a diminuir o valor desta propriedade deve tender a diminuir os bens desta parcela da sociedade. A única forma que o pobre tem de se manter com independência é pelo esforço de sua capacidade física. Esta é a única mercadoria que ele tem para dar em troca do indispensável para a vida" (Malthus, 1996, p. 341-342).

nações, nas nações comerciais. Inclusive na Antigüidade mais culta, entre os gregos e os romanos, vemos que seu pleno desenvolvimento, que na sociedade burguesa moderna se dá por suposto, somente aparece no período de sua dissolução. Portanto, esta categoria totalmente simples, só aparece historicamente em toda sua intensidade nas fases mais desenvolvidas da sociedade. De modo algum penetrando em todas as esferas econômicas. Por exemplo, no Império Romano, nos momentos de seu maior desenvolvimento, a base eram o imposto e as prestações em espécie. A rigor, o dinheiro só chegou a se desenvolver plenamente no âmbito do exército. (Marx, 1985a, p. 17)

Destarte, o emprego generalizado da forma dinheiro, *per se*, e mesmo a existência relativamente disseminada da forma capital não convertem a sociedade automaticamente em capitalista. Para tal é necessário o concurso solidário de várias circunstâncias, que incluem, não obstante, o desenvolvimento mais ou menos amplo dessas formas.

Marx rastreia a gênese da sociedade burguesa na propriedade privada, que funda a vertente européia ou ocidental de desenvolvimento histórico, em contraste com a asiática ou oriental. É na propriedade privada que se deve buscar a etiologia da esgarçadura dos laços comunitários, que configuram, na trajetória ocidental, uma história acelerada e pejada de conflitos.[14] Por oposição, para Marx, "A que mais tenazmente e durante mais longo tempo se mantém é, necessariamente, a forma asiática de comunidade". (Marx, 1985a,

---

[14] Aliás, se há um denominador comum no pensamento de Marx, que o acompanha da juventude até a morte, este se encontra em sua apreciação crítica acerca da propriedade privada dos meios de produção, condição de possibilidade para a obtenção dos imprescindíveis meios de vida [*Lebensmittel*]. Com efeito, o escrito juvenil de Engels, "Umrisse zu einer Kritik der Nationalökonomie", publicado originalmente no *Deutsch-Französishe Jahrbücher* (Paris, 1844), sempre encomiado por Marx e que, como ele próprio confessa, o despertaria para a Crítica da Economia Política, tem como pedra angular a denúncia da propriedade privada, uma vez que "[...] à Economia não se lhe passou pela cabeça deter-se na *razão de ser da propriedade privada*" (Engels, 1978, p. 10). A natural evocação a Rousseau (1989, p. 84), que daí emerge, não deve, contudo, obnubilar o fato de que, para Marx, ao par das mazelas que enseja, a propriedade privada constituiu um estímulo ao desenvolvimento das forças produtivas, *conditio sine qua non* de sua própria superação.

p. 344). O que se explicaria também pelo – valha a redundância – maior compromisso dela com a base comunitária, mais resistente, pelo desconhecimento da propriedade privada plena, aos efeitos dissolutivos do desenvolvimento mercantil. Assim, a relativa estabilidade histórica das "formas asiáticas" contrasta firmemente com a velocidade e radicalismo das transformações operadas na história ocidental, cujo destino errante inicia-se com a "pequena comuna guerreira", paradigmaticamente representada pela *pólis* grega. O comércio, daí a exacerbada crítica de Aristóteles à crematística, expressão precoce da hipóstase da esfera distributiva configurada em mercado, é o grande desestabilizador das figuras sociais, tendo no dinheiro, paradoxalmente, signo de ligação entre os proprietários privados, o principal veículo da mensagem desagregadora. Ao facilitar o processo de acumulação de riqueza, de forma, em princípio, ilimitada, o dinheiro por si só não provoca, mas, certamente, permite e facilita que as tensões imanentes ao desequilíbrio na apropriação da riqueza social se alastrem rapidamente.

Nesse sentido, para Marx,

> Não cabe dúvida de que a riqueza monetária acumulada pelos comerciantes acelerou o processo de dissolução das velhas relações de produção [...]. O desenvolvimento do valor de troca, estimulado pelo dinheiro reunido pelos comerciantes, arruinou com a produção diretamente orientada para o valor de uso imediato e com as formas de propriedade compatíveis com ela [...]. (Marx, 1985a, pp. 363-364)

O risco de desagregação social que se expressa através do desenvolvimento da forma dinheiro foi advertido pelas melhores inteligências do Mundo Antigo. Por isso,

> Platão, em sua *República*, pretende conservar à força o dinheiro como simples meio de circulação e medida, porém impedindo que se converta em dinheiro como tal. Daí que Aristóteles considere a forma da circulação, M–D–M, na qual o dinheiro só funciona enquanto moeda e medida, em

um movimento que ele chama econômico, como um movimento natural e racional, fustigando, em troca, como antinatural, como contrário a seus fins, a forma D–M–D, a forma crematística. (Marx, 1985a, p. 445)

Tal avanço, não obstante e a despeito das objeções platônicas, peripatéticas e de seus seguidores medievais, não pôde ser contido e, mesmo proscrita como pecado *contra naturam*, a riqueza monetária, inclusive a usura, vai aos poucos se legitimando e de opróbrio pôde, com a Reforma, metamorfosear-se em predestinação. Esse destino mais fluido e mutável produzido pela dissolução dos laços comunitários, ensejada pela propriedade privada, com a configuração de um mercado mundial e, sobretudo, com a Revolução Industrial, unificará as diferentes histórias paralelas em uma *história universal*. Foi, portanto, pela via oblíqua que uma história singular converteu-se em história geral. Foi pela exceção que se instituiu a regra. A história do capitalismo não é, *per se*, geral e universal, porque "[n]em sempre existiu a história universal: a história enquanto história universal é um resultado" (Marx, 1985a, p. 23). Aliás, tal resultado, já era atribuído por Marx, desde 1845, à *grande indústria*, e ao corolário complexo de condições e desdobramentos que a envolvem. Pois foi ela que

> Criou, pela primeira vez, a história universal [die Weltgeschichte], fazendo com que toda nação civilizada e todo indivíduo, dentro dela, dependesse do mundo inteiro para a satisfação de suas necessidades, acabando com o exclusivismo natural e primitivo das nações isoladas que até então existiu. (Marx, 1974a, p. 69)

Só assim, por exemplo, cobraria pleno sentido a irritação de Marx quando, em 1877 (passados, portanto, 32 anos da assertiva anterior), em correspondência dirigida à revista russa *Otietschestwenie Sapinski*, queixa-se asperamente de um comentarista que

> De qualquer maneira quer converter meu esboço histórico sobre as origens do capitalismo na Europa Ocidental em uma teoria filosófico-histórica

sobre a trajetória geral à qual se acham fatalmente submetidos todos os povos, quaisquer que sejam as circunstâncias históricas que neles incidam [...].(Marx, 1974b, p. 712)

4. A escatologia messiânica

A despeito desse inequívoco pronunciamento de Marx, as razões pelas quais, mais de meio século depois, uma formulação tão simplória como a escatologia messiânica dos "cinco estágios", esse arremedo pouco atilado de religião laica, pudesse assumir tamanha proeminência mereceria todo um estudo à parte. A lapidar assertiva de Marx, em seu famoso *Prefácio de 1859* (*Zur Kritik der politischen Ökonomie*), de que, "[e]m grandes traços podem ser caracterizados, como épocas progressivas da formação econômica da sociedade, os modos de produção: asiático, antigo, feudal e burguês moderno" (Marx, 1989, p. 26), tendeu a ser considerada, sobretudo à esteira da concepção stalinista dos "cinco estágios", como prova de sua incontestável adesão a uma interpretação histórica universalmente progressiva e linear.[15] Com efeito, pareceria que Stalin, em 1938, ano da publicação do opúsculo *Sobre o Materialismo Histórico e o Materialismo Dialético*, ao afirmar que "A História conhece cinco tipos *fundamentais* de relações de produção: o comunismo primitivo, o escravismo, o feudalismo, o capitalismo e o socialismo" (Stalin, 1972, p. 118) estaria, em verdade, apenas coadjuvando as mesmas idéias antes esposadas por Marx. E tal crença prevaleceu hegemônica até, pelo menos, o XX Congresso do Partido

---

[15] O exame atento da passagem do *Prefácio de 1859*, citado anteriormente, deixa transparecer de imediato seu contraste, quando confrontado com a formulação de Stalin. Com efeito, a presença perturbadora do "modo de produção asiático" permite entrever, liminarmente, que não se podem tomar, simplesmente, uma pela outra, as seqüências históricas concebidas por Marx e Stalin. Com efeito, a ampla discussão, ao longo da década de 1960, acerca do conceito de "modo de produção" e que teve seu fulcro no "modo de produção asiático", evidencia as dificuldades intransponíveis na identificação imediata de ambas.

Comunista da URSS, em 1956, quando foram ensejadas as condições políticas para que um debate mais amplo proliferasse. O mais grave é que a concepção dos "cinco estágios", em suas versões mais toscas, sequer mantém a cautela da formulação stalinista, que, ao reconhecer "cinco tipos *fundamentais*", pela fundamentalidade dos mesmos, não excluiu completamente outros "tipos de relações de produção", que não tivessem idêntica importância. Os manuais de catequese não tiveram pudor em suprimir qualquer sutileza e toda a história humana passa a ser descrita, pela inexorável escatologia que se desdobra, progressiva e linearmente, em apenas cinco figuras históricas possíveis: o comunismo primitivo, o escravismo, o feudalismo, o capitalismo e o socialismo. Destarte, por exemplo, uma equipe de autores soviéticos afirmava peremptoriamente, em 1959, ou seja, mesmo depois da defenestração de Stalin, que "[a] humanidade, como um todo, passou por quatro formações: comunitária primitiva, escravista, feudal e capitalista, vivendo agora na época da passagem à formação seguinte, comunista, cuja primeira fase se denomina socialismo" (Kuucinen, 1962, p.130).

A singeleza da formulação, independentemente de suas variantes, encontra eco no proselitismo, quase religioso, resultante da defesa maniqueísta dos interesses do "socialismo em um só país", quando transplantados para a conjuntura da "guerra fria", após a Segunda Grande Guerra Mundial. Defender um destino histórico homogêneo e inexorável para todos os povos equivalia à chancela de uma única via política possível, proscrevendo, *a priori*, quaisquer "desvios", que se colocavam como contrários à própria "marcha da história". O apelo popular desse esquematismo contribuiu, decididamente, para torná-lo hegemônico, sobretudo porque oriundo daqueles momentos profundamente dramáticos, de ingentes sacrifícios pessoais, como foram os do segundo quartel do século XX, com a ascensão avassaladora do nazifascismo e seus sucedâneos e simpatizantes, disseminados pelos quatro cantos do mundo e os enormes sofrimentos humanos ensejados pelo confronto apoteótico daí resultante na Segunda Grande Guerra. Nesse contexto de extrema tensão, colocar-se a favor do inevitável curso dos acontecimentos será sempre um alento inestimável, sobretudo diante da tragédia da conflagração aniquiladora, quando a possibilidade de pertencer a algo transcendente contrapõe-se à terrível e inquietante finitude do indivíduo, conferindo-lhe, senão a certeza apodítica conferida pela promessa da parúsia para aqueles que nela crêem, pelo menos, o conforto da aura messiânica de se estar em conformidade com a própria ordem histórica e sua inevitável trajetória...

Diante de todo o exposto, seria necessário concluir que, afirmações como a que fez Rosenthal, de que Marx teria mostrado através de seus escritos que "o socialismo não é um sonho [...], mas o resultado necessário e inelutável do desenvolvimento do modo de produção capitalista" (Rosenthal, 1959, p. 4), não se fundamentam na letra do autor e não encontram respaldo científico no âmbito do grandioso projeto de crítica da economia política por ele elaborado. Certamente que o comunismo não é apenas um sonho idílico, outra quimera, dentre tantas, pois está firmemente inscrito no espectro das possibilidades plausíveis ou até indispensáveis, pelo menos para os que temem um desenlace trágico para as futuras gerações, caso a hegemonia do capital e seus energúmenos siga prevalecendo (e os perigos que espreitam a humanidade não são de pequena monta e vão desde a possibilidade de um cataclismo financeiro inimaginável, ao emprego indiscriminado de meios de destruição massiva, passando pela catástrofe ecológica, que alguns vaticinam já se ter iniciado...). Porém não é inexorável, nem está inscrito como uma fatalidade auspiciosa nos destinos da humanidade (como, tampouco, o apocalíptico desiderato da riqueza abstrata, em sua infinita voracidade...). Seria, ademais, uma reviravolta demasiado extravagante aceitar que aquele jovem, em cuja tese doutoral manifestava-se uma evidente simpatia em relação à declinação dos átomos, pudesse, na maturidade, inverter os termos daquela análise e abraçar o determinismo de Demócrito em detrimento da liberdade inscrita na formulação epicúria. Se a Marx não se pode, imediatamente, chamar de "cético", certamente faz jus aos epítetos de rigoroso e antidogmático e a conjunção de ambos, quando assumidos com coerência e em forma radical, como, aliás, era de seu feitio, pôde levá-lo a abraçar, sem qualquer pejo, diante das próprias filhas, como um conselho, um ensinamento à posteridade, a divisa cética: "*De omnibus dubitandum*".

Referências bibliográficas

ALTHUSSER, Louis. *La Revolución Teórica de Marx*, trad. M. Harnecker, México, Siglo XXI, 1975.

ARISTÓTELES. *Política*, Livro I, trad F. Samaranch, Madri, Aguilar, 1973.

CORNU, Auguste, *Carlos Marx, Frederico Engels*, IV Tomos. Havana, Ed. de Ciencias Sociales, 1975.

DOBB, Maurice. "Introducción", em MARX, Karl, *Contribución a la Crítica de la Economía Política,* trad. J. Tula *et alii*, México, Siglo XXI, 2003.

ENGELS, F. "Esbozo de Crítica de la Economía Política", em *Breves Escritos Económicos*, trad. W. Roces, México, Grijalbo, 1978.

HEGEL, G.W. F. *Lecciones sobre la Historia de la Filosofía*, 3 Tomos, trad. W. Roces, México, Fondo de Cultura Económica, 1977.

ILIENKOV, E. "Elevarse de lo Abstracto a lo Concreto", em ILIENKOV, E. *et alii*. *El Capital: Teoría, Estructura y Método,* vol. I, México, Ed. de Cultura Popular, 1978

KUUCINEN, O. *et alii*. *Fundamentos do Marxismo-Leninismo*, trad. J. Gorender e M. Alves, Rio de Janeiro, Vitória, 1962.

LUPORINI, Cesare. "El Círculo Concreto-Abstracto-Concreto", em LUPORINI, Cesare *et alii*. *La Dialéctica Revolucionaria*, Puebla, Universidad Autónoma de Puebla, 1977.

MALTHUS, Thomas. *Ensaio sobre a População*, trad. A. Cury, São Paulo, Nova Cultural, 1996. Col. "Os Economistas".

MARX, Karl. *Diferença entre as Filosofias da Natureza em Demócrito e Epicuro*, trad. C. Jardim e E. Nogueira, Lisboa, Presença, 1972a, p. 127.

MARX, Karl. *Das Kapital*, I, Berlim, Dietz, 1972b.

MARX, Karl. *La Ideología Alemana*, trad. W. Roces, México, Cultura Popular, 1974a.

MARX, Karl. "Cartas sobre el Tomo I de *El Capital*", em *El Capital*, trad. W. Roces, México, Fondo de Cultura Económica, 1974b.

MARX, Karl. *Escritos de Juventud*, trad. W. Roces, México, Fondo de Cultura Econômica, 1982.

MARX, Karl. *Lineamientos Fundamentales para la Crítica de la Economía Política 1857-1856 (Grundrisse)*, 2 Tomos, trad. W. Roces, México, Fondo de Cultura Económica, 1985a.

MARX, Karl. *O Capital*, trad. R. Barbosa e F. Kothe, São Paulo, Nova Cultural, 1985b. Col. "Os Economistas".

MARX, Karl. *Para a Crítica da Economia Política*, trad. E. Malagodi, São Paulo, Abril Cultural, 1989, Col. "Os Economistas".

MEHRING, Franz. *Carlos Marx*, trad. W. Roces, Barcelona, Grijalbo, 1975.

MOURA, Mauro C. B. "Sobre o Projeto de Crítica da Economia Política de Marx", em *Crítica Marxista*, n° 9, 1999, pp. 52-78.

RIAZANOV, D. *Marx: o Homem, o Pensador, o Revolucionário*, trad. M L. Barbosa e A. R. Bertelli, São Paulo, Global, 1984.

RICARDO, D. *Princípios de Economia Política e Tributação*, São Paulo, Abril Cultural, 1982.

ROSENTHAL, M. *Les problèmes de la dialectique dans "Le Capital" de Marx*, Paris/Moscou, Ed. Sociales/Ed. en Lengues Etrangères, 1959.

ROUSSEAU, J.-J. *Discurso sobre a Origem e Fundamentos da Desigualdade entre os Homens*, trad. I. Soares e M. C. Nagle, Brasília/São Paulo, UnB/Ática, 1989.

RUBEL, Maximilien. "Notice", em MARX, Karl, *Introduction Générale a la Critique de L'Économie Politique* (1857), *Œuvres: économie*, Tomo I, Paris, Gallimard, 1972.

SHANIN, Teodor. *Late Marx and the Russian Road*, New York : Monthly Review, 1983.

SMITH, Adam. *A Riqueza das Nações*, 2 Tomos, trad. L. Baraúna, São Paulo, Nova Cultural, 1985.

STALIN, Iosif. "Sobre el Materialismo Histórico y el Materialismo Dialéctico", em *¿Anarquismo o Socialismo?*, México, Grijalbo, 1972.

TULA, Jorge. "Notas del Editor", em MARX, Karl. *Contribución a la Crítica de la Economía Política*, trad. J. Tula *et alii*, México, Siglo XXI, 2003.

Wittgenstein e o Externalismo

Alexandre N. Machado

> Temos um sistema de cores como temos um sistema de números. Esses sistemas residem na nossa natureza, ou na natureza das coisas? Como se deveria dizer? — Não na natureza das coisas. Esse sistema, então, tem alguma coisa de arbitrário? Sim e não. É aparentado com o arbitrário e com o não-arbitrário.
>
> Wittgenstein (1967), §§357-358

1. Introdução

Uma teoria sobre uma determinada propriedade F é externalista[1] se dela se segue a possibilidade que, de duas coisas que possuem as mesmas propriedades intrínsecas (e, por isso, são intrinsecamente indistinguíveis entre si), apenas uma delas possua a propriedade F. O que determina que uma delas possui a propriedade F é sua relação com outra coisa. Chamemos uma propriedade assim de externa.[2] Há muitas propriedades que são obviamente externas. Entretanto, alguns filósofos contemporâneos sustentam, contra boa parte da tradição filosófica, que, apesar das aparências em contrário, certas propriedades que são geralmente consideradas internas são, ao menos em alguns casos,[3] externas. Dentre essas propriedades estão a que um indivíduo tem de ter uma crença

---

[1] "Externalismo" é um anglicismo. Entretanto, para não correr o risco de dificultar a compreensão do meu texto sem necessidade, vou adotar o uso desse neologismo que se tornou comum entre filósofos brasileiros.

[2] Poderíamos também chamá-la de extrínseca. Mas vou usar "externa" para uniformizar a terminologia.

[3] Se em alguns casos as propriedades em questão são externas, isso é suficiente para mostrar que a tese geral da tradição – que em todos os casos elas são internas –, é falsa.

cognitivamente justificada (externalismo epistemológico), de ter um evento mental com um determinado conteúdo (externalismo sobre o conteúdo mental) e de ser capaz de usar uma expressão lingüística com um determinado significado (externalismo semântico).[4]

Há dois outros aspectos do externalismo filosófico que são importantes. Um deles é uma ênfase no caráter social daquilo que determina a posse de uma propriedade externa. Quando o argumento contra o internalista baseia-se principalmente nesse aspecto, o externalismo recebe o nome de "anti-individualismo". O outro aspecto importante do externalismo é o caráter não-epistêmico daquilo que determina a posse de uma propriedade externa. Isso significa que, se F é uma propriedade externa, é possível que a seja F e não saibamos isso.

Esse último aspecto do externalismo tem conseqüências que, à luz da tradição (internalista), parecem absurdas. Para um externalista epistemológico, é possível que um sujeito tenha uma crença cognitivamente justificada e seja incapaz de identificar explicitamente (não tenha acesso cognitivo a) aquilo que a justifica. Se a identificação daquilo que justifica cognitivamente uma crença constitui a justificação dessa crença, então se pode dizer, de um modo um tanto paradoxal, que, para um externalista, um sujeito pode ter uma crença justificada e ser incapaz de produzir uma justificação dessa crença.[5] Para um internalista, isso é simplesmente impossível. Para um externalista semântico, é possível que um sujeito use um termo de modo incorreto e não tenha acesso cognitivo àquilo que mostraria o seu erro, a saber, o significado do termo.[6] Para um internalista, isso é simplesmente impossível.

O presente texto visa apresentar, em caráter preliminar, uma avaliação wittgensteiniana de alguns pressupostos de um dos principais argumentos em favor do externalismo semântico: o experimento

---

[4] O que está em questão aqui, portanto, é a natureza dos fatos descritos por afirmações das seguintes formas: "S sabe que p", "S crê (deseja, espera, teme etc.) que p" e "S usa 'p' para dizer que ___".

[5] Alguns evitam esse paradoxo, abandonando os termos "justificada" e "justificação" e dizendo que um conhecimento não é necessariamente uma crença verdadeira *justificada*.

[6] Essa não é a afirmação de que o externalismo implica a possibilidade do erro maciço. Não se trata de uma afirmação nem sobre todos nem sobre a maioria dos usos do termo.

mental da Terra Gêmea, desenvolvido por Putnam no seu clássico "The Meaning of 'Meaning'". Primeiramente pretendo mostrar que alguns dos mencionados pressupostos externalistas *parecem* implicar a possibilidade do erro maciço.[7] A seguir pretendo expor esquematicamente um argumento wittgensteinano contra essa possibilidade. Esse argumento procura mostrar que o erro maciço é incompatível com a normatividade essencial da linguagem.

Esse aparente conflito entre a filosofia de Wittgenstein e o externalismo não esconde as semelhanças entre ambos. Entretanto, creio que essas semelhanças são algumas vezes exageradas.[8] Embora a idéia wittgensteiniana de publicidade da gramática tenha afinidades com o externalismo semântico, a idéia de autonomia (ou "arbitrariedade")[9] da gramática parece estar em franco conflito com ele. Mas vou tratar desses últimos pontos apenas de passagem no fim do texto.

2. Terra Gêmea

Segundo Putnam, a concepção tradicional do significado inclui duas teses, a saber:

---

[7] Essa afirmação pode soar no mínimo estranha para quem sabe que Donald Davidson, *um externalista*, argumentou *contra* a possibilidade do erro maciço. Mas não vou me ocupar aqui com as diferenças e semelhanças entre Davidson e Wittgenstein.

[8] Philip Petitt (1983), por exemplo, concorda com Tyler Burge (1979) que a filosofia de Wittgenstein é uma contribuição para o anti-individualismo defendido por Burge. Essa avaliação está baseada na tese interpretativa segundo a qual, para Wittgenstein, a linguagem é essencialmente social, o que excluiria a possibilidade de uma linguagem solitária (que não deve ser confundida com uma linguagem privada). Creio que essa tese interpretativa está equivocada. Mas não vou discutir esse ponto aqui (Machado, 2004). Anthony Rudd (1997) argumenta de forma bem-sucedida contra a tentativa de Gregory McCulloch (1995) de harmonizar o externalismo de Putnam e a filosofia da linguagem de Wittgenstein. Mas seus argumentos são diferentes dos apresentados aqui.

[9] Cf. epígrafe do presente texto.

(I) Conhecer o significado de um termo é estar em um estado psicológico.
(II) O significado de um termo determina sua extensão (identidade de significado implica identidade de extensão).[10]

Na tese (I), explica Putnam, a expressão "estado psicológico" é entendida em sentido estrito (*narrow*). No sentido estrito, um estado psicológico é um estado que não implica a existência de nada exterior ao sujeito.[11] A expressão "significado", em ambas as teses, é entendida como sinônima de "intenção". Os conceitos de *intenção* e *extensão* foram forjados pela tradição para dar conta da aparente ambigüidade da expressão ordinária "significado", que ora parece ser usada no sentido de "intenção", ora no sentido de "extensão". A extensão de um termo é o conjunto das coisas às quais o termo se aplica verdadeiramente (é aquilo que é *significado* pelo termo). O conceito de *intenção* serve para dar conta dos casos de termos que, aparentemente, têm a mesma extensão, mas significados distintos, como, por exemplo, os termos "cordato" (ser que possui coração) e "renato" (ser que possui rins). Os significados, nesses casos, são normalmente concebidos como condições necessárias e suficientes para que um objeto pertença à extensão do termo; para que o termo se aplique verdadeiramente a um objeto.

Putnam chama atenção para uma conseqüência de (I) e (II): (I) implica que o estado psicológico (em sentido estrito) que constitui o conhecimento do significado (a compreensão) determina a intenção[12]

---

[10] Cf. Putnam (1975), p. 219. Todas as traduções contidas nesse artigo são de minha autoria. Doravante, as referências não especificadas são todas de Putnam (1975).

[11] Uma alteração de estado psicológico em sentido estrito é aquela que é percebida por um detector pessoal (*personal scanner*, cf. Pettit, 1983, p. 446), isto é, por uma máquina que detecta *qualquer* alteração na *res extensa* e na *res cogitans* de uma pessoa e *apenas* essas alterações. Ela é incapaz de detectar alterações no ambiente em que a pessoa se encontra.

[12] O argumento para isso é simples: conhecer o significado de uma expressão é saber qual intenção é o seu significado. Saber que I_1 é o significado de A e saber que I_2, é o significado de A são estados psicológicos distintos. O mesmo ocorre com saber que I_1 é o significado de A e saber que I_1 é o significado de B. Portanto, é impossível que duas pessoas estejam no mesmo estado psicológico (em sentido estrito) e compreendam a mesma expressão de modo distinto (atribuam a ela intensões diferentes). Cf. p. 221.

e, portanto, dado (II), determina a extensão. O experimento da Terra Gêmea visa justamente mostrar que essa conseqüência de (I) e (II) é falsa: a extensão de um termo não é determinada por um estado psicológico (em sentido estrito). Putnam procura mostrar que é justamente uma certa interpretação da inversa de (II) que é verdadeira: é a extensão que determina o significado. Mas "significado" nessa tese invertida não é mais entendido como a intenção do termo.

Para mostrar isso, Putnam nos convida a imaginar uma situação contrafactual em que duas pessoas que são exatamente idênticas, inclusive no que respeita aos seus estados psicológicos (em sentido estrito), e que têm o mesmo comportamento lingüístico com relação a um determinado termo, usam esse termo com significados distintos (pp. 223-7). Vou apresentar os principais pontos do experimento de Putnam porque alguns deles serão examinados mais adiante.

Imaginemos que em algum canto do universo exista um planeta, a Terra Gêmea, que é exatamente igual à Terra em quase todos os aspectos. Lá há seres humanos iguais aos que existem na Terra, alguns deles falam português, há flora, fauna, mares, montanhas etc. Uma das diferenças entre a Terra e a Terra Gêmea é que na Terra Gêmea o líquido que preenche lagos, rios e mares, que mata a sede, congela a 0 °C e ferve a 100 °C ao nível do mar, é, quando puro, insípido, inodoro e incolor etc. (o líquido que tem o mesmo "estereótipo" do líquido que *nós* chamamos de água), não é formado pela molécula H_2O, mas de uma molécula mais complexa cuja abreviação é XYZ. H_2O e XYZ, em circunstâncias normais de pressão e temperatura, são indistinguíveis. Mas, não obstante a diferença, os terráqueos gêmeos (os habitantes da Terra Gêmea) chamam XYZ de água.

Se os terráqueos (os habitantes da Terra) viajassem até a Terra Gêmea, provavelmente chamariam XYZ de *água*. Mas "água", no português terráqueo, significa (tem a extensão) H_2O. Por isso, se os terráqueos descobrissem que o líquido da Terra Gêmea é constituído de XYZ, eles corrigiriam sua suposição inicial e diriam que, no português da Terra Gêmea, "água" significa, não H_2O, mas XYZ. Algo análogo ocorreria se os terráqueos gêmeos visitassem a Terra. Portanto, no cenário do experimento de Putnam, a palavra "água" tem dois significados (no sentido "pré-analítico" de "significado"), pois tem duas extensões. No sentido que "água" tem na Terra Gêmea, o que nós chamamos de *água*, H_2O, não é água. No sentido que "água" tem na Terra, o que os terráqueos gêmeos chamam de *água*, XYZ, não é água. O passo crucial do experimento de Putnam consiste em imaginar que as visitas mútuas entre terráqueos e terráqueos gêmeos se dão em 1750, numa época em que ninguém sabia, *nem tinha condições de saber*, que "água", na Terra, significa H_2O e que, na Terra Gêmea, a mesma palavra significa XYZ. Suponhamos que nessa época vivessem $Oscar_1$, um terráqueo, e $Oscar_2$, um terráqueo gêmeo que é física e (o que é mais importante) psicologicamente idêntico a $Oscar_1$. (Mas a identidade psicológica aqui inclui apenas estados psicológicos num sentido estrito.) Nessa época, eles poderiam atribuir e negar os mesmos predicados àquilo que cada um chama de *água*, ou seja, poderiam ter os mesmos "hábitos lingüísticos" (p. 247). Não há nenhuma crença que $Oscar_1$ tenha sobre o que ele chama de água que $Oscar_2$ não tenha sobre o que ele, $Oscar_2$, chama de água.[13] Mas se o significado de "água" na boca de $Oscar_1$ e $Oscar_2$ não é o mesmo, porque a extensão dessas expressões não é a mesma, dado que na boca de $Oscar_1$ "água" significa H_2O e na boca de $Oscar_2$ "água" significa XYZ, e se $Oscar_1$ e $Oscar_2$ estão nos mesmos

---

[13] Mas crenças são estados psicológicos que possuem conteúdo (referido por uma frase em que: "*S* acredita que *p*"). Portanto, se a identidade do conteúdo é determinada por algo externo e a identidade da crença é determinada pela identidade do conteúdo, então a identidade da crença é determinada por algo externo. Mas parece ser justamente um resultado do experimento mental da Terra Gêmea que o conteúdo das crenças sobre espécies naturais é determinado pela referência dos termos para espécies naturais que aparecem na expressão dessas crenças. Conseqüentemente, de acordo com esse experimento mental, ao menos crenças sobre espécies naturais não são estados psicológicos em sentido estrito, mas o são em sentido amplo. Sendo assim, $Oscar_1$ e $Oscar_2$ não podem ter exatamente as mesmas crenças, embora tenham exatamente os mesmos estados psicológicos em sentido estrito. Na introdução a *The Twin Earth Chronicles*, Putnam confessa que, quando publicou "The Meaning of 'Meaning'", não tinha certeza sobre as conseqüências de suas reflexões para a filosofia da mente. Ele afirma que acabou concordando com Tyler Burge (1979) que, naquele texto, ele erroneamente deixou espaço aberto para o "conteúdo estrito" e para os "estados mentais estritos" (Putnam, 1996, p. xxi).

estados psicológicos, então a extensão de "água" (e, portanto, seu significado) não pode ser determinada por esses estados psicológicos.

Uma das suposições desse último passo do experimento de Putnam é que, em 1750, "água" tinha a mesma extensão que tem atualmente. Em favor dessa suposição, Putnam argumenta que o uso de termos para espécies naturais é governado pela seguinte exigência: quando digo "Isso é F" (onde "F" é um termo para uma espécie natural), suponho que há uma relação de identidade de espécie entre isso e aquilo que se vem chamando de F.[14] Além disso, segundo Putnam, a relação de identidade de espécie entre instâncias de espécies naturais é teórica: questões de identidade e diferença desse tipo algumas vezes necessitam de investigação científica e são sempre revogáveis à luz de novas investigações.[15]

---

[14] Essa suposição pode ser falsa. As coisas que se vem chamando de F formam o conjunto F. Suponhamos que parte desse conjunto, o conjunto F_1, seja formado por coisas que pertençam a uma espécie *diferente* daquela a que pertencem as restantes. Nesse caso, diria Putnam, estamos enganados ao pensar que todas as coisas que pertencem a F pertençam à mesma espécie natural. Isso aconteceria, por exemplo, se parte do líquido que preenche os rios, lagos, e oceanos da Terra etc., fosse XYZ. (Examinaremos essa possibilidade na próxima seção.) Nesse caso, o conjunto dos Fs não seria uma espécie natural, mas o conjunto de duas espécies naturais.

[15] Cf. p. 225. Putnam concorda com Saul Kripke (1972) que termos para espécies naturais são "designadores rígidos", isto é, designam *a mesma coisa* em *todos* os mundos possíveis. Por isso, afirmações tais como "Água é H_2O" são necessárias, isto é, verdadeiras não apenas no mundo atual, mas em todos os mundos possíveis, pois se "água" e "H_2O" são designadores rígidos e designam a mesma coisa no mundo atual, então designam a mesma coisa em todos os mundos possíveis e, portanto, não é possível um mundo em que algo seja água (pertença à extensão de "água") e não seja H_2O (não pertença à extensão de "H_2O"). No entanto, Putnam sustenta que é *concebível* que uma experiência nos convença racionalmente que água não é H_2O e conclui que nem tudo que é concebível é logicamente possível. Se "conceber" pode ser traduzido aqui por "pensar o sentido da frase", então a conclusão de Putnam implica que, contrariamente ao que Wittgenstein diz no *Tractatus*, conceber que *p* não envolve representar *a possibilidade de que p*, não envolve considerar um mundo possível em que é o caso que *p*. Entretanto, conceber que *p* envolve pensar como as coisas *seriam* se fosse o caso que *p* (se "p" fosse verdadeira), mesmo quando "p" expressa uma impossibilidade lógica? Mas o que é o caso é possível. Portanto, pensar como as coisas seriam se fosse o caso que *p* envolve pensar como as coisas seriam se fosse possível que *p*. Conseqüentemente, se "p" expressa uma impossibilidade lógica, conceber que *p* envolve pensar como as coisas seriam se o impossível, que *p*, fosse possível. Mas em que isso se difere de representar a possibilidade de que *p*?

Dessa forma, é possível que em 1750 *todos* os terráqueos chamassem de *água* o que, na verdade, seria XYZ. Nesse caso, *todos* os terráqueos estariam usando a palavra "água" de modo *errado*, mas *sem o saber*. Mais que isso: *não seria possível* que eles verificassem seu erro, pois a verificação de seu erro dependeria de um conhecimento científico indisponível naquela época. E esse conhecimento científico – sobre o mundo, e não sobre nossas mentes – seria em parte constitutivo do conhecimento do significado de "água". Além disso, argumenta Putnam, mesmo que esse conhecimento estivesse disponível, para efeito de correção do uso, não seria necessário que todos os usuários do termo "água" o tivessem, dada a "divisão social do trabalho lingüístico". Delegamos aos especialistas a tarefa de corrigir nosso uso (pp. 227-229).

Apesar de argumentar que, ao menos em alguns casos, a extensão determina o significado, Putnam não identifica significado e extensão.[16] A extensão determina o significado na medida em que é *parte* do significado. O outro componente do significado é o estereótipo.[17] O estereótipo é um componente epistêmico e relativo do significado: trata-se da crença que certas características são compartilhadas pelos membros da extensão do termo. A posse dessa crença por parte do usuário é condição para que ele conheça o significado do termo, na medida em que contém os critérios para se determinar se algo pertence à extensão do termo (pp. 228, 248). Mas, segundo Putnam, as crenças estereotípicas são expressas por afirmações que não são nem necessárias, nem analíticas. Negar que sejam analíticas, para Putnam, consiste em negar que sejam imunes à revisão.[18] Com essa ressalva Putnam pretende evitar as críticas de Quine à analiticidade.[19] A afirmação "Tigres possuem lis-

---

[16] Na introdução a *The Twin Earth Chronicles*, Putnam queixa-se que alguns de seus críticos não prestam atenção no fato de sua teoria do significado não identificar significado e extensão (Putnam, 1996, p. xxi). Espero que as reflexões do presente artigo não contenham o mesmo defeito.

[17] Estou ignorando algumas complicações aqui, como os marcadores sintáticos e semânticos.

[18] Todavia, mesmo que a tradição acreditasse que toda afirmação analítica é imune à revisão, os conceitos de analiticidade e de imunidade à revisão são distintos.

[19] Cf. Quine (1961). Voltarei a esse ponto na seção 5.

tras", por exemplo, apesar de expressar uma crença estereotípica, pode ser falsa e, por isso, é revisável. Sendo assim, apesar de a crença que tigres possuem listras ser baseada no conhecimento do significado de "tigre", de tal forma que diríamos que aquele que acredita que tigres não possuem listras não conhece o significado de "tigre", a afirmação "Tigres possuem listras" pode ser falsa, como de fato é. Se descobrirmos que se trata de uma falsidade, podemos restringir seu domínio à maioria dos membros da extensão ou, nos casos mais extremos, retirar-lhe o estatuto de crença estereotípica. Por essa razão, os estereótipos são sempre relativos a uma situação epistêmica específica, dependendo muito da cultura da sociedade de que o usuário do termo faz parte (p. 249).

Dentre as muitas teses defendidas por Putnam, há uma que merece especial atenção aqui. Apesar de a identidade de extensões entre dois termos não implicar a identidade dos significados desses termos, – "(DEDS) a diferença de extensões implica uma diferença de significados", não importando que o estereótipo associado a esses termos seja o mesmo. A seguir vamos examinar essa tese.

3. Terra Antiga

Uma questão importante para examinarmos a tese (DEDS) é a questão sobre como um termo para uma espécie natural *adquire* significado; sobre como dotamos de significado um termo para uma espécie natural. Putnam diz muito sobre as condições para que um termo para uma espécie natural *tenha* um significado e sobre como *explicamos* esse significado, e isso sugere muita coisa sobre como ele pode adquirir esse significado. Obviamente, é necessário fixar a extensão do termo.[20] Mas como isso é feito?

Em meio à explicação da indexicalidade dos termos para espécies naturais, Putnam afirma que há duas maneiras de se "informar

---

[20] Entretanto, "fixar a referência" não significa que, após fixada, a referência de um termo se torna imutável. "Fixar a referência" significa aqui o mesmo que "estabelecer a referência" ou "dotar de referência".

alguém sobre o que se quer dizer [*what one means*] por meio de um termo para uma espécie natural" (p. 229): definição ostensiva e descrição. Isso sugere que a definição ostensiva é um meio para se dotar um termo para espécie natural de significado. Como exemplo de definição ostensiva, Putnam oferece "Isso (esse animal) é um tigre" (onde "animal" é um "marcador semântico", que pode ser explícito ou implícito). Naturalmente, uma definição ostensiva somente pode ser feita na presença de um membro da extensão do termo definido. Mas como podemos nos assegurar disso no caso em que o termo está sendo dotado de significado? Ou seja, como podemos identificar um membro da extensão do termo, dado que ela ainda não foi fixada? Voltaremos a essa questão mais adiante. O que importa nesse ponto é o seguinte: seja como for que consigamos fixar a extensão de um termo por meio de uma definição ostensiva, segundo (DEDS), se dois termos forem definidos ostensivamente e a definição de cada um deles fixar diferentes extensões para cada termo, então esses termos terão significados distintos, quer saibamos disso, quer não, mesmo que o estereótipo associado aos dois termos seja o mesmo.

Para examinarmos essa última conseqüência, vamos imaginar uma situação contrafactual em que uma definição ostensiva fixa a extensão de um termo. (Uma situação semelhante é considerada por Putnam. Entretanto, como veremos, ele a interpreta de forma diferente da forma como será interpretada aqui.)

Suponhamos que a Terra seja exatamente igual ao que era antes de termos a palavra "água" (ou qualquer sinônimo) no nosso vocabulário, exceto em um aspecto: o líquido que preenche os rios, lagos, mares, chove, ferve a 100 °C e congela a 0 °C ao nível do mar etc., é, em algumas partes da Terra, H_2O e, em outras partes, XYZ. Chamemos a Terra assim descrita de Terra Antiga. Os habitantes da Terra Antiga são como nós éramos antes de termos a palavra "água" (ou qualquer sinônimo) no nosso vocabulário; com os mesmos interesses e costumes. Na Terra Antiga a ciência não se desenvolveu o suficiente para poder dizer que o que preenche os rios etc., é em parte H_2O e em parte

XYZ. Agora suponhamos que haja duas tribos na Terra Antiga, Alfa e Ômega. Nenhum membro de uma tribo mantém contanto com qualquer membro da outra. Suponhamos que um membro de Alfa, A, e um membro de Ômega, B, tenham a mesma idéia: nomear o líquido que preenche os rios etc. Na região próxima a Alfa, a única conhecida pelos membros dessa tribo, há apenas H_2O preenchendo os rios etc. Na região próxima a Ômega, a única conhecida pelos membros dessa tribo, há apenas XYZ preenchendo os rios etc. Suponhamos que A coloque-se solitariamente diante de uma porção de H_2O e diga "Isso é água". De modo similar, B coloca-se solitariamente diante de uma porção de XYZ e diz "Isso é água".

A primeira pergunta importante aqui é: para Putnam, esse procedimento de A e B seria suficiente para dotar "água" de significado?[21] *Prima facie* isso não se ajusta muito bem à convicção de Putnam de que o significado tem uma natureza *social*, pois o procedimento de A e de B não parece ter uma natureza social. Sobre essa objeção há duas coisas importantes a serem ditas. Em primeiro lugar, parece que há, sim, um componente social na definição ostensiva de A e B. Para ver isso, basta perguntar como A e B selecionaram aquilo que eles pretendiam nomear. Eles selecionaram algo que era importante não apenas para eles, como indivíduos, mas que tinha uma importância para todos os membros de Alfa e de Ômega. É razoável supor que eles selecionaram algo que todos os membros das suas tribos acreditavam (implicitamente) pertencer a um conjunto de coisas que possuem certas características comuns, embora ainda não tivessem um nome para isso. É razoável supor, portanto, que eles se basearam num estereótipo socialmente estabelecido daquele tipo de coisa. É claro que

---

[21] Para Kripke, esse procedimento é claramente suficiente. Doutra forma como seria possível o conhecimento *a priori* sobre o que é contingente? Segundo Kripke, se uma pessoa fixar a referência do termo "1 metro" apontando para a barra *S* e dizendo "1 metro = comprimento de *S*", então ela saberá *a priori*, isto é, independentemente de ulteriores experiências, que *S* tem 1 metro de comprimento, embora (segundo Kripke) seja contingente que *S* tenha 1 metro de comprimento. E o que vale aqui para "metro", um termo que nomeia um objeto abstrato, vale também para "ouro", um termo para uma espécie natural. Cf. Kripke, 1972, p. 135.

a definição ostensiva foi realizada de modo solitário. Mas – e essa é a segunda observação sobre a objeção acima – por que isso não poderia ser assim? O que há de errado em supor que um nome foi criado por um indivíduo que depois o ensinou aos demais membros da sua sociedade?

É evidente que "água", de acordo com o externalismo de Putnam, não tem a mesma extensão na definição de A e na definição de B e, portanto, dado (DEDS), o significado de "água" não é o mesmo para A e para B. De acordo com a definição ostensiva de A, se A aplicar o termo "água" a uma porção de XYZ, dizendo que "Isso é água" ao apontar para uma porção de XYZ, por exemplo, estará dizendo algo *falso*, pois uma porção de XYZ não possui uma relação de identidade de espécie com aquilo estava presente na sua definição ostensiva.

Suponhamos agora que A e toda a tribo Alfa tenham de mudar-se do lugar onde vivem logo após A fixar a extensão de "água" e logo após A ensinar a nova palavra aos demais membros da tribo. Os membros de Alfa vão morar num lugar onde o que preenche os rios etc. não é composto de H_2O, mas de XYZ. Suponhamos que, a partir do momento em que chegaram ao novo lugar, os membros de Alfa usem "água" sempre para falar ostensivamente de porções de XYZ, que existem no novo local, e nunca para falar de porções de H_2O, que existem na sua terra natal. Eles nunca dizem, por exemplo, "A água da nossa terra natal era muito melhor que essa aqui", mas apenas coisas como "Isso é água", "Traga-me uma porção daquela água ali", "Essa água está gelada" etc. Esse comportamento lingüístico é em grande medida *improvável*. Mas, para o presente propósito, basta que não seja *impossível*. O que podemos concluir da conjunção dessa possibilidade e da tese que A fixou, mesmo sem o saber, H_2O como a extensão de "água"? Parece claro que disso se segue que todas as afirmações dos membros de Alfa que contêm "água" e foram feitas depois da mudança são falsas. Portanto, parece que algumas considerações externalistas sobre o que é suficiente para que um termo para uma espécie natural adquira significado implicam a possibilidade do erro maciço no uso desse termo.

Howard Wettstein, ao comentar o mote das teorias da referência direta, a saber "Contato lingüístico sem contato epistêmico", afirma:

"Pretendo ficar longe de questões sobre se uma comunidade que esteja de algum modo sistematicamente enganada sobre as coisas poderia usar linguagem para falar sobre o mundo" (Wettstein, 2004, p. 75, nota 1). Pois é meu objetivo aqui responder a essa questão sob a luz do externalismo de Putnam.

Alguém poderia objetar que, quando a tribo Alfa mudou de lugar, o termo "água" sofreu uma mudança de extensão e, por isso, de significado. Afinal, fixar a extensão não é o mesmo que torná-la imutável. Se houve uma mudança de significado, não há erro maciço, pois, de acordo com o novo significado, as afirmações dos membros de Alfa que contêm "água" não são falsas, mas verdadeiras. O problema com essa objeção é que ela não deixa clara a diferença entre um caso em que houve mudança de significado e um caso em que simplesmente se cometeu um erro, em que se disse algo falso. O que está em questão, entretanto, não é a incapacidade de se traçar um limite *preciso* entre os dois tipos de casos, mas a incapacidade de se traçar um limite qualquer, seja preciso seja impreciso. O que é difícil aqui é traçar um limite, mesmo que impreciso, que seja fiel ao externalismo. Nesse caso, aquilo que determina essa diferença deve ser algo externo, não-epistêmico, pois se trata de uma mudança na extensão do termo. Sem isso, dizer que houve uma mudança de extensão parece ser uma resposta *ad hoc*, gratuita, formulada apenas para evitar uma conseqüência indesejável. Sem um limite entre mudança de significado e erro, o difícil é evitar a *necessidade* do *acerto maciço*, ou seja, o difícil é não excluir a possibilidade do erro.[22]

---

[22] Esse é um resultado curioso, pois o externalismo é algumas vezes defendido como a única alternativa para explicar a possibilidade do erro onde o internalismo tradicional parece falhar. Se o significado de "Aristóteles", por exemplo, for determinado por um conjunto de descrições que uma pessoa associa a esse nome, dentre as quais está "o professor de Platão", então a frase "Aristóteles é o professor de Platão" não apenas não será falsa como será analiticamente verdadeira. Entretanto, o caso dos termos para espécies naturais é diferente do caso dos nomes próprios em aspectos importantes. O erro seria possível mesmo que o significado fosse totalmente determinado pelo estereótipo. Um membro de Alfa pode julgar que uma porção de líquido é água porque possui *algumas* das características estereotípicas da água. Mas talvez ela não possua outras características estereotípicas da água e, por isso, não seja água. Além disso, *um indivíduo* pode não conhecer *todas* as características estereotípicas

Como foi dito, Putnam considera uma situação contrafactual semelhante àquela da Terra Antiga. Ele diz:

> Se H_2O e XYZ tivessem sido ambos abundantes na Terra, então [...] teria sido correto dizer que havia *duas espécies de "água"*. E ao invés de dizer que "a coisa na Terra Gêmea revelou não ser realmente água", teríamos de dizer que "ela revelou ser *a espécie* XYZ" *de água*. [p. 241]

Aqui deveríamos perguntar: por que é o líquido que podemos encontrar em *todos* os oceanos, rios, lagos etc. da Terra que determina (parcialmente) o que queremos dizer por "água" e não apenas aquele que podia ser encontrado em *alguns* lugares da Terra, a saber, aqueles lugares próximos de onde viviam as pessoas que batizaram esse líquido? E se nos restringíssemos a essas áreas e nelas houvesse H_2O e nas demais, XYZ, como na Terra Antiga? Nesse caso, contrariamente ao que diz Putnam na passagem acima, XYZ não seria uma espécie de água. E o que dizer da situação inversa? Por que é o líquido que podemos encontrar em todos os oceanos, rios, lagos etc. *da Terra* que determina (parcialmente) o que queremos dizer por "água" e não todos aqueles que podem ser encontrados *em outros planetas* e possuam o mesmo estereótipo? O mundo possível imaginado por Putnam pode muito bem ser o mundo atual. Se esse for o caso, por que as porções XYZ da Terra Gêmea, em 1750 não fariam parte da extensão de "água"? Porque estão muito distantes?

A questão importante aqui é: o que determina que algo pertença à classe de coisas que escolhemos dar o nome de "água"? A resposta de Putnam parece ser: o estereótipo *e o fato de estar na Terra*. Mas qual

---

da água. Ele pode aprendê-las aos poucos de outros membros de Alfa. *Talvez* essa possibilidade seja dependente de um caráter social do significado. Mas mesmo que isso seja verdade, a sociedade não é um determinante *externo* do mesmo modo como o externalismo diz que H_2O o é. Que H_2O é a extensão de "água" é, segundo Putnam, algo independente de que qualquer membro de Alfa o saiba. Mas que certas características compõem o estereótipo de água é algo que não é independente de que qualquer membro de Alfa o saiba (o estereótipo tem uma natureza social e *epistêmica*). A sociedade é externa em relação ao indivíduo e H_2O é externo em relação à sociedade (e, portanto, ao indivíduo). Por isso, se definimos externalismo semântico como a doutrina segundo a qual significados são externos no segundo sentido, parece possível ser anti-individualista sem ser externalista (cf. o fim da seção 6).

é a razão para o segundo critério? A classe de coisas que escolhemos dar o nome "água" devia estar determinada pelo que sabíamos ou, ao menos, julgávamos saber sobre as coisas que pertencem a ela. Quais coisas? As coisas que tinham um determinado estereótipo. Era isso que tornava essas coisas importantes e, portanto, tornava importante agrupá-las em uma classe e nomeá-las.²³ Portanto, parece que não tínhamos nenhuma razão para restringir a classe de coisas que queríamos nomear a coisas que somente podiam ser encontradas na Terra. Conseqüentemente, assim como haveria *duas espécies de água*, se H_2O e *XYZ* tivessem sido ambos abundantes na Terra, haveria duas espécies de água, se houvesse uma Terra Gêmea à época do batismo da água.²⁴

A reflexão acima não visa mostrar que a análise que Putnam oferece do significado termo "água" está errada. Mas visa mostrar que se ela for usada para explicar como esse mesmo termo adquiriu significado, parece que temos algumas conseqüências indesejáveis. Voltarei a esse ponto na seção 6.

Mas qual é o problema com a possibilidade do erro maciço? A seguir vou expor de forma bastante esquemática minha interpretação do que Wittgenstein acredita ser o problema.

4. Erro maciço e normatividade

A estratégia do argumento de Wittgenstein contra a hipótese do erro maciço consiste em mostrar que ela é incompatível com a normatividade essencial da linguagem.²⁵ Se concebermos a asserção como

---

²³ Não podemos determinar o que era importante para nossos antepassados como pais que dizem que conhecem melhor a vida e, por isso, sabem o que é melhor para os seus filhos.

²⁴ As reflexões contidas nos dois últimos parágrafos vão na mesma direção, creio, de algumas das reflexões de Eddy Zemach (1996, cf. esp. pp. 61-2).

²⁵ O conteúdo dessa seção é apresentado de modo bem mais detalhado em Machado (2006). O objetivo *principal* dessa seção não é exegético. Por isso, mesmo que a interpretação de Wittgenstein apresentada aqui seja questionável, mais importante é o grau de convencimento do argumento apresentado.

um lance num jogo de linguagem, então o objetivo de Wittgenstein consiste em mostrar que não é possível que façamos apenas lances errados. Um modo paradoxal de se formular essa afirmação consiste em dizer: se todos os lances fossem errados, então nenhum seria errado. (Mas, como veremos, há um modo não paradoxal de formular essa afirmação.) Em uma passagem das *Investigações Filosóficas*, Wittgenstein expressa esse ponto da seguinte maneira:

> Se pode acontecer que alguém faça uma jogada errada em um jogo, poderia ocorrer que todas as pessoas em todos os jogos não fizessem nada mais do que lances errados. Somos porém tentados aqui a entender mal a lógica da nossa expressão, a representar a aplicação de nossas palavras incorretamente.
>
> Muitas vezes, ordens não são seguidas. O que ocorreria, todavia, se ordens nunca fossem seguidas? O conceito de "ordem" perderia sua finalidade. (Wittgenstein, 1958, §345)

Wittgenstein sustenta que inferir que o erro maciço é possível do fato que algumas vezes erramos é cometer um erro que constituiu um caso especial do seguinte erro geral: concluir que algo pode ocorrer *sempre* do fato que ocorre *algumas vezes*.[26]

A rejeição da hipótese do erro maciço está vinculada, na filosofia de Wittgenstein, a sua rejeição da concepção realista de verdade, segundo a qual a verdade é absolutamente (a razão do advérbio será explicada adiante) independente do conhecimento. A concepção realista da verdade pode ser vista como o resultado de um caso especial da inferência de que algo pode ocorrer sempre a partir da afirmação que ocorre algumas vezes: se uma proposição pode ser verdadeira (ou falsa) independentemente de que alguém saiba isso, então todas as proposi-

---

[26] Ele inicia a passagem citada acima dizendo justamente o seguinte: "'O que ocorre algumas vezes poderia ocorrer sempre' – Que espécie de proposição é essa? É como a seguinte: se 'F(*a*)' faz sentido, então '(*x*).F(*x*)' faz sentido". (Wittgenstein, 1958, §345) De acordo com Wittgenstein, há muitos contra-exemplos da tese que se "F(*a*)" faz sentido, então "(*x*).F(*x*)" faz sentido. Não faz sentido pedir a alguém para escrever todos os números cardinais, embora faça sentido pedir que escreva algum número cardinal (Wittgenstein, 1974, p. 266). Outro exemplo é a suposição que o comportamento de alguém poderia ser sempre fingimento.

ções podem ser verdadeiras (ou falsas) independentemente de alguém saber disso. Essa tese sobre a verdade implica a possibilidade do erro maciço. Por isso a rejeição dessa possibilidade é, por *modus tollens*, a rejeição da concepção realista da verdade.

Mas a rejeição wittgensteiniana da concepção realista da verdade não está apoiada em uma redução (seja parcial, seja total) da verdade ao conhecimento. Ele não nega que, em certo sentido, a verdade seja independente do conhecimento. O que ele nega é que ela seja *absolutamente* independente do conhecimento, isto é, que haveria verdade mesmo que não houvesse *nenhum* conhecimento.[27] O primeiro passo para justificar essa negação, é reconhecer alguns aspectos da relação entre a verdade e a prática de asserir.

Asserir é expressar um juízo por meio do proferimento de uma frase (normalmente do modo indicativo). Julgar é considerar um pensamento ou proposição como verdadeiro. Portanto, asserir é expressar, por meio do proferimento de uma frase, o ato de considerar um pensamento como verdadeiro.

Naturalmente, quando alguém mente ou é irônico, profere uma frase, mas não considera o pensamento expresso verdadeiro. Portanto, dizer a verdade não é o objetivo desses atos. Mas esses casos são logicamente derivados. Isso significa, por exemplo, que *não se pode* aprender a mentir (asserir não sinceramente) *antes* de se aprender a asserir sinceramente. Não faz nenhum sentido dizer que alguém sempre mentiu.[28] Antes de aprender a mentir que *p* (intencionalmente levar as pessoas a acreditar falsamente que se

---

[27] O que está em jogo aqui é a distinção entre as seguintes teses sobre a relação entre conhecimento e verdade:

Realismo do senso comum: para toda proposição "p", é possível que "p" seja verdadeira (ou falsa) e ninguém saiba que "p" é verdadeira (ou falsa).

Realismo metafísico: é possível que, para toda proposição "p", "p" seja verdadeira (ou falsa) e ninguém saiba que "p" é verdadeira (ou falsa).

É o realismo metafísico o alvo da crítica de Wittgenstein, não o realismo do senso comum.

[28] E aqui temos outro contra-exemplo da tese que se "F(*a*)" faz sentido, então "(*x*). F(*x*)" faz sentido.

acredita que *p*) por meio do proferimento de "p", deve-se aprender a asserir (sinceramente) que *p*.[29] Uma maneira de se formular esse ponto é dizendo que a verdade é o objetivo *primitivo* da asserção. Não é o seu único objetivo possível. Mas não se aprende a asserir se não se aprende a (tentar) dizer a verdade. Dizer algo falso pode apenas ser um objetivo derivado da asserção. Não se pode ensinar uma criança a asserir ensinando-a a mentir ou a ser irônica. Não se pode ensiná-la a mentir usando pela primeira vez frases com nomes de cores, por exemplo, se ela não aprendeu ainda a dizer a verdade usando essas frases.

Há um caso em que usamos frases da forma indicativa e não asserimos, seja sinceramente seja não sinceramente. Isso ocorre quando usamos uma frase como o antecedente de uma condicional. Mas podemos aprender a asserir condicionais apenas depois de aprendermos a asserir sinceramente frases mais simples.

O objetivo de se usar um predicado é fazer asserções. Portanto, o objetivo primitivo de se usar um predicado é dizer a verdade. Deve-se primeiro aprender a dizer a verdade usando "vermelho", por exemplo, antes que se possa mentir ou dizer ironicamente que algo é vermelho, ou antes que se possa dizer que algo é vermelho como um antecedente de uma condicional.

Agora devemos examinar a relação entre o objetivo primitivo da asserção e a normatividade essencial da linguagem.

Dado que é o *objetivo* primitivo da asserção, a verdade determina o caráter normativo essencial desse ato lingüístico.

Uma atividade é normativa se, e somente se, é possível (faz sentido) avaliá-la como correta ou incorreta. Em outras palavras: uma atividade é normativa se, e somente se, segue-se regras ao

---

[29] Em mais de uma ocasião Wittgenstein apela para reflexões sobre o que é possível na aquisição de certos conceitos a fim de exibir uma relação lógica entre eles. Ele afirma, por exemplo, que não se pode aprender a dizer "Isso parece F" antes de aprender a dizer "Isso é F" (Wittgenstein, 1967, §§413-425). Por isso, não é possível que tudo seja, *em última análise*, aparência.

se realizá-la.³⁰ Se A é uma atividade normativa, então faz sentido dizer que se faz A corretamente ou incorretamente. Ela é realizada corretamente porque (embora não apenas porque) é realizada de acordo com a regra ou as regras que são constitutivas de A. Ela é realizada incorretamente quando se está tentando, sem sucesso, seguir essas regras. Mas fazer algo *de acordo com* essas regras não é suficiente para *seguir*-las, pois isso poderia ocorrer por acidente. Deve-se de algum forma tentar *intencionalmente* segui-las. Nesse sentido, uma máquina (um relógio, por exemplo) e fenômenos naturais não-intencionais (a rotação da Terra, por exemplo) não podem *seguir* regras, embora possam fazer coisas *de acordo* com elas, isto é, fazer coisas *regularmente*. É possível que sigamos regras "mecanicamente". Mas esse, novamente, é um caso derivado. Pode-se tocar o piano mecanicamente porque se aprende não mecanicamente a tocá-lo. Finalmente, seguir uma regra não é o mesmo que segui-la *infalivelmente*. Pode-se seguir uma regra cometendo-se alguns erros. E não há nenhuma razão para pensar que existe uma fronteira *precisa* entre seguir uma regra cometendo erros e não segui-la.

Em relação ao objetivo primitivo da asserção, assere-se corretamente se diz-se a verdade. Caso contrário, assere-se incorretamente. A regra primitiva geral que seguimos ao asserir é, portanto:

(PR) Diga que *p* apenas se *p*.

---

[30] Ian Hanfling diz que "[u]ma ação, ou um modo de proceder, pode ser correto ou incorreto por uma variedade de razões, algumas envolvendo regras, outras não" (Hanfling, (1989), p. 148) Se o que ele quer dizer é que uma ação pode ser correta ou incorreta mesmo quando nada daquilo que Wittgenstein chamou de regra *estrita* está envolvido (Wittgenstein, 1975b, p. 25), isto é, uma regra que determina condições necessárias e suficientes para o uso de uma expressão, então ele está correto. Mas não há nenhuma razão pela qual toda regra deveria ser uma regra estrita. Não há tampouco razão pela qual uma regra deveria poder ser formulada em uma frase. Pode-se explicar uma regra por meio de exemplos, por meio de uma série de aplicações da regra. Regras estritas são apenas um dos membros da *família* de regras.

Se alguém está tentando mentir, por exemplo, então não está tentando seguir (PR). Mas a possibilidade de mentir é dependente da habilidade de seguir (PR).

Dado que o objetivo primitivo de se usar um predicado é asserir, um predicado é usado corretamente se é usado para dizer a verdade, caso contrário é usado incorretamente.

Vejamos agora a relação, segundo Wittgenstein, entre normatividade e significado.

É bem sabido que, para Wittgenstein, o significado está essencialmente relacionado à normatividade.[31] Esse ponto é usualmente expresso naquelas passagens nas quais ele diz que o significado de uma expressão é o seu uso.[32] Muitas dessas passagens mostram que um aspecto central do que ele chama de "uso" é sua *normatividade*.[33] Felizmente, no caso de haver qualquer dúvida sobre isso, há uma passagem em que Wittgenstein o diz explicitamente: "Agir de acordo com a regra é FUNDAMENTAL para nosso jogo de linguagem. Isso caracteriza o que chamamos descrição" (Wittgenstein, 1996, p. 330).

Portanto, se o uso significativo de uma expressão é um uso normativo, no sentido recém-explicado, então *conhecer o significado* de uma expressão envolve conhecer as regras que determinam o uso significativo dessa expressão. E "conhecer as regras" envolve aqui ser capaz de distinguir as ações que estão de acordo com as regras daquelas que não estão. Isso implica que se deve ser capaz de *seguir* essas regras? É claro que há casos em que se sabe quais ações estão de acordo com uma dada regra, embora não se seja capaz de segui-la, de realizar essas ações. Isso ocorre quando conhecemos a regra, digamos, "por descrição". Mas creio que, de acordo com Wittgenstein, este é um outro exemplo do que poderia acontecer algumas vezes, mas não sempre. A capacidade de conhecer regras que não se é capaz de seguir pressupõe a habilidade de seguir regras. Parafraseando Russell, para conhecer

---

[31] Saul Kripke enfatiza esse ponto no seu livro sobre Wittgenstein (Kripke, 1982, e Boghossian, 1989).
[32] Cf. Wittgenstein (1996), p. 257; (1974), p. 65; (1975b), p. 4; (1958), §43.
[33] Cf. Wittgenstein (1974), p. 53; (1975b), p. 11; (1958), §§207-208, 558.

uma regra "por descrição", deve-se conhecer outras "por familiaridade". Sendo assim, a posse de conhecimento semântico envolve a habilidade de *seguir* regras semânticas.[34] Portanto, dado que, no sentido explicado acima, alguém usa um predicado corretamente se o usa para dizer a verdade, caso contrário o usa incorretamente, entender o significado de um predicado envolve, em casos primitivos, a habilidade de seguir as regras que determinam seu significado, isto é, envolve a habilidade de dizer a verdade usando o predicado. Se se é incapaz de dizer a verdade usando o predicado, então não se compreende o predicado, a menos que seja um predicado cujo significado aprendeu-se "por descrição". Mas esse não é o caso de certos conceitos fundamentais tais como conceitos de cores e os números, por exemplo.

Vamos olhar esse ponto mais de perto examinando alguns exemplos. Imagine que alguém diga "A neve é preta" enquanto olha para a neve. Talvez esteja brincando ou esteja usando uma das palavras da frase, ou todas elas, em um sentido incomum. Mas suponha que perguntamos a essa pessoa sobre isso e ela diz que nada disso é o caso. Isso não mostraria que, afinal, a despeito das aparências, ela não compreende alguma palavra da sua frase ou mesmo nenhuma delas?

Em uma passagem de *Zettel*, que é paralela à passagem das *Investigações* citada acima, Wittgenstein nota que esse ponto pode ser expresso paradoxalmente:

> Como pode ser que o sentido e a verdade (ou a verdade e o sentido) das proposições colapsem ao mesmo tempo? (Mantenham em pé ou derrubem um ao outro?)

---

[34] Horwich (2002) argumenta que nem a verdade nem o significado são intrinsecamente normativos, embora tenham uma importância (*import*) normativa. É desejável acreditar no que é verdadeiro, mas não porque a verdade em si mesma seja normativa. Horwich formula a importância normativa da verdade e do significado por meios de duas teses: "(T) É desejável acreditar apenas no que é verdadeiro" e "(M) Se uma sentença significa que cães latem, é desejável aceitá-la apenas se cães latem; e se uma sentença signifca que matar é errado, devemos almejar aceitá-la apenas se matar é errado... e assim por diante" (p.135). Se Wittgenstein está correto, então Horwich está errado, pois, como vimos, devemos almejar a verdade não porque ela seja útil, mas porque de outra forma seríamos incapazes de aprender a asserir.

E não é como se quiséssemos dizer: "Se isso e aquilo fosse o caso, então não faria sentido dizer que é o caso"?
Assim, p. ex.: "Se todos os lances fossem falsos, não faria nenhum sentido falar de um 'movimentos falso'". Mas esse é apenas um modo paradoxal de formular. O modo não paradoxal seria: "A descrição geral... não faz nenhum sentido". (Wittgenstein, 1967, §§131-3)

O paradoxo mencionado por Wittgenstein é o seguinte: como pode a frase "Todos os As são Bs" não fazer sentido no caso em que for verdadeira? Uma frase não deveria fazer sentido para que fosse verdadeira? Wittgenstein diz que a fim de expressar o ponto sem paradoxo, dever-se-ia dizer que "Todos os As são Bs" não faz sentido e, portanto, não expressa nenhuma possibilidade.

Ele expressa esse ponto também de outro modo, através do conceito de *erro*: algumas vezes, quando não se diz a verdade por meio de uma frase, mesmo quando se almeja dizer a verdade, não é o caso que se esteja cometendo um erro; não porque haja algum espaço entre estar errado e estar correto, mas porque algumas vezes a incorreção é devida a nossa falta (duradoura ou momentânea) de habilidade para seguir as regras relevantes. É verdade que, nesses casos, nós, que *temos* essa habilidade, podemos dizer que a frase em questão, "A neve é preta", por exemplo, é *falsa*. Mas isso não se deve ao fato de essa frase ser significativa na boca daquele que não sabe seguir as regras relevantes, mas porque *nós* sabemos como fazê-lo e, portanto, sabemos que dizer que a neve é preta é dizer algo que não está de acordo com (PR). A expressão "falsa", nesse contexto, significa meramente que se está dizendo algo que *não está de acordo* com as regras relevantes. Encontramos esse uso de "falso" também na avaliação de frases nas quais se comete o que se costuma chamar de "erro categorial". Por exemplo: poder-se-ia dizer que a frase "Meu pensamento tem um metro" é falsa. Mas ela não seria falsa porque meu pensamento tem outra extensão. Se alguém disser que meu pensamento tem um metro, não estará errado sobre a extensão do meu pensamento, mas simplesmente não saberá usar uma ou todas as palavras da frase "Seu pensamento tem um metro". Sendo assim, dizer que essa frase é falsa não é expressar a crença de que meu pensamento *não* tem um metro. O que a frase "Meu pensamento não tem um metro" poderia significar, exceto que não faz sentido dizer que meu pensamento tem um metro?

Dizer que a neve é preta não é cometer um erro categorial. Não obstante, tal como erros categoriais, isso mostra que o falante não sabe como usar alguma palavra ou todas as palavras da frase. Mas se uma pessoa não sabe *como* usar uma palavra, então, a despeito das aparências em contrário, quando ela a usa, essa palavra não tem significado. Mas se ela não tem significado, então a frase em que a palavra é usada não tem sentido e, portanto, não é nem verdadeira *nem falsa*. Bem, talvez haja uma diferença gradativa aqui entre habilidade máxima para usar uma palavra e a incapacidade total de usá-la corretamente. Mas não devemos perder o foco da nossa investigação: a possibilidade do erro maciço. Se o erro maciço fosse o caso no uso de um predicado, então não há dúvida que aquele que usa esse predicado é totalmente incapaz de usá-lo corretamente. Nesse caso, todas as frases nas quais ele usa esse predicado seriam desprovidas de sentido.

Agora estamos em condição de sumariar o argumento de Wittgenstein contra a possibilidade do erro maciço (e contra a concepção realista de verdade, se ela implica essa possibilidade). Vimos que dizer a verdade é o objetivo *primitivo* da asserção e que o objetivo de se usar um predicado é asserir. Disso se segue que o objetivo primitivo de se usar um predicado é dizer a verdade. Vimos também que um predicado é usado corretamente quando é usado para dizer a verdade. Pode-se então concluir que se um predicado nunca é usado para dizer a verdade, então nunca é usado corretamente. Mas, se um predicado nunca é usado corretamente, então nunca é usado com sentido. Portanto, se um predicado nunca é usado para dizer a verdade, então nunca é usado com sentido. Ora, se o erro maciço fosse o caso no uso de um predicado, então esse predicado nunca seria usado para dizer a verdade e, portanto, nunca seria usado com sentido. Mas se nunca fosse usado com sentido, as frases em que fosse usado não seriam nem verdadeiras *nem falsas*. Portanto, ou as frases que usamos para asserir têm sentido, mas nem todas das nossas asserções (nem a maior parte delas) são falsas, ou toda vez que usamos uma frase com o objetivo de asserir não dizemos algo verdadeiro, mas tampouco dizemos algo falso. Em qualquer dos dois casos, o erro maciço, a falsidade de todas ou da maioria das nossas asserções, está descartada.

5. Compreensão parcial

Vamos agora reexaminar o experimento da Terra Antiga com base nos resultados da seção anterior.

Como vimos, o erro maciço no uso de um termo é possível em alguns casos, quando a regra de uso desse termo é conhecida "por descrição". Mas esse não é o caso do uso de "água" por parte dos membros de Alfa. Esse termo foi dotado de significado (e, portanto, sua extensão foi fixada) e esse significado foi ensinado por meio de definições ostensivas. Entretanto, dado o externalismo, o erro maciço seria possível mesmo nesse caso.

O externalista poderia replicar do seguinte modo. Dado que a extensão determina apenas parcialmente o significado de "água", e dado que podemos ter uma compreensão parcial do significado desse termo, na medida em que podemos conhecer o estereótipo associado a ele, podemos dizer que os membros de Alfa conhecem parcialmente o significado de "água", mesmo no caso em que ignoram sua extensão e cometem um erro maciço ao usar o termo.

Mas para que essa réplica fosse aceitável, não poderia haver erro maciço na aplicação dos critérios para "água", na identificação de porções de água a partir do seu estereótipo. Entretanto, se lembrarmos do esforço de Putnam para evitar as críticas de Quine à analiticidade, veremos que o erro maciço não está excluído do uso do termo baseado no estereótipo.

Na seção de "The Meaning of 'Meaning'" em que Putnam procura mostrar que as críticas de Quine à analiticidade não atingem sua teoria do significado, ele afirma algo que parece confirmar o que se acaba de dizer sobre a possibilidade do erro maciço no uso de um termo baseado no estereótipo:

> Em nossa opinião há um sentido perfeitamente bom em que ser listrado é parte do significado de "tigre". Mas não se segue, em nossa opinião, que "tigres são listrados" é analítico. Se uma mutação ocorrer, todos os tigres podem ser albinos. A comunicação pressupõe que eu tenha um estereótipo dos tigres que inclui listras, e que sei que seu estereótipo inclui listras, e que você sabe que meu estereótipo inclui listras, e que você sabe que eu sei... (e assim por diante, à la Grice para sempre). Mas ela não pressupõe que qualquer estereótipo particular seja *correto*, ou que a maioria de nossos estereótipos permaneça correta para sempre. A obrigatoriedade lingüística não deveria ser um indicador de irrevisabilidade ou mesmo de verdade; assim podemos sustentar que "tigres são listrados" é parte do significado de "tigre" sem cairmos no problema da analiticidade. (p. 256)

Em uma outra passagem, Putnam formula esse ponto de maneira geral:

> O fato de que um aspecto (por exemplo, listras) está incluído no estereótipo associado à palavra *X* não significa que é uma verdade analítica que todos os *X*s têm esse aspecto, nem que a maioria dos *X*s tem esse aspecto, nem que todos os *X*s normais têm esse aspecto, nem que algum *X* tem esse aspecto. (p. 250)

Essas passagens parecem indicar que, embora seja necessário ter certas crenças estereotípicas para conhecer o significado de um termo para uma espécie natural, essas crenças não necessitam ser verdadeiras. Entretanto, em uma outra passagem, no fim da seção que visa explicar o que são os estereótipos, Putnam *parece* dizer algo diferente: "O fato é que dificilmente [*hardly*] poderíamos conseguir nos comunicar se a maioria dos nossos estereótipos não fossem bem acurados tanto quanto eles podem ser [*as far as they go*]" (p. 251). Mas a afirmação de Putnam é fraca: ele diz "dificilmente poderíamos", e não um categórico "não poderíamos"; como se a questão aqui fosse chamar atenção para algo improvável, mas não impossível. Se essa interpretação está correta, ainda restaria explicar por que isso é improvável, *dado que não é impossível*.

Em uma outra passagem, Putnam parece dizer algo mais forte:

Suponha que nosso hipotético falante aponte para uma bola de neve e pergunte "Isso é um tigre?". Claramente não há muito sentido em se falar de tigres com *ele*. Comunicação significativa exige que as pessoas saibam alguma coisa a respeito daquilo sobre o que elas estão falando. [...] O que sustento é que é *exigido* dos falantes que eles saibam alguma coisa sobre tigres (estereotípicos) a fim de que se considere que tenham adquirido a palavra "tigre".
A comunidade lingüística também tem seus padrões mínimos com respeito à sintaxe e à "semântica". (pp. 248-9)

Mas o que Putnam diz aqui apenas *parece* mais forte do que ele diz na última passagem citada. O que mostra que não se trata de uma afirmação mais forte é a palavra "estereotípicos" entre parênteses. Putnam está dizendo que se exige do falante que ele saiba que certas crenças são *consideradas verdadeiras* sobre aquilo de que se está falando (e que o próprio falante tenha essas crenças). Mas isso é diferente de dizer que se exige do falante que ele saiba que certas crenças são *verdadeiras* sobre aquilo de que se está falando. Portanto, o que se exige, segundo Putnam, é que o falante saiba algo não sobre aquilo de que ele está falando, mas sobre certas crenças que se tem sobre aquilo de que ele está falando. A atitude que se exige que o falante tenha com relação àquilo de que ele está falando é a de ter certas crenças, que, como mostram as outras passagens citadas, podem muito bem serem falsas.

Enfim, parece que para excluir a possibilidade do erro maciço, Putnam deveria reconhecer uma relação necessária entre a *verdade* de ao menos algumas crenças estereotípicas e o conhecimento do significado. Mas dado que ele explicitamente rejeita essa alternativa porque quer evitar as críticas de Quine à analiticidade, parece que Putnam não pode excluir a possibilidade do erro maciço no nível dos estereótipos. E se ele não pode excluir a possibilidade do erro maciço no nível da extensão, então ele não pode excluí-la de modo algum. Parece que, para sustentar que, mesmo assim, o conhecimento do significado é possível, dever-se-ia abandonar a tese que o significado é normativo.

6. Conclusão: Wittgenstein e o externalismo

Como Wittgenstein interpretaria o experimento da Terra Antiga? Para Wittgenstein não houve mudança de significado na mudança da tribo Alfa. O significado é determinado pelos critérios de aplicação do termo "água", que, naquele contexto, é exaurido pelo estereótipo de água. Mas como Wittgenstein explicaria o fato de atualmente delegarmos aos cientistas a tarefa de determinar o que é água? Ou seja, como Wittgenstein daria conta da divisão social do trabalho lingüístico? Creio que ele diria que quando se descobriu que boa parte dos membros da extensão de "água" (que era determinada pelo estereótipo) tinha a estrutura H_2O, percebeu-se que isso permitia fazer previsões muito úteis. Essa descoberta revelou que seria útil adotar H_2O como um *novo critério* para o uso de "água". Desse modo, ocorreu uma *mudança de significado*, com o preço de excluir da extensão de "água" algumas coisas que, de acordo com o critério antigo, a ela pertenciam. Daí em diante, no que respeita aos interesses para os quais é útil usar H_2O como critério de "água", a sociedade delega a certos especialistas a tarefa de determinar o que é e o que não é água, a tarefa de corrigir o uso que os demais fazem do termo "água".[35]

---

[35] Mas, deve-se ter cuidado aqui. Como bem aponta Anthony Rudd, é empiricamente falso que em todos os usos de "água" estejam em jogo os interesses para os quais é útil usar H_2O como critério de "água". Também é empiricamente falso, como o próprio Putnam reconheceu anos depois da publicação de "The Meaning of 'Meaning'", que dentro da ciência haja sempre apenas um único interesse orientando o uso classificatório da linguagem. Cf. Rudd, 1997, pp. 504 ss., e Putnam, 1994.

Putnam recentemente vem defendendo um relativismo conceitual por meio do seu assim chamado "argumento da mereologia". O relativismo conceitual é a teoria segundo a qual há diferentes maneiras legítimas de se descrever o mundo, e essas maneiras têm diferentes pressupostos ontológicos. A escolha entre essas maneiras de descrever o mundo é uma questão de escolha entre diferentes convenções. Dessa forma, a questão sobre o que existe torna-se dependente de uma escolha dentre convenções lingüísticas alternativas (Putnam, 2005, cap. 2). Esse parece ter sido um afastamento radical do realismo de "The Meaning of 'Meaning'". Entretanto, não é claro se esse foi um afastamento suficiente para o abandono do essencialismo realista das espécies naturais sustentado em "The Meaning of 'Meaning'". Seja como for, *parece* que, para isso, bastaria aplicar o relativismo conceitual à história das mudanças de critérios da aplicação de um termo para espécie natural.

Putnam examina e rejeita uma visão do significado semelhante à de Wittgenstein.

A visão alternativa é que "ouro" *significa* o que quer que satisfaça a "definição operacional" *contemporânea* de *ouro*. "Ouro", há um século, significava o que quer que satisfizesse a "definição operacional" de *ouro* em uso há um século; "ouro" agora significa o que quer que satisfaça a definição operacional de ouro em uso em 1973; e χρυσός significava o quer que satisfizesse a definição operacional de χρυσός então em uso. (p. 235)

Putnam afirma que essa posição anti-realista é motivada por um "ceticismo sobre a *verdade*" (p. 235) e por "um desgosto por hipóteses inverificáveis" (p. 237). Ele afirma que, de acordo com essa posição, "faz pouco sentido dizer que o que está na extensão do termo de Arquimedes χρυσός deve ser determinado usando *nossa* teoria" (p. 236). E isso tornaria a "comunicabilidade dos resultados científicos um *milagre*" (p. 237). Essa comunicabilidade, segundo Putnam, somente é possível se os critérios de uso dos termos teóricos forem

> não *condições necessárias e suficientes*, mas ao invés disso caracterizações *aproximadamente* corretas de algum mundo de entidades independentes de teorias. Em minha opinião, a hipótese de que isso é *correto* é a única hipótese que pode dar conta da comunicabilidade dos resultados científicos, da clausura das teorias científicas aceitáveis sob a lógica de primeira ordem, e de muitos outros aspectos do método científico. (p. 237)

Não creio que a posição examinada por Putnam tenha as conseqüências que ele alega. Mesmo que não se possa determinar o que está na extensão do termo de Arquimedes χρυσός usando nossa teoria, disso não se segue que não se possa relatar a descoberta científica que fez com que adotássemos a estrutura molecular tal e tal como critério de "ouro", de um modo que o próprio Arquimedes entenderia e aprovaria. Voltando ao exemplo da água, suponhamos que uma determinada porção de líquido, L, que tem o estereótipo de água, não seja composta de H_2O. De acordo com a teoria criticada por Putnam, a afirmação de Arquimedes "L é água" (em grego) e a nossa afirmação "L é água" seriam ambas *verdadeiras*. Dado que a verdade aqui não transcende as teorias (não é realista), Putnam conclui que não se pode explicar por que se passou a adotar H_2O como critério para "água". Mas há um fato que pode ser descrito em qualquer das teorias: a maior parte do que se encontrava na classe de coisas que se chamava "água" é composta de H_2O. Tanto realistas quanto anti-realistas concordarão com isso. O realista, entretanto, dirá que essa classe de coisas não é a *extensão* de "água", pois ela inclui coisas que não são compostas de H_2O. O anti-realista dirá que essa classe de coisas é a extensão de "água" e que a adoção de H_2O como critério de "água" muda o significado e a extensão de "água". Mas essa mudança de significado, dirá o anti-realista, é apoiada pela grande utilidade que tem e, ele poderá acrescentar, essa utilidade se deve, ao menos em parte, *a como o mundo é*: a maior parte do que se encontrava na classe de coisas que se chamava "água" é composta de H_2O. *Isso* é uma descoberta científica importante.[36] O que parece não ser comunicável, do ponto de vista anti-realista, é a uma descrição *realista* dessa descoberta, mas não a própria descoberta. Portanto, o anti-realista pode admitir que uma "mudança de significado pode ser forçada por descobertas empíricas" (p. 256), sem necessitar descrever a adoção de H_2O como critério de "água" de modo realista.

Como disse na introdução, creio que o externalismo de "The Meaning of 'Meaning'" é incompatível com o que Wittgenstein chama de "autonomia da gramática". Não credito que, para Wittgenstein, a linguagem tenha uma natureza essencialmente social, no sentido em que isso exclui a possibilidade de uma linguagem solitária (cf. nota 8). A publicidade da gramática é, certamente, um elemento, digamos, anti-cartesiano da filosofia da linguagem de Wittgenstein. Nesse sentido, Wittgenstein concorda que os significados (e a significação, ato

---

[36] Panu Raatikainen, afirma que, de acordo com o anti-realismo, "não é claro do que é a constituição química que foi descoberta [*learned*]" (Raatikainen, nota 3). Ora, diria o anti-realista, foi descoberta a constituição química *da maior parte do que se chamava "água"*.

de dotar uma expressão de significado) não estão "na cabeça". No entanto, "público" não é sinônimo de "social". Mas mesmo que se admita que, para Wittgenstein, a linguagem tenha uma natureza essencialmente social, ele também afirma que a gramática é autônoma (ou "arbitrária").

> A gramática não presta contas a nenhuma realidade [*Wirklichkeit*]. Regras gramaticais determinam antes de tudo o significado (constituem-no) e, portanto, não prestam contas a nenhum significado e, nesse sentido, são arbitrárias. (Wittgenstein, 1974, p. 184)
>
> Está-se tentado a justificar as regras da gramática dizendo, por exemplo: "mas há afinal realmente quatro cores primárias". E é contra essa possibilidade de justificação que nos dirigimos quando dizemos que as regras da gramática são arbitrárias." (Wittgenstein, 1974, pp. 185-6)

Mesmo que seja social, "[a] gramática não presta contas a nenhuma realidade", e, nesse sentido, não é determinada por nada exterior à sociedade, como o externalista pensa que H_2O determina o significado de "água".

O conflito entre a filosofia da linguagem de Wittgenstein e o externalismo de "The Meaning of 'Meaning'" aparece de forma mais vívida em uma passagem de *Zettel*:

> Nada é mais comum do que o significado de uma expressão oscilar, um fenômeno ser considerado algumas vezes como sintoma, algumas vezes como critério de um estado de coisas. E na maior parte das vezes em tais casos a mudança não é notada. Na ciência é normal tornar fenômenos que permitem medição exata critérios para uma expressão; e então se fica inclinado a pensar que agora o verdadeiro significado [*egentliche Bedeutung*] foi *encontrado*. Inúmeras confusões têm surgido desse modo. (Wittgenstein, 1967, §438)

É difícil compreender como passagens como essas poderiam ser acomodadas pelas interpretações da filosofia da linguagem de Wittgenstein que procuram conciliá-la com o externalismo de "The Meaning of 'Meaning'". Quanto ao externalismo de Davidson, essa é uma discussão para uma próxima oportunidade.[37]

Referências bibliográficas

BOGHOSSIAN, P. "The Rule-Following Considerations", Mind, vol. 98, n. 392, 1989, pp. 507-549.
BURGE, T. "Individualism and the Mental", em P.A. French, T.E. Uehling, Jr. e H.K. Wettstein (eds.) *Midwest Studies in Philosophy*, vol. 4, Minneapolis, MN, University of Minnesota Press, 1979.
HANFLING, Oswald. *Wittgenstein's Later Philosophy*. London: MacMillan, 1989.
HORWICH, P. "Norms of Truth and Meaning", em Schantz, R. (ed.) *What is Truth?* Berlin, Walter de Gruyter, 2002, pp. 133-145.
KRIPKE, Saul. *Naming and Necessity*, Oxford, Basil Blackwell, 1972.
____. *Wittgenstein on Rules and Private Language*, Oxford, Blackwell, 1982.
____. *Naming and Necessity*, Oxford, Basil Blackwell, 1972.
MACHADO, A.N. "Conhecimento e Verdade em Wittgenstein", não publicado, 2006.
____. *Lógica e Forma de Vida: Wittgenstein e a Natureza da Lógica e da Filosofia*. Tese de Doutorado, Porto Alegre, UFRGS, 2004.
MCCULLOCH, Gregory. *The Mind and Its World*, Londres, Routledge, 1995.
PESSIN, A. & GOLDBERG, S. (eds.) *The Twin Earth Chronicles*. Twenty ears of reflection on Hilary Putnam's "The Meaning of 'Meaning'". Nova York/Londres: M.E. Sharpe, 1996.
PETTIT, P. "Wittgenstein, Individualism and the Mental", em Weingartner, P. & Czermak, J. (eds.) *Erkenntnis und Wissenschaftstheorie, Akten des Internationalen Wittgenstein Symposiums*, Wien, Hölder-Pichler-Tempsky, 1983, pp.446-455.

---
[37] Agradeço a Rogério Severo, César Schirmer dos Santos, Jônadas Techio, Waldomiro J. da Silva Filho, Ana Paula Döhler Machado e, principalmente, a Giovani Felice por comentários e críticas à primeira versão desse texto.

PUTNAM, H. *Ethics Without Ontology*, Cambridge/MA, Harvard University Press, 2005.

____. "Introduction", em Pessin, A. & Goldberg, S. (eds.), 1996, pp. xv-xxii.

____. "Aristotle after Wittgenstein", em *Words and Life*, Cambridge/Massachusetts, Harvard University Press, 1994, pp. 54-79.

____. "The Meaning of 'Meaning'", em *Philosophical Papers*, vol. 2, *Mind, Language and Reality*, Cambridge, Cambridge University Press, 1975, pp. 215-271.

QUINE, W.V. "Two Dogmas of Empiricism", em *From a Logical Point of View*. 2ª ed Nova York, Harper & Row, 1961, pp. 20-46.

RAATIKAINEN, Panu. "In Defense of Semantic Externalism". Não publicado. http://www.helsinki.fi/filosofia/k2004/Raatliite9.doc

RUDD, Anthony, "Two Types of Externalism". *The Philosophical Quarterly*, vol. 47, n. 189, 1997, pp. 501-7.

WETTSTEIN, H. *The Magic Prism*. Oxford: Oxford University Press, 2004

WITTGENSTEIN, Ludwig. *Remarks on the Foundations of Mathematics*. Revised edition. G. H. Wright; R. Rhees & G. E. M. Anscombe (eds.). Trad. G.E.M. Anscombe. Cambridge, MA, The MIT Press, 1996.

____. *On Certainty*. G. E. M. Anscombe & G. H. Wright (eds.). Trad. Denis Paul & G. E. M., Anscombe, Oxford, Blackwell, 1975a.

____. *The Blue and Brown Books*. Oxford: Basil Blackwell, 1975b.

____. *Philosophical Grammar*. Rush Rhees (ed.). Trad. A. Kenny, Berkeley/Los Angeles, University of California Press, 1974.

____. *Zettel*. G. E. M., Anscombe, G. H. von Wright (eds.). Trad. G.E.M. Anscombe. Oxford, Basil Blackwell, 1967.

WITTGENSTEIN, Ludwig. *Philosophical Investigations*. G. E. M. Anscombe & Rush Rhees (eds.). Trad. G. E. M. Anscombe. Oxford, Blackwell, 1958.

ZEMACH, Eddy. "Putnam's Theory on the Reference of Substance Terms", em Pessin, A. & Goldberg, S. (eds.), *The Twin Earth Chronicles*, Nova York/Londres, M. E. Sharpe, 1996, pp. 60-8.

Externalismo, Autoconhecimento e Ceticismo

Waldomiro da Silva Filho

1. A mente e seu mundo

1. Nos últimos trinta anos, um debate muito interessante que envolve problemas de epistemologia, filosofia da mente e da linguagem tem mobilizado muitos filósofos. Estou me referindo à controvérsia sobre se o externalismo é compatível ou não com o conhecimento da própria mente.

Na verdade, o que há é um dilema: alguns filósofos estão amplamente de acordo com a crença de que os conteúdos dos nossos estados mentais intencionais (como crenças e pensamentos) são determinados, ao menos em parte, por nossa relação com o mundo externo natural e social, mas não conseguem entrar em acordo sobre se isso é compatível ou não com a crença de que temos um conhecimento direto, autorizado, transparente e não-empírico dos nossos próprios estados mentais.

Sou levado a acreditar que essa controvérsia não é apenas fruto de curiosidade filosófica, mas expressa uma dúvida, um desacordo intelectual sincero que reacende velhos e inevitáveis problemas filosóficos a propósito do modo como construímos crenças sobre o mundo e sobre nós mesmos e sobre como somos capazes de pensar as garantias (ou a ausência delas) para essas crenças. Mas sou um homem comum, não sou filósofo, e muitos aspectos desse debate parecem longínquos e inacessíveis a mim.

Os argumentos que incendeiam essa controvérsia são complexos e sedutores e não sou capaz de reproduzir aqui todos ou mesmo os principais termos que compõem esses argumentos – há uma intensa e profícua produção de artigos, colóquios e livros sobre o assunto. Posso antecipar apenas uma coisa: os participantes desse debate compartilham a mesma e severa crítica à epistemologia moderna; compartilham a mesma idéia geral que afirma que a mente não é autocontida.

Ora, o que o externalismo afirma é aparentemente um truísmo: o que é pensado, o que é objeto da experiência e o que é objeto da fala depende, ao menos em parte, do mundo exterior à mente do sujeito ou, ainda, é *causado* pelo mundo exterior. Ou seja, os estados mentais não poderiam existir, tal como o descrevemos comumente, caso o sujeito não exista num mundo exterior; não poderiam ser corretamente caracterizados e individualizados sem os objetos, acontecimentos e estados do mundo no qual a pessoa está situada temporal e espacialmente.

2. Não parece que isso é aceitável? Teríamos bons motivos, não somente filosóficos, para situar a mente no mundo natural e social e desfazer a névoa metafísica que se encontra em certas formas de idealismo. Pensemos no efeito de estranheza e de comicidade que nos causa algumas histórias narradas no livro *As Cosmicômicas* de Italo Calvino onde os personagens se distraem com trivialidades literalmente *antes* da existência do universo ou reclamam da absoluta falta de espaço (exatamente porque o espaço, assim como o tempo e os objetos, não foram criado até então).[1] O que pensam, sobre o que falam aqueles que vivem antes do mundo, antes de um mundo com objetos, acontecimentos e pessoas? "O que esperávamos – diz um personagem cujo nome é impronunciável –, ninguém saberia dizê-lo." (Calvino, 2005, p. 24)

Mas há um *porém*. Não nos esqueçamos de outra coisa: quase todos nós usamos as palavras "conhecer" e "saber" quando tratamos não apenas dos objetos e acontecimentos no mundo material externo à nossa mente ou sobre o conteúdo das frases e do significado do comportamento das outras pessoas; nós *também* usamos as palavras "saber" e "conhecer" em relação a nós mesmos e, mais ainda, tratando do conteúdo dos nossos próprios estados mentais. Isso é o que, grosso modo, chamamos de "autoconhecimento". Sydney Shoemaker, no prefácio do seu *Self-knowledge and Self-identity* de 1963, logo no início antecipa

---

[1] Devo a indicação desse livro extraordinário ao meu amigo e colega Marcelo Faria.

que o termo "autoconhecimento" não seria usado por ele no sentido socrático, como um conhecimento que, com certo esforço, pode ser alcançado através de uma reflexão sobre a própria vida. Shoemaker falava de "autoconhecimento" no sentido em que se pode dizer que uma pessoa *conhece* a verdade de um enunciado que ela pronuncia em referência a si mesma ou, noutras palavras, em referência aos seus próprios estados mentais (suas próprias crenças, desejos, pensamentos) (Shoemaker, 1963, p. vii). Alguém pode dizer sinceramente: "Eu julgo (ou acredito ou duvido) que escrever exige concentração", "Eu sei que a água sacia a sede". Nesses casos, a pessoa não está fazendo uma remissão a acontecimentos do mundo ou objetos, mas aos próprios estados mentais.

    A raiz dessa controvérsia de que comecei falando é que se decidimos que o conteúdo de um estado mental intencional é fixado, ao menos parcialmente, pela relação que a pessoa mantém com o mundo externo; se decidimos *refutar* a idéia de que os estados mentais são completamente internos à mente da pessoa, isso pode nos levar – e, de fato, tem levado – a colocar a noção de autoconhecimento em *questão*.

    3. Realmente, parece ser esse um dos alvos do externalista. Para uma grande e influente tradição, alguns dos nossos estados mentais são, ao mesmo tempo, transparentes para nós (isto é, sabemos que os temos e do seu conteúdo) e sobre eles temos uma autoridade especial, privilegiada e invulnerável ao erro. Para Hilary Putnam (1996a, p. xv), há uma crença milenar sobre as noções de "conceito" e "significado", nascida já em Platão e Aristóteles e que é herdada pelos empiristas modernos, segundo o qual os *conceitos* foram pensados como completamente contidos na – ou recolhidos pela – "mente" que, por sua vez, é concebida como um teatro privado, isolado de outros indivíduos e do "mundo externo".

    É o que normalmente chamamos de *concepção internalista* ou *individualista da mente e do significado* e que se reconhece em teorias filosóficas que se propõem a explicar o significado invocando fenômenos ou processos que se passam "na cabeça", na arena interior da mente e que podem ser de um modo enquanto o mundo (se for o caso) pode ser totalmente diferente.

Para essa perspectiva, o conhecimento da própria mente e a autoridade da primeira pessoa têm um papel crucial na refutação do ceticismo já que teríamos "conhecimentos básicos" que se referem não às coisas, mas à natureza dos nossos próprios estados gnoseológicos, notadamente nossos estados sensoriais, nossa experiência imediata e a estrutura formal das nossas inferências e abstrações – sobre o que não podemos nos enganar. O subjetivismo pressupõe uma ontologia de objetos "epistemicamente básicos" que seriam a base ou fundamento e justificação do conhecimento empírico e operariam como "intermediários epistêmicos" que estão *entre* nossas mentes autoconscientes e o resto do mundo, atuando como mensageiros dos quais dependemos para receber notícias do mundo lá fora. Tais objetos mentais *estariam diante da mente*, mas conectados apenas indiretamente, quando muito, com o mundo exterior. E mesmo assim, somente tais intermediários poderiam ser conhecimentos com certeza. Nesse contexto, o conhecimento da própria mente é um conhecimento *a priori* e não se dirige à existência ou inexistência de um mundo ou, ainda, à existência de um mundo exterior às nossas mentes, mas, outrossim, à modalidade de garantias teóricas que são solicitadas para se supor que temos *razões firmemente estabelecidas* para formular asserções sobre esse mundo.

4. Ora, se encontramos um bom argumento contra esse subjetivismo podemos, finalmente, recolher nossos livros e voltar a cuidar das nossas vidas? Tudo leva a crer que *não*. A crítica – no meu entender justa – à imagem da mente como um teatro no qual o *eu* contempla um espetáculo e à idéia de um conhecimento-de-si como um conhecimento infalível e incorrigível, levaria o externalismo a inverter o ceticismo cartesiano? Então nossas crenças sobre o mundo-entorno passariam a gozar de uma autoridade inerente porque a maioria massiva delas seria verdadeira, mas "poderíamos facilmente estar equivocados sobre o que pensamos" (Davidson, 2001a, p. 22), ou ainda, não conhecemos o conteúdo de nossas mentes?

Não tenho a ambição de apresentar uma contribuição original a esse debate nem é minha intenção fazer a defesa de uma das posições, pois, como disse, nem mesmo estou certo de que compreendo corretamente essas filosofias.² Como um homem simples que sou, minha tendência é seguir o senso comum e achar que há momentos em que me parece que conheço as coisas externas com clareza e distinção e outras não. O mesmo se aplica quando penso sobre mim mesmo. Mas isso, como vocês sabem, não quer dizer muita coisa para os filósofos. Confesso que até eu, que sou esse homem simples que procura, sempre que possível, evitar conflitos mentais e idéias angustiantes, até mesmo eu não me sinto satisfeito com isso. E é por isso que é meu interesse agora é apresentar minha própria dificuldade diante dessa maldita controvérsia.

2. O externalismo é incompatível com o autoconhecimento?

5. Permitam-me dizer porque tenho dificuldades com essas filosofias. E peço desculpas pelo tom confessional desta exposição.

Duas coisas, entre muitas outras, me impressionam muito nos argumentos dos externalistas. O primeiro é que eles envolvem necessariamente complicados jogos lógicos e experimentos mentais sobre a possibilidade da existência de mundos atuais e mundos contrafactuais e sobre mudanças e transportações rápidas e lentas de um sujeito para um planeta exótico e de volta à Terra, tudo isso no intuito de demonstrar que a mudança do meio ambiente altera o conteúdo mental. O segundo é que aqui e acolá ressurge com toda força um ceticismo que nos ameaça com a conclusão de que podemos ter os estados mentais que temos, exatamente as crenças que temos, mas, mesmo assim, não sabermos como o mundo é, já que é possível, ao menos para a lógica, que não possamos discriminar as condições e eventos que causam essas crenças.

6. Vejamos. Os argumentos clássicos a favor do externalismo são os *argumentos das Terras Gêmeas* (*Twin Earth arguments*) sugerido

---

² O Prof. Plínio J. Smith, numa série de ensaios, apresentou algumas dificuldades que envolvem a tentativa de uma teoria filosófica da mente (cf. Smith, 2005, pp. 165-347).

primeiramente por Hilary Putnam no artigo "The meaning of 'meaning'" de 1975 (Putnam, 1996b, pp. 3-52). Esquematicamente, segundo esse argumento, devemos considerar um *experimento mental* no qual um sujeito tem os mesmos estados intrínsecos, mas em dois meioambientes diferentes, a Terra e a Terra Gêmea. Nesse experimento, a Terra Gêmea é muito parecida com a Terra. De fato, ela é *exatamente* igual à Terra, molécula por molécula; devemos inclusive supor que cada sujeito da Terra tem um sósia (*Doppelgänger*), uma cópia idêntica, na Terra Gêmea. Putnam imagina que há uma singela diferença entre os dois planetas: o líquido chamado "água" não é, na Terra Gêmea, H_2O, mas um outro líquido cuja longa e complicada fórmula química é abreviada como XYZ. Este XYZ, de qualquer maneira, é indistinguível da água em condições normais: o sabor é igual ao da água, sacia a sede como a água, enche os oceanos, lagos e rios na Terra Gêmea etc., mas não é água. Ninguém na Terra e na Terra Gêmea pode distinguir entre "água" e XYZ – que chamarei de "água-gêmea". Então, um indivíduo que na Terra use a palavra "água" está se referindo a H_2O e não a XYZ (mesmo que ele não saiba, antes de 1750, que "água" é H_2O). Se por acaso ocorresse o fato extraordinário em que um indivíduo da Terra fosse transportado para a Terra Gêmea sem ser alertado sobre essa diferença, ele usaria a mesma palavra "água" quando estivesse diante de XYZ (e o mesmo ocorreria com o seu *Doppelgänger se chegasse à Terra*).

Putnam sugere que é logicamente possível que os sujeitos tenham os mesmos estados intrínsecos (por exemplo, os mesmos estados cerebrais), porém tenham diferentes pensamentos e suas palavras tenham significados diferentes nos dois meioambientes. Recentemente Putnam escreveu:

> ... o significado é diferente porque a matéria-coisa é diferente. E eu destaquei que o falante da Terra e o seu *Doppelgänger* podem estar no mesmo estado cerebral neurônio por neurônio, e ainda assim poderia ser o caso de que o que o terráqueo significa pela palavra "água" não ser o que o terráqueo gêmeo

significa com a mesma palavra. Foi neste ponto que escrevi: "os significados não estão na cabeça". (Putnam, 1996a, p. xvii)

7. Uma variação do argumento externalsita encontra-se em Tyler Burge. Para ele, os pensamentos de um sujeito são individuados parcialmente pela prática da sua comunidade lingüística. Ele concebe um experimento mental que estipula um mundo possível no qual, do mesmo modo como em Putnam, todos os elementos e acontecimentos físicos do mundo atual são idênticos ao mundo contrafactual. Simultaneamente, se imagina algumas variações, não na composição física e químicas dos objetos, mas nas *convenções lingüísticas e nas normas de seu emprego*.

Suponhamos que João tenha sofrido de artrite durante vários anos e tenha freqüentado o seu médico durante esse período e nessas situações ele e o médico usaram o termo "artrite" para se referir à sua enfermidade (como "Eu tenho artrite no meu tornozelo", "A artrite é dolorosa e debilitante", "A artrite é comum na idade mais avançada"). Num certo dia João afirma "Eu tenho medo que minha artrite atinja minha coxa". Essa atitude expressa que João não compreendeu corretamente a definição de "artrite", que, na verdade, aplica-se a problemas das articulações. Pensemos, então, numa situação contrafactual na qual João se encontra numa comunidade lingüística diferente e na qual "artrite" tem uma definição diferente (uma *extensão semântica* diferente). Ao passo que na situação atual "artrite" é definida para se aplicar a doenças das articulações, na situação contrafactual, sua definição se aplica tanto a doenças das articulações quanto a doenças musculares; ou seja, expressa um conceito diferente. Considerando que a diferença entre a situação atual e a situação contrafactual é o modo como "artrite" é definida pela comunidade lingüística, Burge conclui que os pensamento do sujeito não são individualizados *completamente* pelos seus estados intrínsecos, mas são individualizados *parcialmente* pela prática lingüística da comunidade.

Para Burge, as diferenças sociais entre a situação real e a situação contrafactual afetam necessariamente o *conteúdo* dos pensamentos e atitudes do sujeito. Donde a afirmação de que "*Nenhum fenômeno mental intencional do homem é insular.* Todo homem é uma parte do continente social" [grifos meus] (Burge, 1998a, pp. 39-40). João pronuncia sinceramente a frase "Eu tenho artrite na minha coxa": se ele se encontra na situação real, essa frase é falsa, mas se se encontra na situação contrafactual, é verdadeira. Embora os estados intrínsecos dos indivíduos que vivem em comunidades lingüísticas diferentes sejam os mesmos, suas crenças são diferentes.

★ ★ ★

8. Aqui está o problema: se para o externalista o que um sujeito pensa depende do seu entorno e, em particular, de fatos como o da composição química das substâncias e da prática lingüística de uma comunidade, então isso deve sugerir que o externalismo implica num resultado contra-intuitivo segundo o qual o sujeito pode conhecer o conteúdo do seu próprio pensamento *apenas* investigando a composição química das substâncias ou a prática lingüística da comunidade. Também podemos ser induzidos a pensar que aquilo que tradicionalmente é chamado de "conhecimento introspectivo", "conhecimento dos próprios estados mentais", a "autoridade da primeira pessoa" simplesmente *não é o caso* – ao falarmos de nós mesmos estaríamos aplicando as palavras "saber" e "conhecer" indevidamente.

Há uma outra opção: se os filósofos estiverem dispostos a aceitar a possibilidade de conhecermos as nossas próprias mentes e de termos conhecimento *a priori* eles também podem concluir que o externalismo é falso.[3]

9. Vejamos um exemplo de argumento no estilo das Terras Gêmeas que defende a incompatibilidade entre externalismo e autoconhecimento: podemos pensar numa situação na qual um sujeito é transportado entre dois diferentes ambientes físicos ou lingüísticos, por exemplo, entre a Terra e a Terra Gêmea, mas esse sujeito não tem como discriminar entre os dois lugares (conhecido como *slow*

---

[3] Uma crítica ao externalismo está em John Searle (1983).

switching case) (Boghossian, 1989; McKinsey, 2000). Se aceitamos que a aquisição de conceitos pelo sujeito depende de fatores que se dão no tempo e lugar onde ele se encontra (na Terra ou na Terra Gêmea), então quando ele tem o pensamento que é expresso pela frase "Há água aqui", ele tem um pensamento sobre "água" se, e somente se, está na Terra; ou sobre "água-gêmea", se, e somente se, está na Terra Gêmea. Porém, se o sujeito não tem como distinguir se está na Terra ou na Terra Gêmea, ele também não pode conhecer, recorrendo apenas à introspecção se está tendo um pensamento sobre "água" ou sobre "água-gêmea", ou seja, não pode conhecer através do auto-exame do conteúdo do seu pensamento, sem recorrer a um exame do entorno, qual o conteúdo do seu próprio pensamento.

Não precisamos ir muito longe para conceber isso. Alguns filósofos afirmam que isso pode ser concebido na mudança de comunidades lingüísticas (Ludlow, 1998, pp. 225-30), quando, por exemplo, alguém se encontra numa certa situação onde falantes do mesmo idioma usam a mesma palavra com significados diferentes, mas que nosso falante não sabe dessa mudança de significado. No Brasil isso é muito evidente, quando comparamos como baianos e paulistas usam as palavras "canjica" e "munguzá" para significar referentes diametralmente opostos. Pensemos um baiano hipotético que é, sem saber, transportado repentinamente para um ambiente exatamente idêntico ao ambiente em que vive – o mesmo acarajé, seus principais times de futebol estão na terceira divisão, um político velho e malvado domina a política há vários anos. A única diferença é que nesse lugar fictício a palavra "canjica" se refere a munguzá e vive-versa. Mas nosso baiano não tem como distinguir sua Bahia da Bahia-gêmea. Quando ele diz "A canjica é saborosa" está expressando um crença sobre a canjica na Bahia, mas está se referindo ao munguzá na Bahia-gêmea.

Voltando ao exemplo da água, o argumento incompatibilista concebe que um indivíduo não poderia distinguir entre a situação atual na qual ele pensa "a água sacia a sede" e a situação contrafactual na qual ele, de fato, não tem tal pensamento, mas o pensamento "a água-gêmea sacia a sede". Aqui não há a transparência, a autoridade e o acesso privilegiado que caracterizariam o autoconhecimento já que ele não sabe distinguir o pensamento que ele mesmo tem sem que *outra pessoa* o informasse que não se encontra na Terra, mas na Terra Gêmea e lhe esclarecesse a diferença entre pensar-que-água e pensar-que-água-gêmea. Como alguém poderia conhecer o que pensa se não consegue distinguir a situação e o entorno no qual tem o pensamento atual?

3. O externalismo é compatível com o autoconhecimento?

10. Mas há quem diga o contrário.

Um compatibilista sustenta que embora certas condições externas devam comparecer para que os pensamentos sejam o que são e tenham um conteúdo específico, conhecer que o pensamento ocorre (que temos um pensamento com um conteúdo específico) *não depende de conhecer* todas as condições que possibilitam nossos pensamentos e juízos, inclusive as condições externas, de modo absoluto. Em todos os casos que envolvem conhecimento, não somos oniscientes; não seria de se esperar que o fôssemos em questões de autoconhecimento.

O ponto central de um argumento compatibilista implica uma distinção no objeto do pensamento: de um lado, o conteúdo de um pensamento de *primeira-ordem*, de fato, depende do entorno e tem como objeto algo que se refere à cadeia causal entre mente e mundo; um exemplo disso é o pensamento "a água sacia a sede". Do outro lado, o *status* epistêmico específico de um juízo ou pensamento de *segunda-ordem* sobre o conteúdo do pensamento de *primeira-ordem* não tem os mesmos critérios de verdade em relação ao entorno; um exemplo é "*penso* que a água sacia a sede". Esses juízos e pensamentos seriam caracteristicamente *auto-verificáveis* já que ter tais juízos e pensamentos faz com que seja verdadeiro dizer que se os tem e, mais, dizer que sabe que se os tem. Se penso "Acredito (ou julgo ou duvido) que a água sacia a sede", seria uma *condição necessária* que eu me encontre em tal estado mental no qual acredito (ou julgo ou duvido) que a água sacia a sede.

Para o externalismo não há controvérsia em relação às condições que determinam o conteúdo do pensamento de primeira-ordem:

para pensar que algo é água é necessário estar em alguma relação causal com a água (ou ao menos em alguma relação causal com uma substância que nos habilite a teorizar sobre água). Nos casos normais, vê-se e toca-se na água. Essas relações ilustram o tipo de condição que torna possível pensar algo sobre água e envolve métodos e procedimentos empíricos.

11. Conhecer o que se está pensando quando se tem pensamentos sobre entidades físicas, pressupõe alguma das condições semelhantes às que determinam o conteúdo do pensamento empírico que se conhece quando se pensa. Esse é o resultado do caráter de segunda-ordem dos pensamentos. A possibilidade cognitiva de um juízo sobre pensar que a água é um líquido deve estar fundada na habilidade de pensar que a água é um líquido.

O fato de que não podemos recorrer a investigações empíricas para discriminar nossos pensamentos de outros que poderíamos ter se estivéssemos em outro entorno, não mina nossa habilidade de conhecer o que são nossos pensamentos. Nós individualizamos nossos pensamentos ou os discriminamos de outros pensamentos exatamente pensando aquele pensamento e não outro, auto-atributivamente (Burge, 1998b, p. 119)

Por outro lado, do mesmo modo, os casos paradigmáticos de auto-conhecimento são essencialmente pessoais; eles dependem de que o juízo realiza-se simultaneamente *do* próprio ponto de vista da primeira pessoa e *sobre* o ponto de vista da primeira pessoa. Quando eu julgo: "Eu estou pensando que escrever requer concentração", o tempo do juízo e o tempo do pensamento que está sendo julgado são os mesmos; e a identidade do pronome da primeira pessoa assinala e identifica o ponto de vista entre o juízo e o pensamento sobre algo.

4. O narrador onisciente

12. Mas, meus amigos, não fiquem animados. Eu poderia – se tivesse tempo e inteligência para tanto – apresentar argumentos contrários e ainda mais complexos. Pelo andar das coisas, com a grande profusão de

trabalhos sobre esse assunto, cada um rumando em uma direção diversa, acredito que essa controvérsia não avançará para um acordo – ao menos não por enquanto. Mas isso não é uma novidade para nós que acompanhamos o trabalho dos filósofos: raramente eles entram em acordo.

Mas, também essa constatação corriqueira e desanimadora não é suficiente para me fazer abandonar os livros e encontros filosóficos. O que estou procurando? Sei que há algo que não me deixa avançar – seria aquela pedra que entorta pás?

Não posso deixar de ficar pensando que, entre outros aspectos, o argumento externalista pressupõe duas coisas. A primeira é que, como insinuei até aqui, alguns dos elementos que determinam os conteúdos de alguns dos nossos estados mentais são ou podem ser cognitivamente inacessíveis. Fiquei ainda mais convencido desse ponto depois de ler a primeira versão do texto "Wittgenstein e o externalismo" do meu colega Alexandre Machado (presente nesta coletânea). Sua crítica ao externalismo é muito lúcida. Ele considera que, para um externalista, é possível que um sujeito tenha uma crença e, a despeito disso, seja incapaz de identificar explicitamente os fatores que a justificam (Machado, 2006). A rigor, não poderíamos dizer, das crenças que temos, que as conhecemos, pois é logicamente possível que não saibamos discriminar os aspectos relevantes do entorno que determinam seus conteúdos.

Se isso se aplica a *uma* crença – por exemplo, sobre a água – o que impede que isso se alastre para todo o resto? O que impede a possibilidade de *nunca sabermos*?

Para um homem simples como eu, que se ocupa de tantas coisas simples e cotidianas (como a saúde de um amigo, a escola do meu filho, o resultado do jogo do Fluminense), isso parece levar a uma forma extremada e incompreensível de ceticismo – não o ceticismo de Sexto Empírico que até um homem simples como eu aprendeu a admirar depois de conhecer Porchat, mas o ceticismo que sugere que nunca conhecemos.

13. O segundo aspecto que me incomoda é que os experimentos mentais que dão amparo lógico à argumentação tipicamente externa-

lista dependem *necessariamente* daquilo que chamarei de "perspectiva de um narrador onisciente". Pensamos a possibilidade e impossibilidade de nossas crenças terem os conteúdos que têm, de nossas palavras terem o significado que têm, de pensarmos nossos pensamentos e pensarmos sobre nós mesmos de um ponto de vista de *outra pessoa que conhece mais sobre nosso entorno do que nós mesmos*. Uma pessoa – seria mesmo uma pessoa? – portadora de enunciados que revelam uma espécie de onisciência de um ponto de vista que não é de alguém que vive no mundo contingente; lançando juízos impessoais que denunciam onde há erro e falha.

Mas quem disse isso a ele? Como ele – esse narrador onisciente – chegou a essas conclusões? Como ele sabe *que* Terra, *que Terra-Gêmea*?

Quando falo de um "narrador onisciente" não estou falando de um novo experimento mental ou de um novo personagem que vem compor os experimentos mentais comuns aos argumentos externalistas. Os experimentos mentais têm invariavelmente a mesma estrutura narrativa: demonstram que os nossos estados mentais estão relacionados com o entorno, mas que muitas vezes desconhecemos o verdadeiro conteúdo desse estado mental porque *desconhecemos* a coisa-matéria que compõe o mundo onde habitamos atualmente ou *desconhecemos a referência das palavras que usamos*. Ou não podemos discriminar as condições em que os nossos pensamentos e palavras têm o conteúdo que supomos ter (mas será que é legítimo supormos ter algum conteúdo?)

Mas por que, nesses casos, se afirma que há um desconhecimento? A razão é muito simples: nos esquecemos que estamos tratando de uma situação na qual o filósofo ou qualquer um que construa o experimento mental assume a posição de um narrador que *sabe* de antemão a natureza dos objetos do entorno (sua essência), o significado real das palavras, a referência precisa dos pensamentos, enfim, *sabe* de antemão se estamos na Terra ou na Terra-gêmea, se estamos diante da água ou da água-gêmea – um conhecimento que *necessariamente*, enquanto sujeitos não-oniscientes, não temos. Na construção do experimento, na demonstração do argumento, o filósofo que tenta nos convencer da plausibilidade do externalismo assume a posição de um narrador onisciente – onisciente, ao menos, em relação às condições do episódio narrado.

Já do ponto de vista de um narrador subjetivo, pessoal e contingente, pensamos que a água é um líquido e sacia a sede. Mas se mudamos para a perspectiva do narrador onisciente logo imaginamos a situação na qual o mundo não é como correntemente pensamos que ele é – uma situação na qual não é com a água que interagimos.

Estou me lembrando agora do exemplo oferecido por Paulo Faria (2005) no qual uma pessoa via todos os dias um vaso chinês numa loja e pensava em comprá-lo em tempo oportuno, porém, a loja dispunha de inúmeros vasos iguais que eram substituídos todos os dias. O nosso colecionador pensa *naquele* vaso chinês, mas não sabe que ele fora substituído por outro idêntico. Mas o narrador *sabe* que o vaso foi substituído e que existem inúmeras outras réplicas. Como ele soube disso? Como nós soubemos? Lendo o jornal, conversando com amigos, observando, acidentalmente, o trabalho das pessoas da loja de antiguidades?

Vejam só, o "narrador onisciente" também não é Deus nem um *gênio maligno*. Ele tem, é claro, uma posição privilegiada em relação a qualquer enunciado e é capaz de denunciar a ilusão dos personagens. Mas ele é apenas a voz do autor do "experimento mental", como Putnam e Burge – eu já ia dizendo: ele é a voz do filósofo. Ou seja, é um sujeito empírico e falível, como somos todos, como são os seus personagens na Terra-gêmea e na Terra. A diferença é que ele constrói um discurso sobre o que é o significado e os conteúdos mentais amparado na lógica.

O narrador onisciente, é claro, não é um narrador contingente nem participa da comunicação contingente. O narrador contingente é qualquer um de nós que fala do ponto de vista que tem e não *sabe* de antemão se se trata de água ou de água-gêmea – ele saberá em virtude de alguma descoberta científica, da conversa com um amigo ou lendo o jornal.

14. Digo que "Frida pensa que a água sacia a sede", mas, na verdade, ela se encontra na Terra-gêmea e tem diante de si a água-gêmea. Mas é logicamente concebível que eu, o narrador do experimento, não saiba se *eu mesmo* me encontro na Terra – onde a filosofia analítica prosperou muito nos últimos anos e formulou o externalismo onde os experimentos mentais nos levam a crer que na Terra a água seja H_2O e na Terra-gêmea, ZYX. A lógica não protege que eu mesmo, esse Waldomiro

que escreve estas palavras agora, esteja na Terra-gêmea – onde também há indícios de avanços na filosofia e o externalismo faz muito sucesso. Mas na Terra-gêmea, em maio de 2006, se descobriu que na Terra a Química esteve enganada esse anos todos, desde 1750, e que a água, de fato, não é H_2O, mas uma outra composição muito complexa que é abreviada por ZYX e que na Terra-gêmea descobriu-se o contrário.

A lógica nos leva a qualquer lugar *concebível*.[4] Um homem simples como eu não entende a lógica. Entende aquela lógica comum, do dia-a-dia, mas, mesmo assim, não é sempre que a respeita. O homem simples sabe que o erro é possível – e se irrita com isso, tenta evitá-lo por ser constrangedor ou perigoso. Ele sabe que o erro é algo que consideramos quando somos corrigidos, quando revemos e criticamos nossos pensamentos e atos ou nos defrontamos com novos pensamentos e informações.

---

[4] O Prof. Eduardo Barrio tem um séria objeção ao meu argumento. Ele me escreveu: "Há algum tempo nós dois temos uma preocupação parecida: como se pode argumentar corretamente para estabelecer a verdade de uma tese modal e, por sua vez, respeitar a idéia de que devemos adotar um ponto de vista plausível a partir do qual estabelecer as premissas. Deuses, falantes oniscientes, falantes com poderes ilimitados não convencem nem a mim nem a você. O problema é que as teses modais têm de ser verdadeiras em toda situação possível. Essa é a melhor idéia de *verdade necessária* que temos. O outro problema é que, se a filosofia é uma disciplina cujas teses são conceituais, analíticas, *a priori*, pareceria que suas teses têm que ser necessárias (e não meramente universais). Uma generalização universal (uma lei empírica) não é suficiente para adquirir o *status* de tese filosófica. Bem, aqui tem de aparecer os *experimentos mentais*! Assim como na ciência empírica os experimentos são os recursos que têm os cientistas para testar suas teses, do mesmo modo, na filosofia, para que se estabeleça uma tese modal, os experimentos mentais são o mecanismo apropriado.
No texto de Barrio há o seguinte argumento: 1) as teses externalistas têm caráter modal; 2) o estabelecimento da verdade das teses modais se realiza através de experimentos mentais; 3) os experimentos mentais pressupõem uma perspectiva onisciente; 4) a perspectiva onisciente faz com que sempre seja possível que o significado seja um XYZ que esteja além daquilo com o que temos contato epistêmico. E você infere que há um choque entre duas intuições: o autoconheicmento e o externalismo.
Eu sugeri que o máximo que se pode generalizar quando se adota uma perspectiva, ainda que seja onisciente, é acerca do *concebível*. Mas, então, o argumento externalista pressupõe um salto do concebível ao possível. Um coisa é dizer que é concebível que XYZ seja o significado de água e outra é que seja possível.

Um homem simples que entende pouco de lógica é capaz de pensar que uma crença, assim como outras atitudes proposicionais, não pode ser entendida, em nenhum dos seus sentidos possíveis, como um estado que se apresenta separado do mundo e que, posteriormente, necessita ser reconectada com aquele mundo. É com nossas crenças que descrevemos, apontamos, avaliamos, explicamos o mundo: a possibilidade da verdade e da falsidade da crença depende precisamente da conexão da crença com o mundo, "já que tal conexão é necessária para a crença ter conteúdo (e sem conteúdo não há garantias que ela possa estar errada nem, muito menos, que é uma crença)" (Malpas, 2005).

5. Um simples empirismo

15. Não tenho tendências metafísicas. Por isso, não posso pensar que o mundo é qualquer coisa além do que é dado *no* e *através do* nosso envolvimento contínuo e cotidiano com as coisas e acontecimentos. Também não consigo imaginar que as nossas crenças podem estar baseadas em alguma outra coisa que não pode ser compartilhada com outras pessoas – que minhas crenças são apenas minhas.

Num primeiro momento, eu fora tentado a dizer que o ceticismo exagerado ou global é *falso*. O Prof. Plínio Smith, porém, me lembrou que essa afirmação destoava da atitude que eu vinha sustentando na minha argumentação até o momento. Devo reconhecer que ele estava certo. Mas, também devo reconhecer que, como um homem comum, encontrava-me num estado mental no qual era estranho conceber o ceticismo global. Não porque esse tipo de ceticismo contraria um certo estado real de coisas ou um preceito da ciência ou porque a epistemologia pode ser bem fundamentada transcendentalmente, mas porque simplesmente contraria as expectativas da *conversa comum entre homens e mulheres* – ao menos é assim que me parece, lembrando que sou um homem comum que vive entre outros homens e mulheres. Sou levado a pensar que um esforço, tanto positivo quanto negativo, de construir uma imagem da totalidade das nossas crenças, para afirmar que todas são ou podem ser verdadeira ou que todas são ou podem ser falsas, assumindo uma posição superior à posição que nos encontramos *empiricamente*... isto é sem sentido. Não é apenas sem sentido procurar mais do que isso, mas acontece também que nada mais é necessário...

16. Já ia esquecendo o tema que é o fio condutor deste texto: conheço minha própria mente? Ora, como eu poderia lançar uma dúvida sobre isso?

Há alguns dias eu andava irritadiço, nervoso e triste e se me perguntassem eu não saberia dizer a razão. Minha mulher, Virgínia, me disse que sempre que se aproximam esses encontros e colóquios filosóficos eu fico assim; disse que sou vaidoso e temo a opinião dos meus colegas; sempre reclamo que não tive tempo de preparar um bom argumento. Ela disse que me penitencio falando que nada que faço está bom e isso me deixa muito abatido. *Estranho, é como se ela estivesse falando sobre outra pessoa.* Disse também que eu atravessaria em claro a noite da véspera da comunicação do meu texto, na esperança de encontrar aquele bom argumento e depois diria: "Não o encontrei".

Escrevi as palavras acima às 3h07 da madrugada de 26 de maio de 2006, pouco antes de apresentar este texto no XI Encontro Nacional sobre Ceticismo. De fato, *não o encontrei*...[5]

Referências bibliográficas

BILGRAMI, A. "A trilemma for redeployment", em *Philosophical Issues*, n. 13, 2003.
BOGHOSSIAN, P. "Content and self-knowledge", em *Philosophical Topics*, n. 17, 1989.
BURGE, T. "Individualism and self-knowledge", em P. Ludlow & N. Martin (eds.), *Externalism and Self-Knowledge,* Stanford, CSLI Publications, 1998b.

---

[5] Agradeço as críticas e sugestões de Plínio Smith, Eduardo Barrio e Oswaldo Porchat. Agradeço especialmente aos estudantes do Mestrado de Filosofia da UFBA que acompanharam a elaboração das idéias presentes neste texto no curso da disciplina Problemas de Filosofia Contemporânea, no primeiro semestre de 2006.

BURGE, T. "Individualism and the Mental", em P. Ludlow & N. Martin (eds.). *Externalism and Self-Knowledge*, Stanford, CSLI Publications, 1998a.

CURGE, I. *As Cosmicômicas*, 2ª ed., trad. Ivo Barroso, São Paulo, Companhia das Letras, 2005.

DAVIDSON, D. "Externalisms", em P. Kotako, P. Pagin & G. Segal (eds.), *Interpreting Davidson*, Stanford, CSLI Publications, 2001a.

FARIA, P. "Memória e inferência", mimeo, Porto Alegre, 2005.

LUDLOW, P. "Externalism, self-knowledge, and the prevalence of slow switching", em P. Ludlow & N. Martin (eds.). *Externalism and Self-Knowledge,* Stanford, CSLI Publications, 1998.

MACHADO, A. M. "Wittgenstein e o externalismo", mimeo, Salvador, 2006.

MALPAS, J. "Não renunciar ao mundo: Davidson e os fundamentos da crença", trad. C. Bacelar, em P. Smith & W. J. Silva Filho (orgs.), *Significado, Verdade, Interpretação: Davidson e a Filosofia*, São Paulo : Loyola, 2005.

McKINSEY, M. "Form of externalism and privileged access", em *Philosophical Perspectives*, n. 16, 2000.

PUTNAM, H. "Introduction", em Pessin, A. & Goldberg, S. (eds.), *The Twin Earth Chronicles: Twenty Years of Reflection on Hilary Putnam's "The meaning of 'meaning'",* Armonk/Nova York/Londres, M. E. Sharpe, 1996a.

PUTNAM, H. "The meaning of 'meaning'", em Andrew Pessin & Sanford Goldberg (eds.). *The Twin Earth Chronicles: Twenty Years of Reflection on Hilary Putnam's "The meaning of 'meaning"*, Armonk/Nova York/Londres, 1996b.

SEARLE, J. *Intentionality: An essay in the philosophy of mind*, Cambridge, Cambridge University Press, 1983.

SHOEMAKER, S. *Self-knowledge and Self-identity*, Ithaca, Londres, Cornell University Press, 1963.

SMITH, P. J. "Autoconhecimento e ceticismo", mimeo, São Paulo, 2004.

SMITH, P. J. *No Começo da Filosofia e outros ensaios*, São Paulo, Discurso, 2005.

O pensamento sem luz própria
(paradoxo de Moore e a anti luminosidade)

Hilan Bensusan

A oposição ao caráter incorrigível da autoridade de primeira pessoa sobre nós mesmos – bastante corrente nos últimos anos e sustentada por argumentos de qualidade variada – tem um caráter dramático porque coloca em xeque o solo em que muitos debates acerca do ceticismo têm lugar: a suposição de que há um terreno em que as coisas, como elas são, estão abertas à nossa direta inspeção. Trata-se, nos termos cunhados por Tim Williamson (2000), de mostrar que não há luminosidade em nossa própria mente: há, também nela, objetos, processos e eventos que estão escondidos de nós. Ela não é, na expressão de Williamson, nosso lar cognitivo onde a tarefa de investigar o mundo é mais fácil, pois as aparências não podem nos enganar. Em nosso lar cognitivo, de acordo com a metáfora, temos a autoridade final, nada pode ser (muito) diferente de como nos parece. Neste trabalho meu foco não será principalmente os argumentos contra a luminosidade de nossa própria mente, mas o exame de algumas conseqüências da anti luminosidade.

1. O projeto de apontar para a anti luminosidade de esferas do nosso conhecimento tem similaridades com o projeto cético. Trata-se, em alguma medida, de mostrar que vale a premissa de uma estratégia argumentativa que pode ser apresentada assim:

Premissa: Podemos estar enganados com respeito a cada uma das nossas crenças.

Conclusão: Podemos estar enganados com respeito a todas as nossas crenças.

Mostrar que a premissa é verdadeira, é claro, não é suficiente, pois a inferência também tem de ser válida para que a conclusão seja válida. Apesar da semelhança, contudo, argumentos céticos muitas vezes assumem pelo menos alguma luminosidade de nossa mente: pelo menos sabemos sobre o que tratam nossas crenças ou aquilo que parece a nós, ainda que essa aparência seja sistematicamente defectiva.[1] A falta de luminosidade implica a falta de uma autoridade última que possa estabelecer alguma coisa em qualquer caso. Sobre aquilo que duvidamos, por exemplo, o que nós nos damos conta em primeira pessoa não possui nenhum privilégio cognitivo em relação ao diagnóstico que outras pessoas podem fazer acerca de nossas dúvidas.

Williamson diagnostica que a anti-luminosidade atinge quase tudo o que é cognitivamente relevante para nós—o que é luminoso é exceção e, em geral, é trivial. Ele conclui que somos cognitivamente sem-teto. Não existe nenhum setor do nosso pensamento onde a verdade se apresenta com uma marca característica que podemos distinguir. Nada está a descoberto: nem ao meu acesso individual e nem ao acesso coletivo de uma comunidade lingüística.[2] Em nenhuma área as autoridades da primeira pessoa do singular e da primeira pessoa do plural têm a palavra final: ninguém tem o monopólio da correção. Ora, a corrigibilidade, de acordo com as lições de grande repercussão de Wittgenstein nas *Investigações* (PU), depende de uma instância independente que possa avaliar os juízos nos termos em que eles são formulados. Predicados

---

[1] Cenários onde a luminosidade é variada são convenientes para os argumentos céticos. Alguns exemplos: não posso me enganar sobre minhas crenças, mas posso me enganar sobre sua verdade; não posso me enganar sobre meus juízos analíticos, mas posso me enganar sobre meus juízos sintéticos; posso me enganar sobre verdades de fato, em geral, mas não sobre verdades de razão. Um cenário que apresenta uma região de nossos conteúdos de pensamento como sendo alheia a nossa soberania é conveniente ao ceticismo; um tal cenário permite que o cético *formule* suas dúvidas a partir de material indubitável. Para uma análise de por que argumentos céticos muitas vezes precisam de suposições assim, consulte minha contribuição ao X Encontro Nacional sobre Ceticismo (Bensusan 2006). Interessante também consultar McDowell (1995).

[2] Williamson acusa Wittgenstein de confundir, em *Da Certeza* (1969), o que é verdade e o que é apropriado a conversações. Certas coisas não podem ser duvidadas em conversação mas isso não é indício de que elas sejam verdadeiras. Se fosse assim, uma vez que saibamos o que é apropriado a conversações, o que tratamos nelas seria luminoso.

privados não podem ter normas de aplicação que podem ser corrigidas porque não há uma instância que estabeleça o modo correto de seu emprego. Analogamente, predicados públicos não podem ter normas de correção além do que é pretendido pela comunidade que regula sua aplicação: um intérprete radical, ao se aproximar de predicados públicos, não pode estabelecer com base em nenhuma consulta a fatos se o uso desses predicados em uma situação particular é anômalo ou recalcitrante. A diferença é que esses predicados, por serem públicos, têm seu emprego em cada caso controlado por usuários que formam instâncias independentes. Talvez possamos concluir dessas lições wittgensteinianas que a instância independente que regula o emprego dos predicados públicos faz com que esses predicados possam ter seu uso corrigido e, portanto, que o significado desses predicados não seja luminoso para nenhum dos seus usuários. Nesse caso, para cada usuário haveria uma instância de correção, ainda que não haja uma instância de correção para todos os usuários dos predicados públicos. Se nossos argumentos contra a luminosidade colocam em questão não apenas o que está a descoberto ao meu acesso, mas também o que está a descoberto ao nosso acesso (ou seja, ao acesso da comunidade de usuários dos predicados públicos), então também o significado dos predicados públicos não está sob a autoridade última da comunidade de usuários. Esta pode ser uma motivação para postular que parte dos significados dos nossos predicados é determinada pelo mundo; ou seja, é determinada por circunstâncias que não estão a descoberto para nós (para o conjunto de todo os usuários dos predicados). Ou seja, o significado dos termos transcende às normas de emprego pelas quais a comunidade zela. Se a anti luminosidade se estende a nós, parece que também os significados de nossos termos não estão a descoberto para nós – partes escondidas do mundo podem fazer diferença no que nós, enquanto usuários de predicados públicos, dizemos.

É certo que Wittgenstein parece insinuar por vezes que a filosofia trata do que está aberto a nós (por exemplo, PU I, 126) e fica parecendo que alguma coisa escondida pode afetar nosso pensamento – ainda que desde fora da filosofia. Se, no entanto, tampouco nossos predicados públicos são luminosos a nós, o *desideratum* de anti luminosidade deve estar de acordo com o *desideratum* de corrigibilidade. A parte dos significados dos predicados públicos que é estabelecida por circunstâncias fora de nossa inspeção só pode corrigir nosso uso dos predicados se for inteligível a partir de (outros de) nossos predicados: desde fora, se vale a lição wittgensteiniana acima, não pode haver correção de nossos predicados porque não há como saber quando o erro foi ocasional. Aqui vale uma analogia com a transcendência da verdade: a verdade também não é luminosa uma vez que ela não está a descoberto nas crenças que nós tomamos como verdadeiras. No entanto, não podemos *asseverar* crenças verdadeiras se não temos um acesso a elas (por exemplo, uma justificação para elas) – se bem que seguramente elas podem ser verdadeiras sem que estejamos em condição de asseverá-las. Podemos considerar estes dois casos:[3]

(NE) Temos justificação para acreditar em *p*, porém não-*p*.
(NI) Não temos justificação para acreditar em *p*, porém *p*.

No primeiro caso nossa justificação é corrigida pela verdade que asseveramos – nossa justificação errou – e no segundo caso nossa justificação é insuficiente para estabelecer aquilo que nos sentimos em condição de asseverar. Só podemos entender que estejamos em condições de asseverar se temos algum acesso ao que estamos asseverando: se temos, nos termos dos dois casos acima, uma justificação que nos permita asseverar (ou acreditar). É certo que podemos ter justificações que conflitam ou mesmo entender que temos algum acesso ao que é verdade que é independente de qualquer justificação; em qualquer caso, no entanto, temos de ter um acesso ao que estamos asseverando para que possamos mostrar que nossa justificação é insuficiente ou que nossa justificação nos leva a um erro. Analogamente, podemos considerar o caso em que alguém, utilizando predicados públicos, diagnostica que o significado de algum desses predicados transcende aquilo que nós queremos dizer. Temos aqui os dois casos:

---
[3] As siglas serão esclarecidas mais adiante.

(NE') Utilizamos o termo *t* querendo dizer X, porém *t* diz Y (diferente de X).
(NI') Utilizamos o termo *t* não querendo dizer X, porém t diz X.

No primeiro caso, nosso uso do termo é corrigido por uma asseveração do que o termo significa – nosso uso está errado – e no segundo caso ignoramos o que estamos querendo dizer. Aqui também, para que alguém possa asseverar o que o termo diz, é preciso ter algum acesso ao significado do termo; um acesso ao significado requer um apelo a como deveríamos usar o termo de acordo com as normas de aplicação públicas. Consideremos o caso em que todos nós fomos abduzidos para a Terra-gêmea (Putnam, 1975) sem sermos informados. Podemos falar de água querendo dizer H_2O, mas dizendo XYZ. Porém só diremos XYZ se uma extensão da comunidade que zela pelo predicado público "água" (a comunidade da Terra-gêmea, por exemplo) estiver em condições de asseverar o que diz o termo "água" nesse contexto, de acordo com os usos do predicado público – ou seja, se alguém estiver em condições de asseverar NE'. Ou seja, ainda que o significado dos nossos termos não seja luminoso – o significado transcende aos usos como a verdade transcende às justificações – não temos uma instância de correção externa aos usos dos predicados públicos. Se essa linha de raciocínio está certa, a anti luminosidade não tem como conseqüência que haja uma autoridade sobre aquilo que não é luminoso com um efeito independente das instâncias de correção. Luminosidade e corrigibilidade, portanto, parecem ser independentes: os significados dos nossos predicados não são luminosos para nós e, no entanto, só podem ser corrigidos por meio de instâncias independentes encontradas apenas nos usuários de nossos predicados. Dito de uma maneira esquemática: algo pode não ser luminoso para nós e, ainda assim, só pode ser corrigido por nós.

2. Em algum sentido, a rejeição de uma área de conteúdos de pensamento que seja luminosa tem um parentesco com a idéia de que não há, no pensamento, uma estaca zero – um ponto de partida natural para o exercício da dúvida e da investigação (Bensusan, 2004). Não

há um teto a partir do qual saímos em viagem. Os argumentos contra a luminosidade têm também um parentesco com argumentos contra um ponto de partida fixo. O argumento de Williamson (2000, pp. 96-98) procura mostrar que não podemos saber sempre aquilo que sentimos (ou que pensamos, ou que desejamos) uma vez que o conhecimento requer uma confiabilidade que o faz variar sempre com alguma independência com respeito ao que sentimos (ou o que pensamos, ou o que desejamos) – a menos que sintamos, pensemos ou desejemos sempre a mesma coisa.[4] Outros argumentos apelam para a impossibilidade de que a mente isoladamente possa determinar seus conteúdos e colocam em questão se nossas mentes podem ser uma variável independente do mundo.[5] Em todo caso, a inteligibilidade de uma esfera – um lar cognitivo – em que aquilo que é o caso é sempre perfeitamente conhecido e aquilo que é perfeitamente conhecido é o caso (pelo menos dentro da esfera) é criticada.

Uma conseqüência da anti luminosidade é que não há uma autoridade de referência para decidir a questão. Acerca de meus estados mentais, não sou o árbitro final acerca do que é o caso – também aquilo que eu me dou conta sobre meus estados mentais pode ser insuficiente ou enganador. Aqui, a rejeição da luminosidade pode encorajar duas posições acerca do auto conhecimento. A primeira mantém que não há nada a ser conhecido em mim mesmo, ou seja, que não há autoconhecimento porque não há uma esfera interna a ser conhecida – os juízos sobre mim mesmo não são juízos empíricos e, portanto, não respondem a fatos sendo apenas uma concessão social que nós possamos falar de nós mesmos com soberania. A segunda posição afirma que o autoconhecimento pode dispensar completamente uma visão de primeira pessoa: conhecemos a nós mesmos da mesma maneira que conhecemos outras pessoas (por exemplo, investigando comportamentos). Em am-

---

[4] Williamson (2000, p. 107) sugere que condições que não variam nunca (como, presumivelmente, que eu estou pensando) podem ser luminosas. Seu argumento faz uso do caráter vago de termos como "saber que" e "sentir que", mas ele insiste que não se trata de um argumento que depende de alguma maneira em particular de lidar com situações de sorites.

[5] Veja, por exemplo, argumentos externistas como os de Putnam (1975) ou Burge (1988).

bas as posições concluímos que na anti luminosidade não há nenhum acesso de primeira pessoa a nós mesmos; ou seja, inferimos que se nossa autoridade sobre nossa mente é corrigível então não temos autoridade alguma – ou porque não há de fato nada sobre o que ter autoridade (primeira posição) ou porque toda autoridade deve ser conferida a outro modo de acesso (segunda posição). Em ambos os casos, há uma suposição subjacente que, muitas vezes, motiva também a tese da luminosidade de nossa mente. A suposição de que a mente deve ser nosso lar cognitivo – uma esfera luminosa – porque se não for isso não pode ser coisa alguma. Em outras palavras: ou os estados mentais são luminosos ou não há fatos acerca deles. Se exorcizarmos essa suposição, podemos ter nossos próprios estados mentais sem que eles precisem estar sujeitos a autoridade última de minha inspeção (de primeira pessoa).

Além disso, a primeira posição nos coloca na estranha situação de que nossos juízos acerca das outras pessoas podem ser corrigidos enquanto nossos juízos sobre nós mesmos teriam esse estatuto especial que os tornaria imunes à correção – se nossos juízos sobre nós mesmos são uma concessão social, o mesmo deve valer para os juízos dos outros acerca deles mesmos. Parece que quem adota a primeira posição terá que se refugiar em uma concepção segundo a qual a única autoridade sobre as mentes das outras pessoas é uma autoridade de terceira pessoa: aquilo que nós atribuímos a alguém para explicar seu comportamento. Com esse passo, essa primeira posição se aproxima da segunda. Uma posição segundo a qual a mente só pode ser acessada através da nossa capacidade de atribuir estados que expliquem comportamentos entende que a mente é por completo independente de nosso contato de primeira pessoa com ela – aquilo que Shoemaker (1994) chamou de um modelo perceptual no sentido largo da mente (*broad perceptual model*). Esse modelo entende que a mente é independente de nosso conhecimento dela por meio do que nós nos damos conta. A posição em questão pode surgir como o resultado de uma inferência a partir da anti luminosiadade:

Premissa: Minha mente não é luminosa
Conclusão: Minha mente é independente do meu acesso de primeira pessoa a ela.

A validade da inferência é problemática uma vez que pode ser que minha mente esteja associada a minha capacidade de acessá-la – de modo que sem acesso a minha mente eu não teria mente – e, ainda assim, que ela não seja luminosa. Shoemaker mostra que o modelo perceptual no sentido largo da mente (MPL), com a independência que ele postula, supõe que uma pessoa poderia ser auto-cega: poderia ter uma mente e não ter nenhum conhecimento dela. O problema com MPL, segundo Shoemaker, é que não podemos conceber essa auto-cegueira; não podemos conceber que alguém tenha dores, intenções, sensações, crenças ou desejos sem ter nenhum acesso a tais estados. O argumento pode se tornar mais persuasivo se levarmos em conta que o MPL supõe uma independência entre meus estados e processos mentais (que podem estar desconhecidos por mim) e minhas concepções de meus estados e processos mentais. O confronto entre esses dois tipos de itens é o que tornaria possível que minha mente fosse conhecida por mim; no entanto, esse confronto entre itens independentes não é possível porque eu não posso individuar estados e processos mentais sem o vocabulário público que eu uso em minhas concepções dos meus estados e processos mentais. Não tenho como sancionar o que sejam os meus desejos (ou minhas coceiras) sem as normas associadas aos predicados públicos de que faço uso. Parece se seguir também da maneira wittgensteiniana de entender nosso vocabulário de episódios mentais (PU I, 257-304) que qualquer articulação desses episódios depende da minha capacidade de usar predicados públicos associados a eles. O argumento, parece, mostra que não podemos ter uma mente sem um acesso a ela. Parece, também, que o argumento supõe que tenhamos a capacidade de aplicar os predicados mentais públicos a nós mesmos sem precisarmos ter acesso ao nosso comportamento. Se é assim, parece que o acesso necessário é um acesso de primeira pessoa.

3. Se as conseqüências da anti luminosidade que tornem o auto-conhecimento de primeira pessoa impossível puderem ser rejeitados, estaremos diante de uma situação de conflito de autoridades, uma vez que nossa mente pode ser acessada (por mim) tanto de um ponto de vista de primeira pessoa – quando eu me dou conta do que penso, desejo ou sinto – quanto de um ponto de vista de terceira pessoa – quando eu explico

meu comportamento postulando o que eu penso, desejo ou sinto. Moran (2001) adota esse modelo de auto-conhecimento: tenho um acesso de primeira e um acesso de terceira pessoa a mim mesmo e não há nenhuma autoridade maior da parte de nenhum dos dois acessos; ambos podem ter os mesmos objetos e são igualmente confiáveis. Qualquer dos dois acessos pode, portanto, corrigir o outro. Nenhum dos dois é o árbitro final.

Algumas conseqüências do debate acerca da luminosidade podem ser examinadas através do chamado paradoxo de Moore. Considerado classicamente por Wittgenstein (PU 2 x), o suposto paradoxo é constituído por asseverações em primeira pessoa acerca de suas crenças. A aparência de paradoxo resulta de que ainda que possamos corrigir nossas sensações ou nossas impressões – não precisamos nos comprometer com elas – temos que ter o compromisso com as crenças que aderimos no presente. O suposto paradoxo pode ser formulado de duas formas, seguindo a distinção feita na seção 1 acima:

(EE) Acredito em p, porém não-p.
(EI) Não acredito em p, porém p.

Nos exemplos da seção 1, estivemos às voltas com enunciados feitos por *nós* com erro (NE) e com ignorância (NI). Aqui consideramos enunciados feitos por um *eu* (EE e EI).[6] Em NE e NI tínhamos casos em que aquilo que nós asseverávamos transcendia nossa suposta justificação; ali concluímos que tínhamos de ter algum acesso ao que asseverávamos. Aqui, em EE e EI, temos casos em que o que asseveramos transcende nossa crença. Parece que há um paradoxo porque não podemos asseverar aquilo que nossas crenças não suportam. Temos de ter algum compromisso com aquilo que asseveramos; temos de ter algum acesso ao que asseveramos – tal como nos casos NE e NI. A solução insinuada por Moran é que podemos ter afirmações como EE e EI se entendermos que as situações de paradoxo de Moore acontecem quando temos dois acessos independentes a nossas crenças. Podemos ter um acesso de primeira pessoa e um acesso

---

[6] Devo a distinção dos casos de erro e ignorância no paradoxo de Moore, e que estendi a outros casos aqui, a Manuel Garcia-Carpintero (2006)

de terceira pessoa tal que um esteja em oposição ao outro (caso NE) ou que um acesse alguma coisa que o outro não acesse (caso NI). O acesso de primeira pessoa a minhas crenças é o que me permite me dar conta do que eu acredito por meio de uma relação de transparência: para saber o que penso acerca de alguma coisa, basta investigar essa coisa (para saber o que outra pessoa pensa acerca de alguma coisa, não basta investigar essa coisa). O acesso de terceira pessoa a minhas crenças é o que eu estou pronto a me auto-atribuir para explicar meus comportamentos. O acesso de primeira pessoa está associado ao que eu, em alguma medida, me comprometo, a crenças que passaram, em alguma medida, pelo meu crivo. As crenças que eu acesso por uma via de terceira pessoa podem ser crenças que eu não me dou conta, ou crenças que eu não estaria disposto a endossar ou que não passariam pelo meu crivo. Moran introduz uma interessante comparação entre enunciados como os do paradoxo de Moore de um lado e episódios de fraqueza da vontade de outro: posso estabelecer para mim que comer doces não é desejável (uma crença) e continuar desejando comer doces. Parece que o desejo não se submete completamente ao meu crivo; apenas constato que o desejo aparece – ele, por assim dizer, passa por mim. Também no caso de EE e EI, quando afirmo alguma coisa sobre minhas crenças estou constatando que acredito em alguma coisa que explica meus comportamentos. Meu crivo está presente quando acesso minhas crenças por uma investigação transparente do mundo. Esse duplo acesso se deve a que nossas crenças são ao mesmo tempo nosso acesso ao mundo e aquilo que explica nosso comportamento (verbal ou não). Essas propriedades das crenças são o que as torna capazes de responder a normas e o que torna algumas de nossas crenças mais genuínas ou entrincheiradas em nós que outras (Bensusan & Pinedo, 2006).

Essa maneira de entender o enunciado do paradoxo de Moore deixa clara a situação de conflito de autoridades que pode se desprender da rejeição da luminosidade da nossa mente. Uma rejeição completa da luminosidade da nossa mente em um cenário como o de Moran se comprometeria com a seguinte leitura de todos os seguintes enunciados do paradoxo; note que EI pode ser construído de duas maneiras distintas, uma em que a ignorância é do acesso de terceira pessoa e outra em que a ignorância é do acesso de primeira pessoa (e o subscrito M indica que é a leitura sugerida por Moran):

(EE_M) Atribuo a mim mesmo (em terceira pessoa) a crença em p, porém me dou conta (em primeira pessoa) de que não-p.

($EI_M 3p$) Não atribuo a mim mesmo (em terceira pessoa) a crença em p, porém me dou conta (em primeira pessoa) de que p.

($EI_M 1p$) Não me dou conta (em primeira pessoa) de que p, porém atribuo a mim mesmo (em terceira pessoa) a crença em p.

Uma rejeição mitigada da luminosidade da mente – que ainda manteria algum privilégio para a autoridade de primeira pessoa – poderia rejeitar EE com base em que não tenho o direito de atribuir a mim mesmo a negação da crença que eu me dou conta em primeira pessoa – não tenho o direito de atribuir a mim uma tal crença. Mas uma tal rejeição mitigada não rejeitaria $EI_M 3p$ uma vez que a insuficiência do acesso de terceira pessoa não parece, para essa posição, nada surpreendente. Também $EI_M 1p$ pode ser aceita uma vez que casos de ignorância não indicam nenhuma falha na autoridade de primeira pessoa; ela continua sendo soberana, mesmo que insuficiente em todos os casos. Uma posição mitigada pode ainda construir EE_M como um enunciado que signifique não mais que uma declaração de ignorância: não me dou conta (em primeira pessoa) de nada a respeito.[7] Se, no entanto, a luminosidade da mente é inteiramente rejeitada e qualquer privilégio do acesso de terceira pessoa é também negado, os três enunciados acima são possíveis – aqui não se pode descartar a possibilidade em que meus dois acessos estejam em conflito e, nesse caso, não há nenhuma maneira de resolver o conflito por meio de um princípio geral ou uma hierarquia de autoridades.

Enunciados como o do paradoxo de Moore, entendidos assim, mostram claramente a situação de confronto de autoridades. Em muitos as-

---

[7] Essa tradução de EE_M de um ponto de vista mitigado que entende que nada pode se sobrepor à autoridade de primeira pessoa no que tange à atribuição de crenças me foi sugerida por Angus Ross em conversa. Sua posição é de que um acesso de terceira pessoa pode desconfiar do que eu me dou conta (em primeira pessoa), mas não pode jamais atribuir crenças a mim mesmo. O acesso de terceira pessoa pode, por assim dizer, dissolver o acesso de primeira pessoa, mas não pode substituí-lo no que tange ao estabelecimento de conteúdo para minhas crenças.

pectos, a situação de confronto de autoridades se assemelha ao conflito de acessos (ou de justificações) em NE. Em ambos os casos, não há um porto seguro que decidirá qual acesso é o mais apropriado. Aqui, como também no caso de NE e NI, a corrigibilidade depende dos predicados públicos em que são expressas minhas crenças – tanto aquelas acessíveis em primeira pessoa quanto aquelas disponíveis para um acesso de terceira pessoa. Eventualmente, posso me dar conta de uma crença que eu antes eu me atribuía. Vale notar que o conflito de autoridades aqui não nos deixa nenhuma margem para uma estratégia cética tradicional como a *epokhé*, uma vez que não posso recuar em direção a nenhum tipo de conteúdo comum entre crenças provenientes dos dois tipos de acesso – não há um tal recuo luminoso. Resta apenas a alternativa de estabelecer em cada caso o conteúdo de minha própria crença – tal como fazemos com respeito aos demais temas (anti luminosos) do mundo.

Referências bibliográficas

BENSUSAN, H. "O pensamento sem estaca zero (A mentalidade externalista e as razões nossas de cada dia)", *Kriterion*, 110, 2004, pp. 209-223.

BENSUSAN, H. "O *intellectus* com os pés na *res*", *Philosophos*, 2006, no prelo.

BENSUSAN, H. & PINEDO, M. "When my own beliefs are not first-personal enough", *Theoria*, 2006, no prelo.

BURGE, T. "Individualism and self-knowledge", *Journal of Philosophy*, LXXXV, 11, 1988.

GARCIA-CARPINTERO, M. "Moran on Moore-paradoxical claims", em Proceedings of the XVI Inter-University Workshop on Philosophy and Cognitive Sciences, València, Espanha, 2006, pp. 82-88.

MORAN, R. *Authority and Estrangement – An Essay on Self-Knowledge*, Princeton, Princeton, University Press, 2001.

McDOWELL, J. "Knowledge and the internal", *Philosophy and Phenomenological Research*, 55(4), 1995, pp. 877-893.

PUTNAM, H. "The meaning of 'meaning'", em Gunderson, K. (ed.) *Language, Mind and Knowledge*, Minnesota Studies in the Philosophy of Science, VII, University of Minnesota Press, 1975. Putnam, H., Reimpresso em *Mind, Language and Reality: Philosophical Papers, Volume 2*. Cambridge, Cambridge University Press, 1975, pp. 215-271

SHOEMAKER, S. "Self-Knowledge and 'Inner Sense'. Lecture II: The Broad Perceptual Model", *Philosophy and Phenomenological Research*, 54, 1994, pp. 271-290.

WILLIAMSON, T. *Knowledge and its Limits*, Oxford, Oxford University Press, 2000.

WITTGENSTEIN L. *Philosophical Investigations* (PU), 2ª ed., G. E. M. Anscombe & R. Rhees (eds.), trad. G. E. M. Anscombe, Oxford, Blackwell, 1958.

Prova, Ceticismo e Conhecimento[1]

Eduardo Alejandro Barrio
Tradução Waldomiro Silva Filho e Plínio Junqueira Smith

Usualmente, respeitamos nossa *prova*.[2] Acordo de manhã, caminho pela minha casa, tomo um banho e, depois, um café. Preparo-me para ir à universidade. As coisas aparecem tal como ordinariamente o fazem. Cumprimento meu vizinho. Logo chego à minha sala, ligo o computador, encontro-me com um aluno que me diz que teve problemas com a demonstração do Teorema de Skolem. Ele me explica o que não pode entender. Dou minha aula... volto para casa... vou dormir. Novamente acordo, caminho pela minha casa e tudo é igual, cumprimento meu vizinho exatamente como ontem. O céu continua ensolarado. Também pego meu carro, ligo o rádio (tal como fiz ontem). Tudo parece igual. No rádio parecem tocar as mesmas músicas de ontem... Não me surpreende. Chego à universidade, encontro-me com meu aluno, que tem exatamente o mesmo problema. Passo a lhe explicar... Acordo, caminho pela casa... Chego à universidade, encontro-me com meu aluno, que tem exatamente o mesmo problema de ontem. De repente, minha vida se parece, de maneira angustiante, à do personagem de Bill Murray no filme *Feitiço do tempo*.[3] Tenho prova de que não posso estar sonhando, mas, ao mesmo tempo, vivo um e outro dia como o mesmo dia. Há

---

[1] Agradeço os comentários realizados pelos participantes do XI Encontro Nacional sobre Ceticismo realizado em Salvador, Bahia e, em especial, a Waldomiro Silva Filho e Plínio Junqueira Smith por me fazerem sentir parte do grupo de acadêmicos do Brasil que se reúnem para debater filosofia.

[2] Em espanhol, o autor usa "evidencia" que traduz o inglês "*evidence*", donde o uso do símbolo (E) no decorrer do texto. Decidimos, porém, traduzir por "prova" em português [N. dos tradutores].

[3] No filme de Harold Ramis, Phil Connors (Bill Murray) tem o pior dia de sua vida repetido continuamente. Sua vida se converte num único dia. Cf. *Feitiço do tempo*, 1993, de Harold Ramis.

alguma diferença entre minha situação atual e essa situação? Pode acaso minha vida inteira repetir-se sempre, como se fosse um sonho? Posso, sem sabê-lo, estar conectado a um computador e tudo o que creio que se passa comigo ser somente uma imagem criada por ele? Todas essas situações adversas, em que *as coisas aparecem tal como ordinariamente o fazem*, mas na realidade *não são como aparecem*, são cenários que o cético me desafia a mostrar que não são a situação na qual estou.

Tim Williamson (2000, cap. 8) argumentou que tem uma maneira de mostrar que a situação na qual estamos não pode ser nenhuma das que o cético nos convida a considerar. O ponto de Williamson é que há uma assimetria entre todas essas situações e a situação na qual realmente nos encontramos. Neste artigo me proponho a mostrar algumas dificuldades nessa estratégia argumentativa contra o cético. A estrutura deste artigo será a seguinte: na primeira parte, apresentarei o enfoque de Williamson sobre o conhecimento. Exporei suas principais características, sua relação com a crença e suas propriedades inferenciais (em particular, as relacionadas com a repetibilidade). Depois, apresentarei a concepção de Williamson sobre a prova. Em seguida, reconstruirei sua argumentação contra o ceticismo. Finalmente, apresentarei minhas dúvidas sobre sua suposta refutação da perspectiva cética.

1. O que é o conhecimento?

Diferentemente do que faz grande parte da tradição filosófica, Williamson defende uma concepção da epistemologia baseada no *conhecimento* e não na *crença*. Seguramente influenciado pelo trabalho de Gettier (1963), propõe que não se entenda o conhecimento como crença verdadeira justificada. Não há nada que se possa agregar à crença verdadeira justificada que seja suficiente para ser conhecimento. Na perspectiva de Williamson, o conhecimento é um estado mental factivo, primitivo e não analisável (Williamson, 2000, cap. I-IV).[4] Isso quer dizer que, em primeiro lugar, devemos tomar o conhecimento como um *estado mental*

---

[4] Para Williamson, conhecer é um "factive mental state operator" (FMSO).

possuído por um sujeito. Conhecer é um *tipo especial de estado: um estado factivo* [*factive*]. Devemos situar seu enfoque dentro do que usualmente se entende como uma concepção externalista dos estados mentais, sendo o conhecimento um deles. Diz Williamson (2000, p. 19):

> Knowing *p*: not merely being acquainted with *p* [being acquainted with *p*: ability to entertain *p*], but knowing that something is so, something that is so if and only if *p* is true.

Dessa maneira, o conhecimento é uma atitude proposicional tal que é possível inferir de sua posse a verdade do conteúdo proposicional (posto que o mundo constitui o conteúdo). Amar, sentir que algo é assim, sentir uma dor, ver, são outros tipos de estados factivos. Para Williamson, a principal função de um sistema cognitivo é *produzir conhecimento*. Quando funciona mal, produz mera crença (tanto crenças falsas como crenças que resultam verdadeiras por simples acaso).

a. Qual é o papel inferencial do conhecimento?

Para apreciar as propriedades inferenciais do conhecimento, Williamson introduz o operador K. K cumpre três condições:

(i) tem como sujeito uma entidade animada, um ser racional, e como objeto uma frase subordinada ("que *p*").

(ii) a inferência de "S K que *p*" para "*p*" é dedutivamente válida (dado que K é factivo).

(iii) "S K que *p*" atribui uma atitude proposicional a S.

Essas condições permitem Williamson sustentar que:

> A inferência "S K que *p*" para "*p*" não é meramente uma pressuposição: afirmar "S sabe incorretamente que *p*" é contraditório.
>
> As frases de estados mentais factivos [FMSO (*factive mental state operator*)] denotam um estado e não um processo. Por isso, não é possível usar verbos progressivos (no gerúndio) para expressá-los (por exemplo: "S está sabendo que *p*").
>
> Os FMSO atribuem a um sujeito S uma atitude em relação a uma proposição. Por isso, S precisa ter os conceitos que aparecem na referida proposição.

Um FMSO não é semanticamente analisável: não tem como sinônimo a conjunção de outros verbos.

Relacionado com esse último, Williamson sustenta que *o conhecimento não é analisável e é primitivo*: K não é semanticamente analisável por outros componentes (seja justificação, crença etc.) e não pode se decompor em outros fatores. Por que é útil para Williamson que o conhecimento seja um estado mental primitivo? Parte do que ele quer fazer com essa noção é utilizá-la para caracterizar o tipo especial de estado amplo que é o conhecimento, isto é, para mostrar que é uma noção que, sendo ampla, não pode ser fatorada numa conjunção de um elemento interno e um externo. E ao menos parte do que justifica essa postura consiste no fato de que certas explicações de nossas ações podem ser mais bem esclarecidas em termos de noções primitivas (por oposição a condições compostas – que incluem as estreitas) (Williamson, 2000, p. 66)

Por outra parte, o fato de que o conhecimento não é analisável, como dissemos, separa-o da concepção tradicional em epistemologia, que analisa o conhecimento como crenças verdadeiras justificadas. Argumenta Williamson que, se o conhecimento é um *estado mental* (EM), não pode ser analisado em termos da conjunção dos conceitos de *crença* (estado mental) e *verdade* (condição não-mental). Portanto, se o conhecimento é um EM, o conceito de *crer algo verdadeiro* (CV) não o é: não há um EM necessário e suficiente para CV. Podemos crer que p, e podemos saber que p, mas não há nada entre ambos. É a factividade do conhecimento que torna desnecessário postular CV, que constitui um encontro entre mente e mundo.

b. Propriedades do conhecimento

Segundo Williamson, *o* conhecimento é o FMSO mais geral, que se aplica toda vez que um FMSO se aplica, isto é:

> Para qualquer FMSO φ, "S φ que p" implica "S *sabe* que p"; esse φ assinala simplesmente o *modo* como S sabe que p.

Diz Williamson (2000, p. 34), "knowing is the most general factive stative attitude, that which one has to a proposition if one has any factive stative attitude to it at all". Ver que *p* e recordar que *p*, por exemplo, implicam conhecer que *p*. Um ponto principal é a relação entre conhecer e crer. Da perspectiva de Williamson, conhecer *p* implica crer *p*. Mas nem crer que *p*, nem crer verdadeiramente que *p*, implicam conhecer.

2. A refutação do princípio KK

Ainda que o conhecimento seja um estado mental, Williamson não lhe atribui as características que usualmente se atribuem aos estados mentais do ponto de vista da tradição cartesiana. Os estados mentais não são, em geral, nem transparentes nem plenamente acessíveis por introspecção. De sua perspectiva, ainda que K seja um estado mental, não é acessível de maneira privilegiada para a primeira pessoa. Segundo Williamson, nem sempre sabemos que sabemos que *p*, quando sabemos que *p*, ou nem sempre sabemos que não sabemos que *p*, quando não sabemos que *p* (por exemplo, podemos crer que sabemos que *p*, quando, na realidade, não sabemos que *p* – porque *p* é falso). Mas essa refutação tem como conseqüência a refutação das mencionadas características: se os EM fossem transparentes, então o conhecimento não seria um EM. Mas, uma vez que a transparência é falsa para todo EM (por exemplo, posso ter a esperança de que ocorra X sem saber que tenho essa esperança). E nenhum EM paradigmático é transparente (posso estar num certo EM sem sabê-lo). Conhecer, conclui Williamson, pode ser um EM ainda que não seja transparente.[5]

Outro ponto central do enfoque de Williamson é chamar nossa atenção para a capacidade limitada dos sujeitos epistêmicos para discriminar seus estados epistêmicos tanto de conhecimento como de ignorância. Ele sustenta que o conhecimento envolve margens de erro. Um sujeito pode crer que as coisas são de uma maneira e ser vítima de uma prova defeituosa e, por isso, não conhecer, mesmo quando não esteja

---

[5] Claro que a refutação da transparência absoluta do EM não implica a refutação da acessibilidade privilegiada da primeira pessoa. Os casos de falha da transparência nos EM são casos anormais.

em posição de saber que não sabe. O ponto de Williamson é que é possível saber que uma pessoa sabe algo sem estar em posição de saber que sabe que o sabe, porque mediante um processo gradual ela pode perder ou ganhar conhecimento de que sabe. Diz Williamson:

> (…) the possible answers lie on a scale which can be divided so finely that if a given answer is in fact correct then one does not know that its neighbouring answers are not correct, and one can know that one's powers of discrimination have that limit. (Williamson, 2000, p. 119)

Em suma, para Williamson nossa habilidade para repetir o conhecimento tem limites, que surgem da necessidade de margens de erro em grande parte de nosso conhecimento. Por isso, o princípio KK é falso.

3. Prova = Conhecimento

De acordo com Williamson (2005), prova e conhecimento são duas faces de uma mesma moeda. O argumento com o qual tenta sustentar essa idéia e, ao mesmo tempo, refutar a prova (E) é crença justificada, pode ser reconstruída da seguinte maneira: uma vez que toda prova é proposicional e toda prova proposicional é conhecimento, se segue que todo conhecimento é prova (Brueckner, 2005). De acordo com a primeira premissa, uma faca ensangüentada não é E, pois somente proposições podem ser razões para justificar outras proposições. Nesse sentido, Williamson adota um enfoque sellarsiano (também adotado por Davidson e McDowell). Creio que estou falando com meu aluno porque tenho a prova E. De maneira geral, podemos dizer que, se Φ é prova para S, então S sabe Φ. Inversamente, se S vem a saber que Φ, então Φ passa a ser parte da prova de S. Φ pode ser usada para justificar outras crenças de S; Φ torna S capaz de expandir seu corpo de conhecimento. Deve advertir-se que ao defender E = K, Williamson sustenta que uma crença verdadeira justificada que falha em ser conhecimento (um caso Gettier) não pode fazer parte da prova de S.

Ao mesmo tempo, Williamson argumenta contra a idéia de que só a crença justificada possa contar como evidência:

If evidence required only justified belief, then a critical mass of evidence could set off a kind of chain reaction. Our known evidence justifies belief in various true hypotheses; they would count as evidence too, so this larger evidence set would justify belief in still more true hypotheses, which would in turn count as further evidence (...). The result would be very different from our present conception of evidence. (Williamson, 2000 p. 201)

Tendo em conta a posição que Williamson sustenta sobre E, abordemos sua crítica ao ceticismo, com a qual tentará nos mostrar que, se mudamos a concepção da E que o cenário cético pressupõe, não há problema em conseguir ter uma resposta satisfatória ao cético.

4. O argumento de Williamson contra o ceticismo

Na parte final deste trabalho proponho-me a considerar e avaliar o ponto de vista de Williamson em relação ao ceticismo. A argumentação de Williamson parte da consideração de *dois casos*:

O caso bom (B): As coisas aparecem tal como aparecem normalmente e, além disso, são desse modo ["(…) things appear generally as they ordinarily do, and are that way" (Williamson, 2000, p.165)].

O caso ruim (R): As coisas aparecem tal como aparecem normalmente, mas, além disso, não são desse modo ["(…) things still appear generally as they ordinarily do, but are some other way" (Ibidem, p. 165)] (Um cérebro numa cuba é um exemplo típico de um caso ruim.)

No caso ruim, poderia ser exatamente o correlato daquele dia na minha vida que se repete constantemente. Cada amanhecer é igual e cada um dos acontecimentos, similares. No caso bom, S corretamente crê em H (creio que há um aluno com o qual converso e resolvo sua dúvida acerca do teorema de Skolem). No caso ruim, incorretamente creio em H (creio incorretamente que converso com meu aluno, mas não sei que H). Williamson diz: "Part of the badness of the bad case is that one cannot know just how bad one's case is" (Ibidem, p. 165).

Postas as coisas dessa maneira, o *objetivo do cético é* mostrar que o caso bom pode ser o caso ruim. Para cumprir o seu objetivo, o cético precisa mostrar que:

(A) Tanto no caso bom como no caso ruim, S tem exatamente a mesma prova.

Nas palavras de Williamson: "The sceptic typically insists that one has exactly the same evidence in the two cases" (Ibidem p.169).

O cético argumenta a favor de (A) da seguinte maneira: não é parte da descrição de que S esteja no *caso (R)* que suas experiências sejam indistingüíveis da experiência de um S normal? Williamson concede que "if the sceptic can establish this point, he has won: evidence insufficient for the truth of p is evidence insufficient to give knowledge of p" (Ibidem, p. 174). O ponto então é que, enquanto o cético nos desafia a mostrar que não estamos na situação atual num caso ruim, Williamson, em compensação, tem que mostrar que o *caso B* e o *caso R* não são simétricos.

Com o objetivo de argumentar contra o cético, Williamson sustenta que a posição do cético pressupõe a verdade de (A) e a plausibilidade de (A) pressupõe uma concepção errônea acerca de E: o fenomenalismo. Por outra parte, continua argumentando Williamson, há uma assimetria nas duas situações que o cético não pode afastar: ainda que seja consistente com tudo o que S sabe em *R* que S esteja em *B*, não é consistente com tudo o que S sabe em *B* que S esteja em *R*. No *caso B*, S tem uma prova que não tem em *R*: há uma proposição verdadeira sobre o mundo (que há uma lousa verde) que no caso *R* somente pode transformar-se numa proposição verdadeira acerca de como aparecem as coisas.

Em síntese, o cético supõe que se a prova (E) é a mesma nos dois cenários, então o conhecimento que temos nesses cenários também é o mesmo (portanto não há conhecimento em nenhum deles). Williamson concorda: se a E fosse a mesma, o conhecimento seria o mesmo. Mas, sustenta, em ambos os cenários o conhecimento é diferente (e a E também), sem que S saiba que não se trata do mesmo EM. Williamson concede ao cético que o EM, que é o conhecimento, nem sempre é transparente. Mas argumenta que, refutando essa idéia, o cético não pode avançar muito mais.

5. Prova na boa e na má situação

Neste ponto, interessa-me apresentar uma objeção a cada um dos argumentos de Williamson contra o cético. Recorde-se que o primeiro argumento está relacionado com o tipo de E. Williamson se propõe argumentar contra o cético dizendo que há um sentido no qual efetivamente temos E com respeito a nossas crenças cotidianas. Somente se a E é identificada com o que se me aparece fenomenologicamente, o cenário cético adquire plausibilidade. Nesse cenário, o cético nos desafia a que estejamos em condições de saber sempre o que nossa prova é. Isto é, que de minha perspectiva tenha acesso a algum tipo de prova que me permita excluir o que esteja numa situação ruim. Por isso, para Williamson, a moral do desafio do cético é que "we should radically reconfigure our conception of the notion of evidence" (Pritchard, 2005).

Da minha perspectiva, não está claro que a concepção sobre a E que surge de (A) (que Williamson atribui ao cético) seja uma condição suficiente para traçar um cenário cético. Muitos adversários do cético propõem que a E no caso bom não assegura a verdade do que sei nesse caso. Por exemplo, da perspectiva de Brueckner (2005), o falibilista sobre E deseja que a E nos casos B não assegure a verdade de que estou realmente falando com meu aluno. Para o falibilista, minha E sobre o mundo exterior é tal que é possível que tivesse exatamente a E que tenho e, mesmo assim, eu estivesse numa situação na qual aquilo no que acreditaria seria falso. Se isso é assim, um oponente do cético que subscreva uma concepção falibilista da justificação pode aceitar que "(A), ou seja, *tanto no caso bom como no ruim, S tem exatamente a mesma prova*", sem, por isso, aceitar as conclusões céticas. Se isso é assim, então Williamson se equivoca ao sustentar que se se estabelece (A), então o cético ganha a partida.

Mas, além de propor se o simples estabelecimento de (A) é suficiente ou não para o cético, o ponto que quero apresentar está relacionado com a suposta assimetria que Williamson crê encontrar entre o caso ruim e o bom. É claro que o abandono da concepção fenomenalista de E é crucial no estabelecimento da assimetria. Mas, ainda que se conceda a Williamson que há dificuldades com essa concepção, disso não se segue que se possa pressupor, sem cometer algum tipo de *petição de princípio* que há uma perspectiva, a do espectador do filme, que adverte ou que estou preso nesse dia ou que não estou. Somente assim será admissível aceitar que os dois casos são assimétricos, já que no caso bom sei que estou falando com meu aluno, enquanto no caso ruim creio estar falando, ainda que realmente não esteja. Donde poderíamos advertir tal coisa, se não há nenhum tipo de pressuposição de que há uma perspectiva externa à minha? Mas, por que o cético concederia essa premissa? Somente se não fosse possível levar a dúvida a esse conhecimento, ele estaria fora dessa discussão.

★ ★ ★

Talvez se possa perceber melhor meu ponto recordando o paralelo com o experimento mental dos cérebros numa cuba. Tal como argumenta Putnam, fazer a hipótese de que "somos cérebros numa cuba" supõe uma perspectiva, a do olho de Deus, que pressupõe que "o caso bom" é o daquele que, estando fora da cuba, tem contato causal real com o mundo exterior. Ou, recordando as cenas do filme *Matrix*, responder ao cético que Neo, quando toma a pílula vermelha e desperta desse sonho no qual todos os seres humanos estão induzidos, pressupõe que há uma perspectiva que está fora do alcance da dúvida cética, que permite advertir que há um caso bom e um caso ruim. É precisamente o que está em questão entre Williamson e o cético que o caso bom seja o caso bom e o caso ruim seja o caso ruim. Talvez hoje eu volte a me encontrar com meu aluno, e talvez hoje possa demonstrar o teorema de Skolem... Mas, talvez, hoje seja esse dia ruim, um dia que amanhã se repetirá, e se seguirá repetindo...

Referências bibliográficas

BRUECKNER, A. "Williamson's Anti-Luminosity Argument", em *Philosophical Studies*, n. 110, 2002.

BRUECKNER, A. "Knowledge, Evidence, and Skepticism According to Williamson", em *Philosophy and Phenomenological Research*, vol. LXX n. 2, 2005.
GETTIER, E. "Is Justified True Belief Knowledge?", em *Análysis*, n. 23, 1963.
OWENS, D. "Williamson on Scepticism and Rationality", em *Philosophical Books*, vol. 45, 2004.
PRICHARD, D. "The Structure of Sceptical arguments", em *The Philosophical Quarterly*, vol. 55, n. 218, 2005.
WILLIAMSON, T. *Knowledge and its Limits*, Oxford, Oxford University Press, 2000.
_____. "Philosophical Intuitions and Scepticism about Judgement", em *Dialectica,* vol. 58, n. 1, 2004.
_____. "Précis of Knowledge and its Limits", em *Philosophy and Phenomenological Research*, vol. LXX, n. 2, 2005.
_____. "Knowledge and Scepticism", em Jackson, F. & Smith, M. (eds.) *The Oxford Handbook of Analytic Philosophy,* Oxford, Oxford University Press, no prelo.

Política e Ceticismo

Cicero Romão de Araújo[1]

1. Qualquer estudo sobre as relações entre política e ceticismo esbarra nesta dificuldade fundamental: do ceticismo antigo, original, não há simplesmente nada disponível. Se já é bastante complicado falar de um pensamento moral cético, desde que há pouquíssima fonte primária disponível a respeito, mais complicado ainda é dizer algo sobre um "pensamento político cético". Assim, uma pesquisa sobre o assunto, muito mais do que outros temas referentes ao ceticismo, é necessariamente prospectiva. Em outras palavras, as perguntas básicas a orientar a investigação deveriam ser as seguintes: dentre as várias dimensões da vida social, que significado específico o cético contemporâneo deveria atribuir à política? Que importância ou relevância deveria dar a ela? E, finalmente, que feição e conteúdo poderia ter uma política cética?

O caráter prospectivo do estudo, contudo, merece duas qualificações. Primeiro, se queremos falar em *política cética*, ainda que nada haja a respeito no *ceticismo original*, é preciso fornecer uma interpretação de fundo do que poderíamos chamar de *espírito do ceticismo,* da qual a concepção contemporânea deveria se considerar herdeira ou continuadora. O estudo, portanto, tem de adotar como referencial uma *tradição* – a longa tradição do ceticismo – e conferir se há nela conteúdos que poderiam inspirar de fato as respostas àquelas perguntas básicas. Assim, ao se elaborar o argumento para uma política cética, a despeito do silêncio da tradição nesse particular, pretende-se falar de algo que na verdade é uma *descontinuidade dentro de uma continuidade*. A política cética em prospecção se apresentaria, então, como uma forma de

---

[1] O autor agradece as observações críticas dos colegas do Projeto Temático Ceticismo e de participantes do XI Encontro Nacional sobre Ceticismo (Salvador, BA, maio de 2006), feitas a uma primeira versão deste trabalho.

"neoceticismo". (Seria interessante, ademais, que o estudo procurasse entender por que o ceticismo antigo teria evitado uma reflexão, ainda que crítica, sobre a política, e por que o neoceticismo não poderia recusar esse desafio hoje.)

Este artigo, contudo, não ousará responder sistematicamente às questões acima apontadas. O que se fará é o esboço de um argumento, indicando certas dificuldades conceituais a serem enfrentadas, e possíveis saídas para elas. Um argumento mais completo, e mesmo satisfatório para este autor, terá de ser deixado para outra ocasião, quando o próprio estudo sobre a tradição ganhar maior acúmulo. Além disso, algumas dificuldades não serão sequer consideradas, uma vez que o esboço a ser apresentado parte de uma questão específica, mais propriamente tributária de um debate do pensamento moral e político *moderno* e não do antigo, a despeito das remissões que os debatedores fazem ao ceticismo antigo. O diálogo diz respeito ao papel do interesse próprio (ou auto-interesse) na justificação da moralidade e na preservação (ou não) da vida civil. Desse ponto de partida específico – que envolve uma breve reconstituição do debate – se esboçará então a linha do argumento pretendido.

2. Richard Tuck, um estudioso contemporâneo do jusnaturalismo moderno, e grande intérprete do pensamento hobbesiano, diz que o nascimento dessa corrente da teoria política pode ser ligado a um esforço de seus pais-fundadores para responder às supostas objeções à realidade, objetividade e universalidade do conhecimento moral. Objeções de quem? Do "cético". Numa referência a um desses fundadores – Hugo Grócio, um jusnaturalista holandês da primeira metade do século XVII –, Tuck destaca textos desse autor nos quais há um intercâmbio explícito com o cético acadêmico Carnéades, o qual é atacado por supostamente ter rejeitado a idéia de uma "justiça natural" e defendido, ao contrário, que as idéias de justiça são relativas e divergentes para distintos povos e comunidades:

> To attack Carneades in 1604 or 1625 [datas para duas obras de Grócio] was not of course simply to attack a long-dead classical philosopher. It was

primarily to attack the modern sceptics whose appeal to contemporary intellectuals was profound – and with whom the youthful Grotius himself seems to have had some sympathy.[2] (Tuck, 1983, p.44)

Quanto a Hobbes, o autor o apresenta como um leitor atento de Grócio e de seus putativos interlocutores céticos. Por ter levado a sério as objeções desses últimos, e por sua insatisfação com as respostas até então oferecidas, Hobbes teria elaborado a sua própria, depois tida como a mais sofisticada e sistemática em sua época. Note-se que a reconstrução do professor Tuck lembra muito a que se costuma fazer para a metafísica moderna – ele mesmo indica isso em outros artigos. A metafísica moderna também teria seus débitos para com o ceticismo, pelo menos na medida em que o último oferecera um desafio sobre o qual uma resposta ou estratégia argumentativa inusitada pôde ser apresentada. Essa estratégia, elaborada por Descartes e o cartesianismo, teria sido, em suma, "bater o inimigo em seu próprio terreno". Se Descartes fora o protagonista da metafísica moderna, Hobbes o teria sido da política e da moral modernas, ambos tendo à frente (ou, para ser mais exato, à sombra) este formidável adversário: "o cético". Assim, Grócio e Hobbes teriam erigido suas concepções seguindo esta linha comum:

> The specific arguments upon which Hobbes based his transcendence of scepticism are close to the arguments which Grotius had employed. Like Grotius, Hobbes accepted the force of the sceptical case: human societies do exhibit radically different moral beliefs and practices, and for most of our moral beliefs the only justification we can give for holding them is that they are the beliefs current in our own society. Moreover there is indeed a terrifying degree of self-interest in human affairs. Grotius's paraphrase of Carneades, the "Nature prompts all Men, and in general all Animals, to seek their own Particular Advantage" could also be an accurate paraphrase of one of Hobbes's most famous assumptions. But, like Grotius, Hobbes believed that the very

---

[2] Por "modern sceptics", Tuck cita autores como Charron, Montaigne e "early [Justus] Lipsius".

fact of human self-interest could be used as the foundation for a genuine ethical science: since (as he believed) it was a true universal, its universality confirmed by the psychological arguments that unlike Grotius he was able to deploy, and since it was possible to show that certain principles and practices followed from it, a reasonably complex (though still minimal, in comparison with traditional moralities) ethical theory was possible. (Ibidem, p. 60)

Para ficar no paralelo com o desenvolvimento da metafísica moderna: enquanto o ponto arquimediano de Descartes foi o *cogito*, o de Hobbes foi a preservação de si. No entanto, a preservação de si é apenas o fundamento prático-racional de um "impulso natural" do ser humano, supostamente o mais forte de todos os impulsos, que é querer o bem para si, mesmo que em detrimento dos demais. É o que mais tarde os ingleses chamarão de *self-interest*, e que costumamos traduzir por "auto-interesse" ou "interesse próprio" (a partir daqui se adotará essa última expressão). Eis então a proposição básica de todo o edifício da moralidade e da política: o predomínio do egoísmo nas motivações humanas. Atenção, porém: o interesse próprio não é o termo geral para qualquer paixão egoísta – tal como o ciúme ou a inveja, e tantas outras que poderiam ser parcial ou totalmente enquadradas em formas brutas ou irrefletidas de egoísmo – mas o de uma paixão calculada, orientada pela reflexão.[3]

Contudo – e aí está o ponto curioso – essa proposição era atribuída ao "cético".[4] Mas enquanto o cético a utilizava para colocar em xeque a possibilidade da fundamentação da moral, a resposta a ele *em estilo hobbesiano* visava, ao contrário: 1) fixar o próprio fundamento da moralidade, isto é, a distinção entre o "bem" e o "mal", o "certo" e o "errado, o "justo" e o "injusto" etc; e 2) estabelecer, junto com a moral, a possibilidade da cooperação, que desembocaria na "sociedade civil" (ou "Estado"), ou seja, o fundamento da política.

---

[3] Para saber mais a respeito desse caráter distintivo do interesse próprio, ver Hirschman (1979).

[4] É bem verdade que a remissão principal de Tuck é ao cético Carnéades, quem, como se sabe, pertencia à escola do ceticismo acadêmico, alvo de críticas agudas da escola pirrônica; porém, os debatedores não faziam essa diferenciação, talvez por a ignorarem, ou, o que é mais plausível, por considerarem que nesse ponto as duas vertentes convergiam.

> Hobbes's explanation, because of the character of his fundamental theory (...) turned on the creation of a civil sovereign to ensure that the society came into being as an effective guarantor of these principles, while Grotius believed that even in the absence of such a civil society the principles would be respected – and hence could be used to handle problems of war between sovereigns. (Ibidem)

A idéia de que o egoísmo, na forma de uma paixão moderada e auto limitadora – o "interesse próprio", pode não só conter os efeitos deletérios do egoísmo mas também fornecer as bases da cooperação é de fato um ponto-chave do pensamento social moderno. O caminho continuará a ser trilhado por diversos autores depois de Hobbes, e será também o ponto de partida, na segunda metade do século XVIII, de uma "irmã caçula" da velha ciência política: a ciência econômica. Cabe observar, de passagem, que a psicologia moral do interesse próprio povoa a maioria do modelos explicativos contemporâneos das interações econômicas e políticas. Falar em "irmã caçula da velha ciência política" não deixa de fazer certa justiça à história, mas contém algum exagero quando à antigüidade da segunda, pois, embora seja costume identificar o sujeito movido exclusivamente pelo interesse próprio com o chamado *homo oeconomicus*, tal sujeito é de fato uma criatura da "nova" ciência política inaugurada por Hobbes.

Mas será que o cético deveria ficar satisfeito com esse modo de apresentá-lo? Tuck diz que o pensamento moral e político moderno teria "concedido" ao cético precisamente neste ponto – que os seres humanos são "por natureza" egoístas –, como se essa fosse uma tese do ceticismo. Vários estudiosos da tradição cética insistem, porém, na tecla de que o cético nunca apresenta propriamente uma "tese": suas objeções simplesmente visam questionar que haja *suficiente evidência* de um "fundamento filosófico" (leia-se: "dogmático") para qualquer tipo de conhecimento, inclusive o moral. Para mostrá-lo, adota a estratégia de contrapor a um certo argumento um outro de igual força. Esse outro argumento, porém, está longe de expressar o ponto de vista do cético. Não se trata de uma "tese" cética, mas apenas de um modo de anular a força do primeiro argumento. Apresentar uma "tese" – no sentido de um argumento fundante de um conjunto qualquer de afirmações – seria, aliás, contraditório com os próprios objetivos do ceticismo.[5]

Cabe, portanto, transpor isso que já pode ser considerado um lugar-comum dos estudiosos do ceticismo para o caso em tela: a uma tese qualquer a respeito do fundamento das distinções morais, o cético *não* contrapõe a *sua tese* de que os seres humanos são "por natureza" egoístas, mas apenas que não há "suficente evidência" daquele fundamento, se levarmos em conta fatos como os impulsos egoístas do seres humanos, inclusive e especialmente o interesse próprio. O cético *não está*, com isso, se comprometendo com a antítese que ele próprio apresenta. Se acaso a antítese se candidatar agora como uma tese dogmática da moralidade, ele tratará de pular exatamente para o pólo oposto, e sugerir que não há evidência suficiente também para a antítese. Enfim, sugere-se aqui uma extensão, para a chamada "filosofia prática", daquilo que os estudiosos do ceticismo já fazem para a "filosofia teórica": a questão de honra do cético não é se fixar no egoísmo, mas apenas na oposição à idéia de um fundamento dogmático para a moralidade.[6]

Contudo, é preciso elaborar melhor sobre o que significa opor-se a um "fundamento dogmático" para a moralidade. Se na anedota de Carnéades o egoísmo foi utilizado para anular uma tese dogmá-

---

[5] Essas observações são devedoras das pesquisas desenvolvidas pelos estudiosos brasileiros do ceticismo. Cabe citar, entre outras, a valiosa coletânea organizada por W. J. Silva Filho (2005). Este autor é grato a Luiz Eva por ter chamado a atenção para seu artigo nessa mesma coletânea e que, aliás, sugere uma série de questões próximas àquelas que ainda precisam ser melhor elaboradas no programa de pesquisa aqui esboçado.

[6] Nota historiográfica: a sugestão de que Carnéades teria defendido a tese do egoísmo em sua famosa visita a Roma (em meados do século II a.C.), junto com dois outros representantes de escolas helenísticas, não faz juz a toda anedota acerca dessa visita. Na verdade, Carnéades teria, na ocasião, apresentado sua filosofia por meio de algumas conferências sobre a justiça a uma numerosa platéia romana, com o seguinte caráter: num dia ele desfiava um argumento bastante convincente sobre a natureza da justiça, e no outro ele apresentava um argumento igualmente convincente na direção oposta, e assim alternadamente. Catão, o famoso "Censor" romano, ao ouvir notícias dessas conferências, teria ficado tão indignado com suas "diatribes", a ponto de propor que a ilustre comitiva grega fosse imediatamente despachada de volta para casa. Cf. Griffin, 1997, p. 3.

tica, que tese era essa exatamente? Seria de fato a prova da existência de princípios universais de toda a vida justa ou a prova da existência mesma de uma moralidade universal? Ou o alvo seria mais específico, ancorado no contexto das discussões entre as escolas helenísticas, isto é, a tese estóica de que a virtude (a justiça, no caso) é fundada numa razão que se identifica com o próprio amor à humanidade em geral ("filantropia")? Aqui, falta-nos material histórico para responder a pergunta com razoável precisão. Mas se é verdade que Hobbes pretendeu mostrar que o egoísmo, na forma do interesse próprio, é a base *exclusiva* de princípios universais de uma moralidade mínima, essa tese não parecerá ao cético suspeita de dogmatismo? Este autor pensa que sim. Se for, a tese egoísta teria, numa perspectiva cética, de ser criticada.

Porém, há que explorar um ganho nessa imaginária interlocução com Hobbes: é que o filósofo inglês admite que aquela moralidade mínima é insuficiente para constituir a cooperação social. Na concepção hobbesiana, a vida moral requer o complemento da – para não dizer a subsunção à – vida civil, nos termos que serão indicados na próxima seção. Daí a política, ou melhor, a teoria política que desemboca no conceito de soberania. Pode-se ter um "ganho" na interlocução porque ela aponta um terreno comum com o ceticismo que se pretende defender aqui: os problemas conexos da insuficiência da moralidade e da centralidade da política. Há algo disso em outro autor clássico do pensamento político – por sinal, um filósofo moderno que freqüentemente reivindicava a herança do ceticismo –, David Hume. Vejamos essas possibilidades com mais detalhes.

3. Qual seria a feição de uma crítica cética à tese hobbesiana sobre a moral? A estratégia de crítica segue dois caminhos: uma é apontar que Hobbes não levou até as últimas conseqüências seu pressuposto da motivação egoísta; se o tivesse feito, chegaria à conclusão que a própria saída que aponta (o "soberano civil") é contraditória ou autodestrutiva. Esse "buraco" na estrutura do argumento é bastante conhecido entre os comentadores de Hobbes, e se vai apenas reconstruí-lo brevemente abaixo para sugerir que o cético poderia perfeitamente endossá-lo. O outro caminho é simplesmente indicar que a tese é dogmática porque

unilateral, isto é, porque não dá qualquer acolhida ao fato – que testemunhamos em nossa vida cotidiana – de que os seres humanos *também* são movidos por impulsos benevolentes ou altruístas. Na tradição da filosofia moral moderna, essa última tecla é batida com insistência pela corrente britânica do *moral sense*, à qual se filia David Hume.

Comecemos com uma curta reconstrução da crítica a Hobbes.[7] Como se sabe, o filósofo inglês propôs uma situação hipotética na qual sujeitos compulsivamente egoístas se viam expostos diretamente uns aos outros, sem a mediação de uma organização política comum. Essa situação é o "estado de natureza" (em oposição ao "estado civil ou político"). Sua hipótese visava a demonstração da completa impossibilidade da vida social no estado de natureza. Este, se existisse de fato, não poderia ser outra coisa senão um "estado de guerra de todos contra todos". O que significava dizer que a *anarquia*, a ausência de organização política comum, era idêntica à *anomia*, a completa ausência de regras de convivência e, logo, de cooperação social. Ao inverter o raciocínio, Hobbes concluía que a condição necessária dessa cooperação era a disposição firme e voluntária de cada indivíduo para obedecer a um superior comum, o "Soberano", a autoridade política incontrastável – uma autoridade acima da qual não poderia haver recurso –, cabeça de uma organização social maior que fundiria, numa só "pessoa artificial", a Lei e a Espada da Lei (o Estado). Junto com o Estado vinha então a possibilidade de distinguir *objetivamente* o "certo" e o "errado", o "justo" e o "injusto", enfim, as distinções morais.

Esse último resultado – a necessidade da institucionalização política para viabilizar a moralidade e a cooperação social –, como indicado antes, é o que se quer aproveitar parcialmente nesta pesquisa. Porém, é preciso ao mesmo tempo registrar a crítica que poderia ser endossada por uma perspectiva cética. Duas objeções costumam ser feitas à exposição hobbesiana. Uma diz respeito à sua desejabilidade (A), e a outra à sua consistência (B):

A) Se por "Soberano" entende-se um superior incontrastável, a autoridade acima da qual não há recurso, se é tentado a imaginar uma

---

[7] O que segue nessa seção é uma reelaboração do trecho de um artigo publicado por este autor na *Revista do Serviço Público* (Araújo, 2005).

figura que, eventualmente, de posse dos fatores de poder para tanto, venha a agir de forma sistematicamente arbitrária e tirânica, desrespeitando suas próprias leis, perseguindo, prendendo e arrebentando seus súditos. O que fazer? Hobbes havia dito que a vida sob o pior "Soberano" seria, ainda assim, bem melhor que aquela sob o estado de natureza, a vida em perpétua guerra civil. Mas essa resposta soa como se a paz social tivesse de ser obtida a qualquer custo: um lockeano, por exemplo, iria objetar que a vida de um escravo pode ser também uma vida sem as terríveis perturbações da guerra civil – porém, é a vida de um escravo (Locke, Livro II, cap. IV). Soaria mais razoável, nesse sentido, propor que todo posto de autoridade política, mesmo o mais alto, seja limitado por outras autoridades, na linha de um regime constitucional de "freios e contrapesos", dentro do qual a liberdade dos simples cidadãos pudesse ser defendida.

Mas o próprio Hobbes se antecipara a essa aparentemente agradável solução, que, a seu ver, deixava de enfrentar de fato o dilema autoridade versus liberdade. Controlar o "Soberano" – digamos, pela intervenção periódica do "Povo" (o conjunto dos cidadãos comuns participando diretamente do controle), ou, sendo mais realista, dos "Representantes do Povo", reunidos numa câmara especial de fiscalização – significava simplesmente fazer com que o "Soberano" *do momento* deixasse de ser soberano, transferindo essa função para a figura do controlador (Hobbes, 1983, parte II, cap. 29). Quem, porém, controlaria o controlador? Um novo controlador. E o controlador desse controlador, etc. etc.? Enfim, o dilema ou conduz a uma regressão ao infinito ou, então, somos obrigados a parar em algum ponto nessa escalada – e de novo nos deparamos com o "Soberano" pensado por Hobbes. Isso significa que o autor do *Leviatã* nos deixa apenas com duas opções: ou o "Soberano" absoluto, ou a anarquia/anomia. Ambas são opções claramente indesejáveis e há que debruçar no problema para encontrar um argumento positivo mais interessante. Porém, passemos à segunda objeção.

(B) A objeção de inconsistência é bastante simples: há uma aparente circularidade no argumento hobbesiano. O problema está em que a decisão voluntária de sair do estado de natureza, instituir um "Soberano Civil" e obedecer-lhe deve ser, ela mesma, um ato cooperativo. Contudo, não havia o argumento estabelecido que *qualquer* ação cooperativa da parte de indivíduos compulsivamente egoístas requereria a figura do "Soberano" e seu Estado? Dito de outra maneira,: para cooperar precisamos de um soberano, mas, para obter um soberano, já precisaríamos estar cooperando de alguma forma. Como sair desse impasse?[8] Aqui nos deparamos com a idéia (que bem poderia ser tomada como um argumento cético) de que, puxada a seus extremos, a suposição de que somos todos compulsivamente egoístas é, não só em termos práticos, mas também em termos teóricos abstratos, *self-defeating*.

A objeção da indesejabilidade e a da inconsistência poderiam, talvez, ser relacionadas. Quer dizer, é possível que, para escapar das opções indesejáveis que o argumento hobbesiano nos reserva, apontado em (A), seja necessário explorar a contradição apontada em (B). Será que essa última deriva do fato de Hobbes empregar *exclusivamente* o pressuposto da motivação egoísta? Se partirmos de uma suposição mais balanceada (não tão unilateral), será que chegaríamos a resultados mais desejáveis? Exploremos agora o caminho trilhado por Hume.

O filósofo escocês é sempre lembrado como um dos expoentes da escola do *moral sense*, que via a moralidade não como um mero artifício das comunidades políticas para conter nossos instintos egoístas, mas como uma espécie de sentimento primário, natural, que estimulava certas ações espontâneas de solidariedade e cooperação, sem o recurso ao "Soberano" hobbesiano.

Hume partia então de premissas psicológicas mais amplas que as de Hobbes. Ao lado dos impulsos do interesse próprio, ele supunha também impulsos benevolentes e altruístas. Além da busca pelo próprio bem, que ele pensava ser um desejo natural e mesmo, guardados certos limites, razoável, as pessoas também desejam o bem de seus semelhantes. Somos capazes, ademais, de ressoar espontaneamente os sofrimentos e as alegrias alheias, reproduzindo esses sentimentos em nós mesmos,

---

[8] Para saber mais a respeito dessa aparente circularidade, ver E. Curley (1989-1990).

ainda que de forma esmaecida – um fenômeno que Hume chamava de "simpatia", da qual derivou os "sentimentos morais". Atenção, porém: os leitores de Hume freqüentemente confundem o desejo de fazer bem a uma pessoa ou grupo de pessoas determinado – desejo que fazia parte daquilo que o autor do *Tratado da Natureza Humana* denominava "paixão direta" – com o próprio sentimento moral (uma "paixão" que Hume chamava de "indireta"), o qual nos capacita a fazer distinções (ou "juízos") morais. A simpatia, que gera os sentimentos morais, apenas faz reverberar em nós emoções alheias: ela não implica necessariamente desejar e efetivamente fazer o bem a qualquer pessoa ou a qualquer necessitado que esbarremos no caminho.

Essa última observação leva Hume a distinguir entre o desejo de fazer o bem a uma determinada pessoa ou grupo de pessoas – a "benevolência parcial" – e a "benevolência universal" – que talvez pudesse ser chamada de "filantropia", mas reluta-se em usar esse termo nesse ponto, de tantas ressonâncias helenísticas, fora de seu devido contexto. Retornemos à "benevolência parcial": desejamos sinceramente o bem de certas pessoas mais do que o de outras. Desejamos o bem de nossos pais, filhos, irmãos e amigos mais do que o de alguém que mal conhecemos ou o de um conjunto anônimo de pessoas. Amamos o próximo muitas vezes até mais do que a nós mesmos, porém o próximo é o próximo de fato; e esse "próximo" não raro concorre com o "distante". É a benevolência parcial que explica nossas propensões "tribais" primárias, ou seja, a nossa disposição para conviver num círculo restrito, próximo de amigos e familiares. Mas a "tribo", como lembram os antropólogos, ao mesmo tempo que abriga impulsos de altíssima atração para dentro, com freqüência cria também impulsos igualmente fortes de repulsão ao estranho, os círculos sociais distantes.

Mas o argumento humeano não se detém nesse ponto. A história das sociedades humanas sugere uma contínua expansão rumo a comunidades mais amplas e complexas do que "tribos".[9] Como explicar esse fenômeno? Hume percebe aqui a insuficiência do

---

[9] As razões dessa tendência não podem ser desenvolvidas aqui. Para isso, veja Araújo (1994, cap. V) e Araújo (1996).

recurso ao sentimento natural. Para que as sociedades transcendessem a dimensão da tribo, foi preciso inventar "artifícios". Sua teoria da justiça, que é o primeiro passo nessa direção, é baseada numa distinção entre virtudes "naturais" e virtudes "artificiais". A justiça é para Hume simplesmente uma *convenção social*, da qual saem as regras do direito. A justiça é a virtude da macrossociabilidade, derivada do cálculo das conseqüências de longo prazo (na terminologia humeana, "utilidade") das interações humanas, geradora de regras estritas e inflexíveis, e, além disso, impessoais – pois não importa, em sua aplicação, a quem elas beneficiam ou a quem prejudicam em cada caso – e expansivas. A idéia de um cálculo deliberado e uma ação concertada orientada por ele define a convenção social. Nisso ela contrasta com as virtudes "naturais" da microssociabilidade, não derivadas de cálculo algum, espontâneas, maleáveis e personalizadas – porém, exatamente por isso, restritivas e de curto alcance.

Contudo, qual a base do respeito às convenções da justiça, as regras do direito? Tem de haver um princípio geral que sustente as convenções. Esse princípio é a *reciprocidade*. Daí que o contrato e a promessa sejam os modelos exemplares da justiça em funcionamento: os dois primeiros contratantes devem ter sido sujeitos estranhos um ao outro, mas, por um motivo muito forte para cada um – digamos, comercial –, precisaram produzir um bem coletivo. É este o esquema geral do contrato: "Eu faço a minha parte e, no momento aprazado, você faz a sua". Sendo estranhos um ao outro, não teriam por que se preocupar com seus respectivos destinos; e, contudo, para produzir certo bem para si ou para seus entes queridos, viram-se compelidos a estabelecer uma relação cooperativa com o estranho. Logo, só tem sentido cooperar nessas condições se cada um fizer a sua parte e *na medida em que* cada um fizer a sua parte (daí a reciprocidade). Essa é a base motivacional da convenção, tão bem caracterizada pela imagem humeana dos dois remadores de barco que se controlam mutuamente na alternância de seus respectivos lances de remo. Um faz seu lance na medida em que o outro faça o seu, e, *só assim*, o bem coletivo (a navegação rumo a um porto desejado por todos) será produzido.[10] Mas o que é a reciprocidade senão o interesse próprio em outra roupagem? Hume anota essa pergunta e, finalmente, faz uma concessão à tese egoísta. Mas registrem-se exatamente os termos dessa concessão: apesar de insistir, contra Hobbes, que a moralidade é um fenômeno social real não redutível ao egoísmo, Hume tem de admitir que o sentimento moral desinteressado *não é suficiente* (ainda que *necessário*, por outras razões) (Araújo, 1996) para sustentar as relações sociais mais distantes e complexas.

O argumento prossegue. A sociedade extensa e complexa, ao mesmo tempo que transcende as estreitezas do círculo da tribo, gera, porém, suas próprias dificuldades. Assim, quanto mais se expande a sociabilidade, mais anônimas e impessoais se tornam as interações humanas, de modo que sua sustentação dependerá menos das motivações altruístas e cada vez mais da reciprocidade. Ocorre que a reciprocidade depende, por sua vez, da firme percepção do interesse próprio na atividade cooperativa mesma. Uma coisa é cooperar com uns poucos estranhos, situação em que é possível visualizar e controlar os lances de cada parte e, ademais, está claro que a defecção de um dos cooperantes põe a perder todo o empreendimento. Outra coisa, porém, é a situação em que o número de estranhos é enorme, e a contribuição de cada um torna-se proporcionalmente ínfima, isto é, pouco visível e mais difícil de controlar.

Pensemos, para ficar num exemplo bem simples, na diferença da participação eleitoral de um grupo de cinco eleitores e a participação de um grupo, digamos, de um milhão deles. A importância da participação de cada indivíduo para a determinação de certo resultado, no primeiro caso, é visivelmente maior do que no segundo. No primeiro, alguém relutaria muito em deixar de participar, se estivesse de fato interessado num resultado determinado. No segundo, ele tenderia a estimar, e com razão, que sua ausência seria muito menos decisiva (e

---

[10] D. Hume (1975), "Appendix III". A idéia da convenção é a base da crítica de Hume ao contratualismo, que, a seu ver, procura fundar a justiça na promessa, e não na própria reciprocidade.

também muito menos sentida) para esse ou aquele resultado final, ainda que fosse do seu interesse obtê-lo. Valendo-se do anonimato, ele seria muito bem capaz de apostar que um número suficiente de parceiros acabaria cumprindo a sua parte, a ponto de se produzir resultado idêntico ao que seria obtido se ele tivesse participado. Suponha-se, para piorar, que o dia da eleição, um domingo, estivesse ensolarado: por que não desfrutar o sol na praia e deixar que os outros enfrentem a fila da urna em seu lugar?

Hume pressente aqui uma dificuldade em relação à suposição da motivação auto-interessada para grandes grupos humanos. Pois se seguirmos rigorosamente a linha do raciocínio descrita acima, não fica claro por que razão o bem coletivo almejado seria produzido. Ao contrário, a conclusão mais plausível é pensar que, se pessoas estranhas umas às outras cooperassem apenas graças ao princípio da reciprocidade e, logo, à percepção do interesse próprio, o bem dificilmente seria produzido. O filósofo escocês apresenta duas saídas para essa aparente dificuldade. A primeira volta a recorrer à psicologia. Não o interesse próprio apenas, mas o *hábito* explicaria – graças à propensão que temos de estabelecer "regras gerais" de conduta a partir de casos particulares – por que continuamos a cooperar mesmo quando deixamos de perceber claramente em que medida nossa participação é decisiva ou não para produzir um determinado bem coletivo. É este o efeito do hábito: se, em situações mais simples, de interação menos numerosa, concluímos que nossa participação é, sim, decisiva para alcançar um resultado, tendemos a estender essa conclusão para outras situações mais complexas, sem conferir se tal é o caso.

Mas Hume não fica inteiramente satisfeito com esse argumento. Ele percebe que, numa sociedade numerosa e anônima, as tentações são muito grandes mesmo para a quebra de práticas habituais. Ainda que a maioria das pessoas seguisse o costume estabelecido, a simples transgressão de um pequeno grupo ameaçaria desestabilizar a ação concertada do conjunto. O hábito só explica *em parte* o que é preciso explicar. Hume recorre então a uma saída complementar e, porém, talvez mais decisiva: a *constituição do governo*. Isto é, nem o sentimento natural da moralidade, nem a reciprocidade, nem o hábito são suficientes para dar conta da cooperação social. Por um raciocínio mais longo e tortuoso do que o hobbesiano, chega-se de novo à política. Para Hume, porém, introduzir o governo na reflexão significa não tanto recolocar a figura do "Soberano" (como em Hobbes), mas dar início a uma espécie de divisão de trabalho na comunidade: de um lado os governantes, que constituiriam um grupo relativamente pequeno, mas altamente motivado a garantir o provimento dos bens coletivos; e, de outro, os governados, grupo reunindo a grande maioria da comunidade, liberado para buscar seus bens privados, contanto que disposto a pagar os impostos que sustentarão as atividades do primeiro grupo. Note-se que nesse esquema não se supõe que os governantes sejam altruístas: eles são motivados a produzir os bens coletivos, porque essa seria, na repartição social das tarefas, a sua meta auto-interessada mais próxima e visível, embora a mais distante para o restante da comunidade. A instalação do governo seria simplesmente uma operação de transformar, pelo menos para alguns (os governantes), o interesse próprio distante e nublado — fato que ameaçaria desintegrar a cooperação — num interesse próprio contíguo e nítido. A invenção do governo é apenas a arte da construção de uma lente social para corrigir a miopia congênita dos indivíduos nos grandes conglomerados humanos.

Esse sinuoso argumento de Hume deveria aplacar a sensibilidade crítica do cético? Esta pesquisa propõe que não. E a razão é muito simples: se o grupo dos governantes, encarregado da administração dos negócios públicos, for suficientemente coeso, compacto e bem articulado, como é o caso nas burocracias estatais e nas estruturas de representação política modernas, tal grupo acabará por constituir um conjunto de interesses apartado e, provavelmente, em divergência com o dos governados. E, como a promoção dos primeiros depende da extração, via impostos, dos recursos dos governados, o grupo dirigente será tentado a desviar pelo menos parte desses recursos para benefício próprio e não para o benefício comum. Tal é a base do raciocínio de uma escola contemporânea de cientistas políticos que falam da tendência dos governos ao *rent-seeking* – a transformação da renda pública em renda privada.[11]

Esse tipo de raciocínio serviria, agora *contra* Hume, como ponto de partida de um argumento cético para mostrar que as convenções sociais, a justiça e a reciprocidade, na medida em que sustentadas fundamentalmente no interesse próprio, subvertem-se a si mesmas. Contudo, a interlocução com Hume também oferece um ganho, ao apontar a necessidade da solução política para a cooperação social. O problema é: qual é a fórmula adequada dessa solução. Ou, antes, o problema é formular a pergunta certa para a qual uma ação concertada de determinado tipo – a ação "política" – seria uma resposta adequada.

4. Os argumentos e contra-argumentos expostos até agora levam a constatar os impasses a que levam as premissas psicológicas do *homo oeconomicus*, o sujeito social motivado exclusivamente pelo interesse próprio. Essas premissas ou deixam brechas enormes no que pretendem explicar – o próprio fato da cooperação social complexa, nos termos de Hume – ou trazem resultados muito indesejáveis, como é o caso do Soberano absolutista hobbesiano.

Como sair desse impasse? Um caminho alternativo seria levar a sério a idéia de que, afinal de contas, a cooperação humana é motivada por outras razões que não (ou pelo menos não exclusivamente) o interesse próprio de seus protagonistas. Que razões seriam essas? Embora já se tenha mencionado a ética na forma do sentimento moral desinteressado *a la* Hume, cujas potencialidades e limitações foram apontadas pelo próprio autor, não nos detivemos nela o suficiente para ao menos arriscar uma ultrapassagem do raciocínio humeano. Pensemos então a "Ética" como uma forma de motivação para agir. Isto é, não apenas como uma capacidade de fazer *juízos morais* – de distinguir o "certo" e o "errado" – mas também como um impulso para *fazer o bem imparcialmente*. Diz-se "imparcialmente" porque usar o termo *ética* apenas como um negativo genérico da ação egoísta não colocaria o argumento fora do impasse já identificado por Hume:

---

[11] Refere-se aqui à "Escola da Virgínia", liderada por James Buchanan. Ver Buchanan et al (1980).

como se viu, ações *outro*-interessadas podem ser motivadas por uma benevolência *parcial*, e essas acabariam resultando tão prejudiciais ao concerto social quanto as *auto*-interessadas. Com isso, parte-se para aquela hipótese que Hume havia considerado irrealista, de que a ética é relevante precisamente porque se refere à ação imparcial e desinteressada, isto é, motivada por uma sincera preocupação com a humanidade de um modo geral. Enfim, a ética como forma de motivação para agir seria idêntica à benevolência universal. Por que ela seria relevante? Primeiro, porque se o interesse próprio e a benevolência parcial subvertem-se a si mesmos, como os argumentos críticos desfilados anteriormente sustentam, não restaria outra hipótese para explicar o fato da cooperação social senão considerar a ética como *ao menos* um de seus pilares. Segundo, ainda que se concedesse que esse pilar é frágil e instável, essa concessão mesma explicaria por que a cooperação social é freqüentemente *quebrada* na forma de guerras, transgressões à lei e crimes de toda ordem, falta de solidariedade social etc.: essas desgraças ocorreriam não só porque as pessoas freqüentemente deixam de prestar atenção em seu próprio interesse, mas por falta de consideração à ética. Perceber, então, sua relevância, tendo em conta suas próprias fragilidades, é entender a ética tanto como um motivo quanto como uma *razão* para agir. Como razão para agir, ela ultrapassa o nível do impulso natural – o motivo psicológico – e passa a ser ela mesma um *argumento racional* para agir assim e não assado: um dever-ser. A ética é um compromisso de agir racionalmente, que se conecta com a motivação para agir em prol de toda a humanidade.

Posto isso, a pergunta que interessa à presente investigação é a seguinte: poderia o cético trilhar esse caminho para escapar dos impasses da tese egoísta?

Em princípio, esta seria uma saída muito estranha dentro da tradição cética. Não se pode perder de vista que um dos poucos argumentos céticos sobre a moralidade que nos foi transmitida da antigüidade helenística, justamente aquele apresentado por Carnéades (mencionado na segunda seção deste artigo), parece ter sido alvejado contra as correntes mais tradicionais da ética grega – o platonismo, o aristotelismo e o estoicismo (Long, 1986, pp. 104-6) –, apesar das dificuldades para descrever em termos precisos. Porém, não é implausível, muito pelo contrário, que um dos alvos fosse a tese estóica segundo a qual a virtude funda-se em nossa natureza racional, que leva ao amor a humanidade ("filantropia"). Mas eis então que, depois de termos percorrido neste artigo todo o caminho inverso – isto é, a tese egoísta –, parece que voltamos quase ao mesmo ponto de partida da discussão: a "tese ética", que é algo muito similar à tese estóica original. Mas por que agora um cético deveria manter a suspeita a soluções desse tipo?

Para um cético, suspeitar de uma tese é suspeitar de seu dogmatismo. Mas de que dogmatismo poderia estar padecendo a tese ética? A sugestão da presente pesquisa é que o cerne do problema está no excesso de racionalismo da tese, que desemboca num tipo de irracionalismo prático, a ser delineado a seguir. Parte-se aqui da intuição de que o ceticismo é uma filosofia prática, uma forma de pensamento racional – talvez não a única forma – e o dogmatismo uma "patologia" da razão, logo, uma forma de irracionalismo. E a base dessa filosofia prática racional é um ideal de *moderação*.

Mas onde está o excesso de racionalismo da tese ética? Propõe-se que tal excesso seja buscado no desprezo da dimensão inerentemente conflitiva das relações sociais. Porém, o problema do conflito não é derivado justamente da tese egoísta, conforme examinado antes? Qual a diferença entre a questão do conflito proposta agora e a tese egoísta? A diferença é que as razões do conflito são muito mais amplas e complexas do que as motivações do interesse próprio. É verdade que parte dos conflitos é gerado por conta desse último, mas não se trata de sua causa exclusiva e talvez nem a mais importante. Já se apontou que a benevolência parcial também gera conflitos, às vezes até mais intensos. Porém – e este é o ponto que se quer destacar – pode haver conflitos *por causa de razões éticas*. Isso é o que se poderia chamar a partir daqui de "argumento do conflito". O argumento do conflito, *nesses termos*, não foi até agora devidamente explorado como um argumento cético em moral. Sua elaboração, além disso, contém a promessa de fornecer indicações positivas e práticas a respeito de como "o cético poderia viver seu ceticismo" num contexto de cooperação social.

Suponha então que viéssemos a ser tomados por uma sincera intenção de agir desinteressadamente pela humanidade em geral. A pergunta que o cético colocaria de pronto a essa suposição é a seguinte: o que significa "agir desinteressadamente"? Que conteúdos concretos deveriam ter as ações que visassem o benefício de toda a humanidade? Mergulhando na própria tradição do pensamento sobre a ética, vai se encontrar diferentes respostas para a questão, algumas patentemente contraditórias entre si. A resposta a essa pergunta não é ponto pacífico. A esmagadora maioria dos filósofos morais, é verdade, descartou a redução da ética ao egoísmo e aceitou o desafio de pensá-la na forma de princípios universalizáveis de ação. Quais princípios, porém? A deferência aos mandamentos de Deus? O respeito incondicional a certas regras ou leis que se consiga formular como aceitáveis por todos os afetados, podendo até coincidir com aqueles mandamentos, porém sem necessariamente assumir sua natureza divina? O respeito a uma certa interpretação da igualdade entre os seres humanos – mas qual? A lista das indagações poderia continuar, sem que ficasse evidente qual resposta poderia reconciliar todas as demais numa concepção sintética e unitária. Porém, todas procuram explicitar, à sua maneira, o que significa para um ser humano viver uma "boa vida", uma vida estimulante e não uma vida reduzida à mera questão da sobrevivência, enfim, uma vida digna de ser vivida. Esta é a questão central da ética, e uma visão dogmática supõe não apenas que é possível dar uma resposta definitiva, mas que *só há uma* resposta racional para ela.

Note-se que o argumento do conflito não deve se limitar a expor a *diaphonía* das concepções sobre a natureza e o conteúdo da ética. O argumento também deve apontar (e essa é a questão decisiva) que a *diaphonía* ética pode levar à *stasis*, o conflito que rompe com a cooperação social. De modo que a descrição do conflito não vai se limitar à descrição do conflito de interesses egoístas. Duas pessoas ou grupos podem se enredar em combates muito duros, mesmo quando sinceramente motivados pela ética: por aquilo que, na sua interpretação peculiar, considerem como o bem da humanidade e a vida digna de um ser humano. O cético deve endossar nesse ponto uma reflexão muito feliz do filósofo contemporâneo John Rawls: provavelmente, as lutas mais renhidas foram e são feitas "pelos mais altos valores, por aquilo que é mais desejável: pela religião, pelas visões filosóficas acerca do mundo e da vida, por diferentes concepções do bem" (Rawls, 1996). A ética, portanto, não resolve o conflito social – é antes um aspecto dele.

Mas se a ética é parte do problema, o que resta? Resta a "arte" de lidar com o conflito. Essa arte pode ser vista como um dos aspectos centrais da *política*. Afirma-se, portanto, que, o problema do dogmatismo na ética não é o de desprezar o conflito de interesses (derivado do egoísmo), mas desprezar o conflito que deriva da própria presunção de pensar que a razão ética possibilita uma resposta única para o problema fundamental da vida boa. É com esse tipo de conflito que a política tem de *lidar* especialmente.

Mas por que a *diaphonía* no campo ético poderia levar à *stasis*? Ocorre que o problema de definir a vida digna de ser vivida raramente é uma questão pessoal: praticar uma concepção universal de bem implica todo um investimento comum e um envolvimento daqueles com quem se vive. Vale para a ética aquele velho ditado: "Uma andorinha só não faz verão". Contudo, se nem todos os que pertencem a uma mesma comunidade concebem e desejarem a mesma coisa em relação ao viver bem, haverá não só *diaphonía*, mas combate, que provavelmente será travado por grupos, e não por indivíduos, grupos que podem receber as mais diferentes denominações e adquirir diferentes formas sociais ("classes sociais", "corporações", "partidos", "igrejas" etc.), desde que o próprio combate implica investimento e significado sociais que ultrapassam de longe o âmbito da opção pessoal.

Seja para obrigar que toda a comunidade adote uma das concepções de bem em combate, seja para fazer com que essa mesma comunidade reconheça um espaço social específico para uma delas – supostamente ainda não reconhecido, dando origem ao conflito –, o combate é "político". Porém, o resultado do combate pode ser a subjugação ou a aniquilação de uma das partes, ou, ao contrário, o convívio entre elas, ainda que tenso. Em ambos os casos, o conflito é político porque o combate é pensado e organizado segundo determinado roteiro – as "regras do jogo". Esse roteiro constitui a própria "arte" da política em geral. Porém, na primeira acepção, ele é conflito *militar* e seu "teatro" é a guerra – e até mesmo a violência organizada tem suas regras –; e, na segunda, o conflito é *civil* e seu "teatro" é a arena *deliberativa*: o debate de idéias e o esforço da persuasão e da conversão.

É na acepção específica de conflito civil que vou chamar a política, neste artigo, de "arte" de *conviver* com os conflitos, isto é, não uma arte inspirada na perspectiva de eliminar o conflito social – o que seria uma prática implausível, e mesmo indesejável –, mas a de mantê-lo numa qualidade e intensidade aceitáveis a todas as partes combatentes. Aceitáveis, isto é, mesmo quando o "jogo" resultar numa derrota provisória de uma delas – pois derrotas podem perfeitamente fazer parte das "regras" da luta civil, desde que não impliquem subjugação ou aniquilação. Nesse sentido, as regras que dão à política o caráter de luta organizada num roteiro civil devem ser entendidas como *limites* aos participantes – definindo quais "lances" seriam válidos, quando e onde poderiam ser feitos, o que seria impugnado como "golpe baixo" etc. – e, ao mesmo tempo, como condição básica de convívio entre eles, enquanto membros de uma mesma comunidade política.

Mas por que deveriam os combatentes respeitá-las? A resposta a essa questão crucial não é nada simples, mas sugere-se, à guisa de conclusão, duas linhas diferentes de argumento. A primeira é de ordem prudencial. Tomem-se as regras como dispositivos de segurança mútua. Se cada lado pretende, de fato, conservar seu modo de conceber a vida digna, para que esse retenha a chance de vir, um dia, a ser praticado por um número maior de cidadãos, ou mesmo por uma maioria deles, seria prudente aceitar uma limitação para seus protagonistas e para seus respectivos recursos de combate. Haverá sempre, por certo, a tentação de ultrapassá-los, contra a qual, porém, o constrangimento prudencial diria: "Não faça contra os outros o que não quiser que os outros façam contra você. Pois chegará o dia em que o lance indevido jogado contra o adversário será usado por outros contra você mesmo". Portanto, é melhor, para todos e para cada um, não jogar baixo.

Mas essa é uma linha de raciocínio que parece conceder muito à noção de reciprocidade, cujas deficiências já foram examinadas em seção anterior. A segunda linha parece mais promissora de um ponto de vista favorável ao ceticismo. Trata-se de um argumento de natureza epistêmica: empreste-se às concepções de bem abraçadas pelos combatentes um *status* provisório de verdade, ou seja, tomem-nas como epistemicamente vulneráveis, falíveis. Isso significa que se pode vir a descobrir no futuro, espontaneamente por uma das partes e não por imposição externa, que as concepções de bem dos adversários são melhores do que aquela que até então adotava e pela qual lutava. Da perspectiva ética, é irrelevante saber "quem" a defendia até então, mas sim "o que" se defendia: o motivo do combate são os conteúdos das concepções divergentes, e não o simples fato de que certas pessoas divergem. Em suma, aquela possibilidade não seria uma boa razão para não querer aniquilar a opção adversária? Aceitar as regras do conflito civil é percebê-las como condição para conservar um leque razoável de alternativas éticas, divergentes entre si e, no entanto, disponíveis como "reserva" para o futuro, caso se venha, um certo dia, a concluir que as próprias concepções adversárias estavam certas ou continham partes do que venha a *aparecer como verdadeiro*.

Aqui, o termo "aparece" (ou "me aparece"), usado reiteradamente pelos céticos, não deve ser interpretado como um indicador de subjetivismo ou de relativismo, ou mesmo de falta de convicção, mas apenas de provisoriedade, que sempre vai junto com uma certa atitude social em relação à divergência ética. Ao se acrescentar a expressão "me parece que" às convicções do que seria bom para todos, se está indicando uma atitude de civilidade nos intercâmbios sociais – "é nisso que sinceramente estou acreditando agora, embora o mesmo possa não estar ocorrendo com você" – e, ao mesmo tempo, a possibilidade de transformação daquelas convicções. Por conseqüência, ela também indica que se está endossando as regras de convívio social que admitem e estimulam a pluralidade de concepções de bem.[12]

---

[12] "Pluralismo" é uma pretensão que se tornou quase trivial entre as teorias políticas contemporâneas. O problema do ceticismo não é tanto endossar essa ou aquela forma de pluralismo ético, mas como justificá-la. Há diferentes (e divergentes) modos de fazê-lo, e aqui se está apresentando, em esboço, um que seria peculiar ao ceticismo. De qualquer forma, reconhecer que o pluralismo ético é condição crítica do bom convívio social implica que o cético deve estar preparado para combater toda solução política que venha a ameaçar eliminá-lo. Em outras palavras, o cético não é um conformista – alguém disposto a se adaptar a qualquer tipo de arranjo político, inclusive o eticamente monista – mas, ao contrário, defende e batalha por um arranjo compatível com o pluralismo.

Já a atitude contrária, a de desrespeitar as regras do jogo, só poderia ser sustentada por uma postura epistêmica dogmática: a concepção de bem X, sendo a única verdadeira, as adversárias são por decorrência falsas e, assim, só aparentemente "boas" (em realidade são "más"). A ética é, então, fatal e indevidamente politizada, passando a ser reivindicada como patrimônio exclusivo de cada um dos lados combatentes. E a luta civil, pensada para organizar o conflito entre dois ou mais "partidos" que reivindicam, com igual direito, o caráter ético de sua causa, degenera finalmente num combate maniqueísta: cada parte se vê como paladina do bem e a parte adversária como eticamente desqualificada. Se é assim, por que não desprezar, na primeira oportunidade, as regras que, no fim das contas, só ajudam a conservar os "homens de má vontade" do outro lado? Contudo, para além da imprudência, essa atitude despreza a falibilidade do conhecimento moral. A razão crítica para respeitar as regras do jogo, portanto, é uma postura cética em relação às próprias convicções. Precisamente essa postura leva a reconhecer a irredutibilidade da política à ética.[13]

Em síntese, o sentido do argumento cético esboçado aqui (o argumento do conflito) é o de reconhecer a inevitabilidade do conflito e, ao mesmo tempo, a necessidade de conviver com ele. Seu eixo, portanto, não é denunciar a *diaphonía* dos filósofos – e talvez haja, nesse ponto específico, uma descontinuidade em relação à tradição cética antiga. Se é fato que a *diaphonía* pode gerar o combate político, não o é menos que ela seja índice de uma rica e variada vida intelectual. Aliás, o cético deve estar preparado para admitir que essas três coisas – *diaphonía*, combate (conflito) e vida intelectual rica e variada – chegam mesmo a constituir um tripé, uma relação de cumplicidade. O cético não busca se desfazer dessas variações, apenas "parasita" nelas, esforçando-se por moderá-las. "Moderar" é a forma com que o ceticismo apresenta suas credenciais de racionalidade prática. A imoderação é a marca do dogmatismo, que nisso também revela sua face irracionalista. E moderar significa simplesmente evitar que a *diaphonia* se transforme em *stasis*, isto é, conflito disruptivo ou "guerra civil".

---

[13] O ceticismo poderia ser, nesse sentido, filiado às correntes de pensamento que levam a sério a separação entre a política e a ética. Porém, de novo: sua maneira de *justificar* essa separação lhe é muito peculiar, guardando certa distância das tradicionais.

Por fim, o cético não deve considerar o espetáculo da divergência de convicções éticas – inclusive entre as convicções dogmáticas – razão de intranqüilidade. Essa divergência é fato ineliminável da vida social e, dependendo de como se lida com ela, até desejável. É do caráter do bom convívio social que a divergência, e não o consenso, persista, sem que sejamos necessariamente levados ao fim daquele convívio. Porém, a clara percepção disso – que é para onde desemboca o argumento do conflito – deve reconduzi-lo à *ataraxia* ("tranqüilidade").

Referências bibliográficas

ARAÚJO, C. *A teoria humeana das virtudes e o contexto jusnaturalista*. Tese de doutorado, Departamento de Filosofia, FFLCH-USP, 1994. Mimeo.

ARAÚJO, C. "As virtudes do interesse próprio". *Lua Nova*, n. 38, 1996, pp. 77-95.

ARAÚJO, C. "Interesse, Ética e Política no Serviço Público", *Revista do Serviço Público* 56(3), 2005, pp. 309-20.

BUCHANAN, J.; TULLOCK, G. & TULLISON, R. *Toward a Theory of the Rent-Seeking Society*, College Station, Texas A & M University Press, 1980.

CURLEY, E. "Reflections on Hobbes: Recent Work on His Moral and Political Philosophy", em *Journal of Philosophical Research* XV, 1989-90, pp. 169-250.

GRIFFIN, M. "Philosophy, Politics, and Politicians at Rome", em *Philosophia Togata I*, Oxford, Clarendon Press, 1997.

HIRSCHMAN, A. *As paixões e os interesses*, Rio de Janeiro, Paz e Terra, 1979.

HOBBES, T. *Leviatã*, São Paulo, Abril Cultural, 1983.

HUME, D. *An enquiry concerning the principles of morals*, Oxford, Clarendon Press, 1975.

HUME, D. *A Treatise of Human Nature*, Oxford, Oxford University Press, 2000.

LOCKE, J. *Dois Tratados sobre o Governo*, São Paulo, Martins Fontes, 2001.

LONG, A. A. *Hellenistic Philosophy*, Berkeley, University of California Press, 1986.

RAWLS, J. *Political Liberalism*, Nova York, Columbia University Press, 1996.

SILVA FILHO, W. J. *O Ceticismo e a possibilidade da Filosofia*, Ijuí, Ed. Ijuí, 2005.

TUCK, R. "Grotius, Carneades and Hobbes". *Grotiana 4*, 1983, pp. 43-62.

ESTE LIVRO FOI IMPRESSO EM SÃO PAULO PELA PROL GRÁFICA NO INVERNO DE 2007. NO TEXTO DA OBRA, FOI UTILIZADA A FONTE TIPOGRÁFICA BEMBO EM CORPO 10,5 COM ENTRELINHA DE 14,1 PONTOS.